Friedrich Holtze
Geschichte Berlins

SEVERUS

Holtze, Friedrich: Geschichte Berlins
Hamburg, SEVERUS Verlag 2013
Nachdruck der Originalausgabe von 1929

ISBN: 978-3-86347-617-5
Druck: SEVERUS Verlag, Hamburg, 2013

Der SEVERUS Verlag ist ein Imprint der Diplomica Verlag GmbH.

Bibliografische Information der Deutschen Nationalbibliothek:
Die Deutsche Nationalbibliothek verzeichnet diese Publikation in der
Deutschen Nationalbibliografie; detaillierte bibliografische Daten sind im
Internet über http://dnb.d-nb.de abrufbar.

Geschichte
der Stadt Berlin

SEVERUS

Vorbemerkung.

Die Urkunden zur Geschichte Berlins befinden sich zum grösseren Teile im Geh. Staatsarchive zu Berlin, wohin auch die Akten der ehemaligen Lehnskanzlei gelangt sind, zum kleineren im Berliner Stadtarchive, an dessen Spitze der bekannte Historiker F i d i c i n gestanden hat, dem seit 1879 der ebenfalls rühmlichst bekannte Forscher C l a u s - w i t z gefolgt ist. Einen Teil dieser Urkunden aus dem Geh. Staatsarchive, der Lehnskanzlei und dem Stadtarchive hat F i d i c i n in den vier ersten Bänden seiner „Historisch-diplomatischen Beiträgen zur Geschichte der Stadt Berlin" seit 1837 veröffentlicht. Das vierzig Jahre später begonnene „Urkundenbuch zur Berlinischen Chronik" des Vereins für die Geschichte Berlins bringt in chronologischer Folge mit Uebersetzungen in das heutige Deutsch die bei F i d i c i n in den Bänden 2—4 zerstreuten Urkunden. Diese Ausgabe hat vor der Kritik nicht zu bestehen vermocht, gewährt indes den Vorteil einer leichten Orientierung. Keinesfalls wird derjenige, der ein einzelnes Gebiet aus der Berlinischen Geschichte bearbeiten will, auf archivalische Studien in den gedachten Archiven Verzicht leisten dürfen, so bietet z. B. das Stadtarchiv für die Berlinische Geschichte im 17. Jahrhundert noch reichen Stoff in seinen auch für die Topographie wichtigen Schossregistern und in den aus dem Ende jenes Jahrhunderts herrührenden Verzeichnissen über das Vermögen und die Einkünfte der Kämmerei.

Bei Gelegenheit eines Rechtsstreites der Stadt gegen Berliner Kirchen über die Kirchbaupflicht Berlins hat der Magistrat in einem umfangreichen Urkundenbande (1902), der leider nur als Manuskript gedruckt ist, alles Material über die Gründung und die Neubauten der verschiedenen Berliner Kirchen zusammenstellen lassen. Da hier in jahrelanger Arbeit alle Archive bis auf die der einzelnen Kirchen durchforscht sind, so war diese Musteredition hier nicht zu übergehen.

Die Berlinische Geschichte im Zusammenhange hat erst seit dem 18. Jahrhunderte Bearbeiter gefunden. Es sind hier zu erwähnen: J. Chr. M ü l l e r und G. G. K ü s t e r, „Altes und neues Berlin" (Berlin 1737),

später (seit 1752) von K ü s t e r allein fortgesetzt, N i c o l a i, „Beschreibung der Kgl. Residenzstädte Berlin und Potsdam . . .“ in mehreren Auflagen seit 1769, K ö n i g, „Versuch einer historischen Schilderung . . .
der Residenzstadt Berlin bis 1786“ (in 7 Bänden 1792—1799), W i l k e n,
„Zur Geschichte von Berlin und seinen Bewohnern“ im Berliner historisch-
genealogischen Kalender von 1820—1823 und seitdem die Werke von
M i l a (1829), G e p p e r t (1839—1841), F i d i c i n im 5. Teile seiner
historisch diplomatischen Beiträge (1843), B r a s s (1843), S t r e c k f u s s
in 4 Auflagen von 1864—1886, und S c h w e b e l (1888). Eine eingehende
Würdigung dieser Werke und der sonstigen Literatur zur Geschichte
Berlins gibt C l a u s w i t z im Aufsatze „Kritische Uebersicht über die
Literatur zur Geschichte Berlins“ im 31. Hefte der Schriften des Ver-
eins für die Geschichte Berlins.

Inhaltsverzeichnis.

I. Berlin im Mittelalter
bis 1448.

Die unter dem Namen der Völkerwanderung zusammengefassten Massenbewegungen hatten die Deutschen bis über die Elbe nach Westen gedrängt und auf das linkselbische Ländergebiet beschränkt. Hier wuchs seitdem stetig der Ueberschuss an Arbeitskraft und stieg damit zugleich die Verteuerung der Lebensmittel. Da musste sich denn das Streben nach Rückerwerb der rechtselbischen Gebiete von selbst einstellen und immer stärker werden, da nur hier der grundbesitzlose Teil der ackerbauenden linkselbischen Bevölkerung offenes Feld und die aufstrebende Industrie Absatzgebiete für ihre Erzeugnisse gewinnen konnte, während im Süden und Westen die schon intensivere Bodennutzung und die weit höher entwickelte Industrie den Wettbewerb unmöglich machten[1]). Die deutschen Könige aus sächsischem Stamme machten sich zuerst zu Vollstreckern dieses volkswirtschaftlichen Dranges und in blutigen Kämpfen traten Heinrich I. und Otto der Grosse den Slaven entgegen. Sie überschritten die Elblinie an verschiedenen Punkten und verstanden es auch, die reichen Kapitalien und die gewaltige Arbeitskraft der Kirche für die Erhaltung und Befestigung dieser Eroberungen durch Gründung und Ausstattung von Bistümern an der Elblinie in Dienst zu nehmen. So entstanden das Erzbistum Magdeburg (930) und die Bistümer Brandenburg (949) und Havelberg (946). Aber es fehlte die nachhaltige Kraft, welche das gewonnene Gebiet erhalten hätte und auf dem eingeschlagenen Wege weiter geschritten wäre, zumal die Politik der deutschen Könige in der Folgezeit eine andere Richtung einnahm und alle Kraft auf die Eroberung Italiens anwandte. Hier wären nun die Erfolge offenbar grössere gewesen, wenn nicht schon zuviel Kapital, namentlich seitens der sächsischen Grossen und der Kirche, in den slavischen Gebieten angelegt gewesen wäre. Diese

---

1) „Ueber die älteste Geschichte und Verfassung der Churmark Brandenburg, insbesondere der Altmark und Mittelmark" Zerbst 1830. Der nicht genannte Verfasser ist G. W. v. R a u m e r. Siehe namentlich S. 73 ff.

Kapitalisten an der Niederelbe setzten, ohne Zusammenhang mit Kaiser und Reich, bisweilen im ausgesprochenen Gegensatze zu diesen Gewalten, die Eroberung und Kolonisation des slavischen Ostens fort, namentlich die Welfen mit Heinrich dem Löwen an der Spitze. Nur ein deutscher Kaiser seit Otto dem Grossen hatte infolge seiner Geburt als sächsischer Magnat ein Verständnis und ein Interesse für die nach slavischen Eroberungen drängende Politik seiner Stammesgenossen, der oft verkannte Lothar von Supplingenburg. Er verschwägerte sich mit den aufstrebenden Welfen und seine Einsicht fand in Albrecht, dem Grafen von Askanien, den rechten Mann, der dem volkswirtschaftlichen Streben der Niederdeutschen nach dem Erwerbe slavischen Bodens und von Absatzgebieten im Osten die Pfade ebnen konnte. Albrecht erhielt (1134) von Lothar die Belehnung mit der Nordmark, d. h. abgesehen von einigen vorbehaltenen wesenlosen Ehrenrechten, den vollen Umfang der dem deutschen Könige in diesem Lande zustehenden Prärogative, also namentlich die Schutzherrschaft über die an sich reichsunmittelbaren Bistümer Brandenburg und Havelberg[1]), den Oberbefehl über die Besatzungen in den zur Sicherung dieser Besitzungen angelegten Festungen und die damals allerdings fast nur auf dem Papier stehenden Ansprüche auf das zur Zeit der Kaiser Heinrich und Otto besetzte, inzwischen aber zum guten Teile wieder an die Slaven verlorene rechtselbische Gebiet. Als Albrecht Herr der Nordmark wurde, drängte die Frage, ob das Germanentum sich an dieser Stelle mit der Elbgrenze werde begnügen müssen, ihrer Entscheidung entgegen. Die Slaven hatten nun allerdings kurz zuvor Brandenburg, die Zitadelle des Havellandes ,eingenommen, trotzdem war aber ihre Widerstandslust geringer geworden und ihre Widerstandskraft geschwächt. So konnte Albrecht es wagen, durch kühnes Anstürmen den Verfall der Slavenherrschaft zwischen Elbe und Oder zu beschleunigen. Zu dieser Offensive liehen Kapitalisten, namentlich die beteiligten Bistümer, Gelder her, sächsische und anhaltische Edle verstärkten mit ihrem Gefolge die nordmärkischen Lehnsleute. So war es Albrecht möglich, Brandenburg, den Schlüssel des Havellandes, zurückzugewinnen, von dort weiter bis an die Spree vorzurücken und den letzten kräftigen Rückstoss der Slaven abzuwehren. Da die bis zur Spree hin unterworfenen Slaven aber eine sehr extensive Landwirtschaft und Viehzucht getrieben hatten, so konnte Albrecht über weite Länderflächen, deren bisherige Besitzer vertrieben waren, oder die nicht im Privateigentum einzelner Personen gestanden hatten, frei verfügen. Durch diesen grossen Immobiliarbesitz ist eine durchgreifende Germanisierung des eroberten Gebietes ermöglicht worden. Er genügte nicht nur, um die Forderungen der Kirche und der zahl-

---

1) H ä d i k e, „die Landeshoheit der Bischöfe von Brandenburg, Havelberg und Lebus" Berlin 1882.

reichen Gefolgsleute durch Uebertragung von Landbesitz abzufinden, sondern auch zur Anlage von festen Punkten an strategisch wichtigen Orten und zur Einrichtung von deutschen Bauergemeinden, namentlich am Fläming und in den Elbniederungen bei Lenzen. Unter den Nachfolgern Albrechts wurden diese Eroberungen nicht sehr wesentlich erweitert, sondern nur nachhaltiger germanisiert, wozu namentlich die Gründung Lehnins viel beitrug[1]). Eine wesentliche Erweiterung erfuhren die askanischen Besitztümer erst durch die Brüder Johann I. und Otto III., welche seit 1221 ihrem Vater Albrecht, einem Enkel Albrecht des Bären, gefolgt waren und fast gleichzeitig 1266 und 1267 verstarben. Beide regierten gemeinschaftlich und erwarben in hartnäckigen Kriegen gegen Pommern die von diesem beanspruchten, aber noch sehr wenig germanisierten Landschaften[2]) bis zur Oder; den Teltow, den Barnim und die Uckermark. Diese Erwerbungen sind nicht gleichzeitig erfolgt, wofür unter anderen spricht, dass das im Teltow gelegene Kölln sein Stadtrecht von Spandau, dagegen das im Barnim gelegene Berlin von Brandenburg empfing, was indes deshalb bedeutungslos war, da Spandau selbst mit Brandenburger Recht beliehen war. Kölln war etwas älter als Berlin, das 1230 zum ersten Male urkundlich erwähnt wird, indes viel bedeutungsloser, so dass es z. B. schon in einer Urkunde von 1237 als „Colne iuxta Berlin" bezeichnet wird[3]).

Die fürstlichen Brüder, welche ungeheure Kosten auf diese Erwerbungen aufgewendet hatten, waren darauf angewiesen, möglichst viel aus denselben herauszuwirtschaften. Durch Vergleich mit dem Papste von 1237 gelang es ihnen, für die „neuen Lande" das vom Bischofe von Brandenburg beanspruchte Zehntrecht zu erlangen. Wichtiger war es indes, dass sie die städtischen Ansiedlungen begünstigten. Den Hauptvorteil aus der Erwerbung und Sicherung dieser slavischen Gebiete zogen naturgemäss die Kaufleute und Gewerbetreibenden, die nunmehr ein freies Feld für eine gewinnbringende, weil durch Konkurrenz kaum behinderte Tätigkeit eröffnet sahen. Aus dem im Jahre 1392 zusammengestellten Berliner Stadtbuch lässt sich der sichere Schluss ziehen, dass die markgräflichen Brüder die Anlage der am rechten Spreeufer Kölln gegenüber zu begründenden Stadt einen — dem Namen nach unbekannt gebliebenen — Unternehmer überliessen, der die städtischen Baulichkeiten — Rathaus,

---

1) S e l l o , „Lehnin. Beiträge zur Geschichte von Kloster und Amt" Berlin 1881.

2) S e l l o , „Altbrandenburgische Miscellen" in Forschungen zur Brandenburgischen und Preussischen Geschichte. Bd. 5. S. 289—299, 515—557.

3) Ueber die Bedeutung der Namen Berlin und Kölln gibt es keine befriedigende Erklärung. Es sei hier auch an die 1841 beendete literarische Fehde zwischen K l ö d e n und F i d i c i n über die Entstehung der Städte Berlin und Kölln erinnert.

Kaufhaus, Scharren u. s. w. — zu errichten hatte, dafür aber von den neuen Ansiedlern gewisse, im Uebereinkommen mit dem Landesherrn näher bestimmte Einkünfte zu beziehen hatte. Diese Einkünfte verschiedener Art waren aber immer so berechnet, dass sie die neuen Ansiedler nicht zu hart bedrückten; denselben mussten vielmehr Vorteile im grössten Umfange gewährt werden, da sonst niemand das Risiko übernommen hätte, sich an dem zunächst noch gefährdeten Orte niederzulassen[1]). Es war dabei Regel, dass der Unternehmer mit dem niederen Gerichte beliehen wurde, einmal, um ihm die Einkünfte dieses Amtes zuzuwenden, zugleich aber um den Ansiedlern eine Gerichtsstätte an Ort und Stelle zu gewähren. So geschah es auch in Berlin und es ist nicht unmöglich, dass der bereits am 29. April 1247 erwähnte Schulze Marsilius von Berlin dieser Unternehmer der Stadtgründung gewesen ist[2]).

Auch sonst war Berlin von Anfang an vor den meisten märkischen Städten bevorzugt: Es war nicht sowohl ein befestigter Punkt zur Sicherung der Umgegend, nicht eine Niederlassung dürftiger Ackerbürger, sondern ein vom genialen Blicke eines spekulativen Staatsmanns gewählter Ort, dazu bestimmt, im Austausch der Güter des westlichen und südlichen Deutschlands mit dem nördlichen und mit dem slavischen Osten eine bedeutende Rolle zu spielen. So kam es, dass die landwirtschaftlich nicht bevorzugte, aber mit natürlichen Verkehrsstrassen ausreichend ausgestattete Gründung in dem ihr vom Landesherrn verliehenen Rechte der Niederlage die Grundlage dazu erhielt, sich zu einem Mittelpunkte für den Handelsverkehr zu entwickeln. Dieses Recht verpflichtete jeden Berlin mit seinen Waren berührenden Händler oder Produzenten, diese in Berlin einige Tage auszuladen und zum Verkauf zu stellen. Wollte nun der dazu Verpflichtete die Kosten des Ausladens, der Lagergebühren, des Einladens und des Aufenthalts mit Schiff und Geschirr in Berlin ersparen, so konnte er dies nur dadurch, dass er zu billigem Preise seine Waren an Berliner Kaufleute und Konsumenten abliess. Diese waren damit die gegebenen Zwischenhändler und die Gewerbetreibenden in der Stadt waren stets in der Lage, die Roherzeugnisse zu ihren Betrieben um ein billiges zu erstehen[3]). Diese günstigen Bedingungen haben es denn verursacht, dass bereits in der ersten Hälfte des 13. Jahrhunderts Berlin sich stattlich entwickelte. Bereits erhob sich neben dem ältesten Teile um die

---

1) H o l t z e, „Berliner Handelsbesteuerung und Handelspolitik im 13. und 14. Jahrhundert", Schriften des Vereins für die Geschichte Berlins, Heft 19 (1881) im Abschnitte „Martinizinsen" S. 22—26.

2) v. L e d e b u r, „Der Schulze Marsilius von Berlin", Schriften des vorstehend gedachten Vereins Heft 2.

3) H o l t z e a. a. O. S. 11—20, 51—66; P r i e b a t s c h, „Der märkische Handel am Ausgange des Mittelalters" in den gedachten Schriften Heft 36 S. 1 ff.

Nikolaikirche eine spreeabwärts gelegene neuere Hälfte um die Marienkirche und das am linken Spreeufer gelegene Kölln mit seiner Peterkirche war seitdem nur ein Trabant, dazu bestimmt, den Bahnen der grösseren Schwesterstadt zu folgen. Strategisch waren beide vortrefflich gesichert, Kölln durch seine Lage zwischen der Spree und dem sich hier abteilenden zweiten Spreearm, der an seinem Unterlaufe in der Gegend des heutigen Lustgartens durch Sümpfe floss; Berlin durch die Spree und eine in der Bogenlinie der heutigen neuen Friedrichstrasse angelegte Befestigung. So war Kölln fast unangreifbar, Berlin auf einer verhältnismässig kurzen Strecke leicht zu verteidigen. In dieser Gestalt haben die Städte dann — im wesentlichen unverändert — bis zur Mitte des 17. Jahrhunderts bestanden, und zwar im allgemeinen als selbständige, wenn auch durch tausend Bande aneinander geknüpfte Stadtgemeinden.

Was die Verwaltung anlangt, so sind für jene älteste Zeit drei Faktoren scharf zu scheiden: die landesherrliche, die kirchliche und die städtische Verwaltung.

Der Landesherr besass im beschränkten Umfange ein Besteuerungsrecht, namentlich das Recht, für den von ihm dem Handel durch Sicherung der Verkehrsstrassen gewährten Schutz Zölle von den nach Berlin gebrachten Waren (Herrenzoll) zu erheben. Er galt ferner als der oberste Richter im Lande; als solcher hatte er die niedere Gerichtsbarkeit — wie dies regelmässig — jenem Unternehmer als Stadtschulzen übertragen, während die Bürger in allen wichtigeren Zivil- und Strafsachen vor dem Landding des markgräflichen Vogtes zu erscheinen verpflichtet waren [1]). Dann besass der Landesherr die verschiedensten Regale, so das Münzregal und als Ausfluss des Wasserregals den Spreestrom mit den am Mühlendamme angelegten Mühlen, ferner den Judenschutz. Auf Grund des letzteren hatte er in der Jüdenstrasse verschiedene Juden angesiedelt, die lediglich ihm unterstanden. Da es Regel war, die Juden an der äussersten Peripherie einer Stadt anzusiedeln und die Berliner Juden zudem ihren Begräbnisort (Kiewer) im älteren Spandau hatten, liegt die Annahme nahe, dass die Juden zu den ersten Bewohnern Berlins gehört haben. Abgesehen vom Mühlendamm hatte der Landesherr auch sonst, so namentlich in der Klosterstrasse Grundbesitz in Berlin. Dieser gehörte nur tatsächlich, nicht staatsrechtlich zu Berlin, sondern bildete eine landesherrliche Enklave innerhalb der Stadt. Auch die Juden, die dem Landesherrn ein sehr hohes Schutzgeld zahlten, das indes

---

1) K ü h n s „Geschichte der Gerichtsverfassung und des Prozesses in der Mark Brandenburg vom 10. bis zum Ablauf des 15. Jahrhunderts" Berlin 1865 und 1867; S e l l o „Die Gerichtsverfassung und das Schöffenrecht Berlins bis zur Mitte des 15. Jahrhunderts" in Märkische Forschungen Bd. 16, und H o l t z e „Geschichte des Kammergerichts in Brandenburg-Preussen" Bd. 1 (Berlin 1890).

zum Teil das Entgelt für den ihnen überlassenen landesherrlichen Grund und Boden darstellte, bildeten im gewissen Sinne eine Stadt in der Stadt, nicht nur wegen ihrer räumlichen Abgeschlossenheit, sondern auch wegen der verschiedenen eigenen Verwaltungsbefugnisse ihres Vorstehers.

Kirchlich unterstanden beide Städte dem Bischofe von Brandenburg und unter diesem Berlin dem Probste von Berlin, Kölln dagegen ursprünglich der Probstei Mittenwalde-Köpenick. In beiden Probsteien wie in den übrigen „neuen Landen" hatten sich die Landesherrn auf Grund des 1237 mit dem Pabste geschlossenen, bereits oben erwähnten Vergleiches den Archidiakonat vorbehalten. Auch aus dieser kirchlichen Verfassung kann man schliessen, dass Kölln im Verhältnis zu Berlin sehr unbedeutend gewesen ist.

Neben der aus dem Probste und seinen Kapellanen bestehenden, zunächst wenig zahlreichen Weltgeistlichkeit waren Klostergeistliche schon zeitig in Berlin vorhanden.

Am Rande Berlins erhob sich ein Franziskanerkloster (das sog. graue Kloster) seit der zweiten Hälfte des 13. Jahrhunderts, ebenso aus gleicher Zeit am Rande Köllns ein Dominikanerkloster in der Gegend des heutigen Schlossplatzes. Nicht nur die Geistlichen unterstanden geistlichen Gerichten, sondern auch der Territorialbesitz der Kirche, und ebenso waren die Bürger genötigt, in Streitsachen gegen Geistliche und in sog. geistlichen Sachen (Ehesachen, bei kirchlichen Delikten u. s. w.) geistliche Gerichte anzugehn.

Das was man heute als Schulwesen, Armenpflege, Krankenpflege begreift, war wesentlich der Kirche überlassen. Das uralte Hospital St. Georgen vor Berlin und das Heilige Geist-Hospital[1]) in der Stadt, ebenso das Hospital St. Gertruden vor Kölln standen unter geistlicher Leitung, wenn auch schon frühzeitig eine Teilnahme der Städte an der Vermögensverwaltung nachweisbar ist, was die selbstverständliche Folge des Umstandes war, dass sie zur Erhaltung dieser Stiftungen, namentlich zur Instandhaltung der Baulichkeiten beitrugen, wenn auch die laufenden Unkosten vorwiegend durch Inanspruchnahme der Mildtätigkeit gedeckt wurden. Aehnlich verhielt es sich mit den Schulen, auch sie standen in engster Beziehung zu den Kirchen, aber die Städte, zu deren Nutzen sie ja dienten, gaben schon früh den Schulmeistern (jüngeren Geistlichen) Wohnräume oder Zuschüsse. Der Kreis der rein städtischen Verwaltung war mithin äusserst beschränkt und bezog sich lediglich auf die Stadtbürger, den städtischen Grundbesitz und städtische Angelegenheiten. Bei vielen

---

1) Hier lebten Beguinen, d. h. Frauen unter gewissen religiösen Regeln, ohne indes klösterliche Gelübde abgelegt zu haben. Schon im 13. Jahrhundert hatten sie das Recht auf konfiszierte Nahrungsmittel, z. B. zu klein ausgefallenes Brot u. s. w.

derselben war ursprünglich die Uebereinstimmung der Vollbürger erforderlich, so dass die Ratmannen (consules) zunächst nur als die gewählten
Vollstreckungsbeamten der Gemeinde erscheinen. Die Ratmannen, deren
Zahl nicht genau bekannt ist, es scheinen sechs gewesen zu sein, wurden
— wie dies in der Rechtsbewidmung nach Frankfurt a. O. von 1272 bestimmt wird — immer auf ein Jahr gewählt, die zurücktretenden Ratmannen (consules seniores) blieben aber mit beratender Stimme im Kolleg,
wurden auch meist nach Jahresablauf wiedergewählt. Die Viergewerke
— d. h. die Innungen der Gewandschneider, Schuhmacher, Bäcker und
Schlächter — ordneten unter der Aufsicht des Rates ihre Angelegenheiten
mit grosser Selbständigkeit und mit dem Bestreben, die Konkurrenz möglichst zu beschränken, und die Aufnahme ungeeigneter Mitglieder, zu
denen namentlich solche wendischer Abkunft gerechnet wurden, zu ver-
hüten. Dieses Bestreben kommt in jedem der von der Innung vorgeschlagenen, demnächst vom Rate genehmigten Statuten deutlich zum Ausdruck. Zahlreich sind darin die Strafandrohungen für die Uebertretung
der zum Schutze der Konkurrenzfähigkeit und zur Erhaltung der guten
Sitten erlassenen Vorschriften. Die Strafen fielen teils an die Stadt,
teils an die Innung. Selbständiges Mitglied der Innung, d. h. Meister,
konnte nur ein Bürger werden, wie jeder, der Bürgerrechte in Berlin
ausüben wollte. Zur Erwerbung des Bürgerrechts war aber Vorbedingung,
dass man von deutschen Eltern abstammte und ehelicher Geburt war, die
Gewähr guten Fortkommens bot und eine Geldabgabe (10 Schillinge)
zahlte, die indes für Bürgerkinder ermässigt wurde.

Das volle Bürgerrecht gab aber dafür auch das Recht, an dem gemeinsamen Vermögen der Bürgerschaft anteilig teilzunehmen, aus der
Bürgerheide Brennholz zu beziehen, von der Bürgerweide bei der jährlichen Kavelung ein Stück überwiesen zu erhalten u. s. w. Dazu kam
das Recht der Zollfreiheit in der Mark, das Braurecht und das aktive
und passive Wahlrecht zu den städtischen Aemtern, die in frühester Zeit
— von den Unterbeamten abgesehen — Ehrenämter waren. Da anfänglich der Vollbürger auch Grundbesitzer sein musste, hat sich später das
Recht auf Weidland an bestimmte Grundstücke geknüpft, das dann später
ausgeschieden und den Grundstücken im Hypothekenbuche zugeschrie-
ben ist.

Sehr beschränkt war das Besteuerungsrecht der Stadt, das vorwiegend aus dem Entgeld für die Benutzung der städtischen Anlagen und
der Grundsteuer auf dem Besitze der Bürger bestand; aber ursprünglich
nahm der gedachte Stadtrichter auch an diesen Einnahmen teil. Besonders reiche Einnahmen flossen aus den Bussen für die der Zuständigkeit
des Rates unterliegenden Polizeivergehn.

Wie schon aus dem engen Zusammenhange zwischen der Gerichtsbarkeit mit den daraus fliessenden Einkünften erhellt, hatte die Mehrzahl

der landesherrlichen Rechte einen leicht zu ermittelnden Geldwert, und
dieser Umstand hat es erleichtert, dass der Zahlungspflichtige in die Lage
kommen konnte, die dem Berechtigten geschuldete Rente abzulösen und
damit das Recht selbst zu beseitigen. Die Entwicklung Berlins im ersten
Jahrhundert ist denn auch mit scharfer Folgerichtigkeit diesen Weg gegangen. Ein dem Landesherrn zustehendes Recht nach dem andern wurde
von der Stadtgemeinde durch Kauf erworben, bis schliesslich die Summe
aller Rechte auf sie übergegangen war. Um dieses Ergebnis herbeizuführen, gehörte eine verständige Stadtverwaltung und eine gehörige Finanz-
kraft. Nach beiden Richtungen ist die Stadtverwaltung ihrer Aufgabe
voll gerecht geworden, und hat die Gunst der Verhältnisse in handels-
politischer Beziehung ausgenutzt, um den einzelnen Bürger und die Ge-
samtheit reich und damit letztere mächtig zu machen. Wie aus der
Rechtsbewidmung für Frankfurt a. O. hervorgeht, die in der Zeit von
1272—1280 erlassen ist, ja von manchen schon vom Jahre 1253 ange-
setzt wird, war Berlin schon damals in Bezug auf seine Verwaltung das
erbetene Muster und Vorbild für die jüngere Handelsstadt an der Oder[1]).
Aber gedieh die Stadt auch derart in Bezug auf Wohlstand, so war sie
doch während der Herrschaft der Askanier noch wenig in der Lage, denselben auch in politische Macht umzusetzen, da die Fürsten dieses Stammes
kein besonderes Interesse daran hatten, die ihnen von der Stadt zustehenden Renten durch Ablösung in das Eigentum der Stadt übergehen zu
lassen. Trotzdem wurde auch während der letzten Jahrzehnte der As-
kanierherrschaft, also bis 1319 manches erreicht. Von erheblicher politischer Bedeutung war es, dass Berlin sich am 20. März 1307 mit dem
benachbarten Kölln unter Zustimmung des Landesherrn zu einer Art
Bundesstadt vereinte, welche die Selbständigkeit beider Städte da bestehen
liess, wo sie zweckmässig oder unschädlich war, beide aber in gemeinsamen Angelegenheiten als eine Einheit hinstellte. Demgemäss behielt
jede Stadt ihren eigenen Stadthaushalt, ihr eigenes Vermögen, ihre eigenen
Innungen und die eigene Polizeigerichtsbarkeit, aber der Berliner Magistrat wurde seitdem durch die Köllner, der von Kölln durch die Berliner
gewählt, und der vereinte Magistrat beriet und entschied in allen gemeinsamen Angelegenheiten. Auch das Stadtgericht, das unter dem Vorsitze
des Stadtrichters tagte, wurde insofern ein gemeinsames, als seitdem zu
seinen sieben Schöffen vier Berliner von Kölln und drei Köllner von
Berlin auf drei Jahre zu wählen waren. Für die Sitzungen des gemein-

---

1) Die Rechtsbewidmung nach Frankfurt trägt ein Stadtsiegel, das einen
Adler und Stadtmauern zeigt, während seit 1280 der Bär im Berliner Siegel
erscheint. Hieraus folgt, dass die Bewidmung spätestens 1280 ergangen sein
kann. Näheres bei H o l t z e : „Das Berliner Handelsrecht im 13. und 14.
Jahrhundert", Schriften des Vereins für die Geschichte Berlins, Heft 16,
S. 62—66.

samen Rates wurde wohl schon damals, um in keiner Stadt Eifersucht zu erwecken, ein offenbar recht bescheidenes, von Fachwerk hergestelltes Rathaus auf internationalem Gebiete, nämlich auf der beide Städte verbindenden langen Brücke errichtet, die etwa an der heutigen Poststrasse beginnend bis weit auf den heutigen Schlossplatz reichte. Man tagte mithin in diesem gemeinsamen Rathause, neben dem jede Stadt selbstredend ihr eigenes behielt, über dem landesherrlichen Spreestrom. Immerhin blieb Berlin trotz dieser scheinbaren Gleichstellung als die reichere der beiden Städte das Haupt dieser Verbindung, wie denn in äusseren Beziehungen die Bundesstadt Berlin genannt wurde.

Wichtig war es ferner, dass der Landesherr am 5. April 1317 den Bürgern der Bundesstadt das Recht verlieh, dass keiner von ihnen unter keinen Umständen vor ein Gericht ausserhalb ihrer Stadt gezogen werden durfte, wobei allerdings an geistliche Gerichte nicht gedacht ist. Seitdem war die Zuständigkeit des Landdings für Berlin beseitigt und das Stadtgericht hatte ausnahmslos in allen Zivil- und Strafsachen zu entscheiden[1]). Dieses wichtige ius de non evocando bedeutete mithin zugleich die Vereinigung des obersten und niedersten Gerichtes in der Hand des Stadtschulzen, was indes nicht die Vereinigung der Gefälle in derselben zur Folge hatte. Der Stadtschulze hatte vielmehr zwei Drittel derselben als Erträge der obersten Gerichtsbarkeit dem Landesherrn zu verabfolgen und behielt nur das letzte Drittel als Ertrag aus der niederen. Seit dieser Erweiterung der Zuständigkeit des Berliner Stadtgerichts sind, wenn hier von oberster und niederster Gerichtsbarkeit die Rede ist, lediglich die damit verbundenen, an verschiedene Berechtigte fallenden $^2/_3$ und $^1/_3$ der Gerichtsgefälle zu verstehen.

Eine weitere Einigung zwischen Berlin und Kölln wurde dadurch herbeigeführt, dass Bischof Johann von Brandenburg am 19. April 1319 die Pfarre Berlin mit der zu Kölln derartig vereinigte, dass beide von nun an ein unteilbares geistliches Lehn bilden sollten, und dass die Stadt Kölln in geistlicher Beziehung für immer der Probstei Berlin unterworfen sein sollte[2]).

Die oft gehörte Meinung, dass die Mark nach dem Aussterben der Askanier (1319) und den sich daran schliessenden Intriguen zwischen den verschiedenen auf sie folgenden Herrschergeschlechtern schwere Schäden erlitten habe, ist in dieser Allgemeinheit unzutreffend. Jedenfalls haben

---

1) Bis dahin hatte offenbar der Berliner Stadtrichter als Vorsitzender des Köllner Stadtgerichts in Köllner Sachen mit Köllnischen Schöffen getagt, da ein eigener Köllner Stadtrichter nicht vorkommt. Die Zahl der Schöffen vor der Vereinigung von 1307 ist unbekannt, es werden indes in jeder Stadt ebenfalls sieben gewesen sein.

2) Forschungen zur Brandenburgischen und Preussischen Geschichte, Bd. 5, S. 298 f.

gerade in diesem, fast ein volles Jahrhundert dauernden Zeitabschnitte manche märkische Städte, vor allem Berlin, eine hohe Blüte erreicht. Es war viel Wohlstand in der Stadt, wofür die schon bereits im Jahre 1335 erlassenen, sehr eingehenden Luxusverbote Zeugnis ablegen, und die drei Berliner Jahrmärkte brachten einmal, da sich auch die umwohnende Landbevölkerung versorgte, Geld in die Stadt, dann aber gestatteten sie den Berlinern den Kauf ausländischer Erzeugnisse. Die nichtmärkischen Besucher dieser Märkte hatten für ihre Waren ziemlich hohe Zollsätze an den Landesherrn zu entrichten, die dieser durch einen Zöllner einzog. Obgleich derselbe landesherrlicher Beamter, war er doch bereits am 30. September 1319 dem Berliner Stadtgerichte unterworfen worden. Es war dies vom Herzog Rudolf von Sachsen als Geschlechtsvormund der Witwe des verstorbenen Markgrafen Woldemar erteilte Privileg das erste in einer langen Reihe anderer. Von der stets in Geldnöten befindlichen Fürstengewalt erkaufte Berlin, teils wiederkäuflich, teils entgiltig die verschiedensten nutzbringenden Rechte, andere wurden gepachtet, bei manchen scheint sogar eine Schenkung seitens der Regierung vorzuliegen. Eine solche kam ja diesem oder jenem Prätendenten, der für sich Stimmung machen wollte, nicht zu schwer. Kein Wunder, dass schliesslich dem Landesherrn an Rechten nicht viel übrig blieb.

Da wurden die landesherrlichen Mühlen am Mühlenhofe ganz und später teilweise verpfändet, am 1. Januar 1320 überliess Markgräfin Agnes dem Rate alle „gemeinen“, d. h. nicht mit Grundbesitz angesessenen Juden zum völligen Eigentum, und am 13. Mai 1323 dehnte Herzog Rudolf von Sachsen, als damaliger Prätendent der Mark, diese Begnadigung auf alle Juden aus, die sich gegenwärtig oder künftig in Berlin-Kölln aufhalten würden. Dann pachtete die Stadt — noch vor 1372 — den Herrenzoll für jährlich 100 Mark und gewann damit das Recht, alle Waren zu besteuern, soweit nicht Zollbefreiungen bestanden.

Bedeutungsvoll war namentlich der Erwerb des ewigen Pfennigs durch die Städte des Berliner Münzbezirkes. Das Münzrecht war in der Mark Regal des Landesherrn gewesen, der dasselbe für einzelne Bezirke (Münzyser) meist an Unternehmer verpachtet hatte. Der Hauptverdienst bestand darin, dass alle Jahre neue Pfennige (12 auf den nie ausgeprägten Schilling) ausgeprägt und gegen 16 auf den Schilling umgetauscht werden mussten. Nur neue Pfennige hatten Geltung, sodass sich der jährliche Verdienst infolge der Abnutzung der Münzen zwar nicht auf volle 25 Prozent stellte, wohl aber der Schaden der Besitzer. Die Stadt Berlin hatte nun schon am 4. April 1280 von den Markgrafen einen kleinen Anteil (10 Pfund Silber) von den jährlichen Einkünften aus der Berliner Münze überwiesen erhalten, auch finden sich Verträge mit dem Münzmeister zu Brandenburg, welche eine gleichartige Prägung mit den Berliner Münzen bezweckten, um so das Umsatzgebiet zu erweitern. Das waren

aber lediglich Privatabkommen. Da war es denn von äusserster Wichtigkeit, dass sich am 24. Juni 1369 die Städte Berlin, Kölln, Frankfurt,
Spandau, Bernau, Eberswalde, Alt-Landsberg, Straussberg, Müncheberg,
Drossen, Fürstenwalde, Mittenwalde, Wrietzen und Freienwalde für 6500 M.
das Recht des ewigen Pfennigs, d. h. die Ablösung des Jahresumtausches
erkauften und zugleich das Recht, in Berlin und Frankfurt nach dem
stendaler Münzfusse Pfennige und Halbpfennige (Scherfe) zu prägen. Das
erste Recht war für die Entwicklung des Handels durch Sicherung der
Valuta segensreich, dagegen hat Berlin von der Gestattung der eigenen
Münze nur wenig Gebrauch gemacht[1]). Die Zahlung des ungeheuren Kauf-
preises wurde den beteiligten Städten dadurch erleichtert, dass der Landesherr auf zwei Jahre alle ihm geschuldeten Schösse, Steuern und Beden
erliess. Berlin-Kölln benutzte diese hohe Inanspruchnahme seiner Finanz-
kraft übrigens sehr geschickt dazu, dass es am 13. Juni 1370 einen Schoss
auf alle Grundstücke, auch die geistlichen legte und sich zum Nutzen der
Kämmerei das Ausschänken fremden Bieres im Stadtkeller vorbehielt.
Hiermit war kühn in die Steuerfreiheit der Geistlichkeit eingegriffen und
zugleich ein nutzbares Monopol eingeführt.

Noch folgenreicher war der Uebergang der landesherrlichen Gerichts-
hoheit, des iudicium supremum und derjenigen des beliehenen Stadtrichters, des sog. iudicium infimum an die Stadt Berlin. Auch in diesem
Falle hat die Stadt sehr geschickt die Verhältnisse zu benutzen verstanden, um sich durch eine Reihe von Verträgen die Gerichtsbarkeit zu verschaffen.

Das iudicium supremum mit den zwei Dritteln der Gerichtsfälle war
zur Zeit der stets mit Geldverlegenheiten kämpfenden Wittelsbacher Markgrafen regelmässig verpfändet gewesen, und zwar an einen gewissen Tile
Brück, der um 1350 auch mit dem iudicium infimum beliehen wurde. Da
nun der Markgraf einsah, dass er nicht in der Lage sein würde, das iudicium supremum einzulösen, belieh er Tile Brück auch mit diesem, so
dass Tile jetzt Lehnsinhaber beider iudicia war. Es lag nun für die
Stadtgemeinden Berlin und Kölln, auf die sich ja diese Gerichtsbarkeit
bezog, sehr nahe, sich mit diesem Lehnsbesitzer abzufinden und dessen
Rechte für sich zu erwerben, und beide Gemeinden verhandelten deshalb
über die Quoten, in welchen der Kaufpreis von ihnen an Brück gezahlt
werden sollte. Diese Verhandlungen führten indes lange zu keinem Er-
gebnisse, und so erwarb denn Berlin allein durch Vertrag vom 31. Januar 1391 gegen Zahlung von 356 Schock Böhmischer Groschen die Ge-

---

1) Fidicin a. a. O. Bd. III., S. 429 ff. „Das Münzwesen der Stadt Berlin" bearbeitet von Bernhard Köhne. In der dem Aufsatze beigegebenen
Kupfertafel II ist unter Nr. 1 ein Berliner Pfennig abgebildet. Er zeigt auf
dem Averse den Landesherrn mit Schwert und Lanze, auf dem Reverse den
schreitenden Berliner Bären.

richtsbarkeit in beiden Städten, wozu Markgraf Jobst als Oberlehnsherr am 5. Juni 1391 seine oberlehnsherrliche Genehmigung erteilte und die Belehnung vornahm. Seitdem gingen die Einkünfte der iudicia in die Berliner Stadtkasse, an die jetzt auch die verschiedenen mit dem iudicium infimum verbunden gewesenen Abgaben flossen, welche von den Gewerbetreibenden in beiden Städten und verschiedenen Immobilien daselbst an den Inhaber dieser Gerichtsbarkeit meist zu Martini zu zahlen gewesen waren. Staatsrechtlich wurde aber der Magistrat der Bundesstadt als Inhaber der beiden iudicia betrachtet, auch einten beide Städte sich regelmässig über die Person, die als Stadtrichter den Vorsitz im vereinten Stadtgerichte führen sollte. Immerhin ist die Tatsache allein, dass Berlin seitdem Einkünfte aller Art von Köllner Bürgern und Köllner Grundbesitz bezog, ein deutlicher Beweis dafür, dass Berlin der Nachbarstadt übergeordnet war. Aus dieser Ueberordnung, die im Erwerbe der iudicia durch Berlin deutlich ersichtlich ist, entstand eine stets wachsende Missstimmung gegen die bevorzugte Rivalin, und diese Rivalität sollte dereinst beiden verderblich werden [1]).

Die Erwerbung der iudicia mit ihren reichen Einkünften war hauptsächlich auch die Veranlassung zur Anlegung des Berliner Stadtbuches, das unmittelbar darauf angefangen und im Jahre 1397 vollendet war [2]). Es ist weitaus die bedeutendste der märkischen Stadtrechts-Quellen, glänzend ausgestattet und eine unerschöpfliche Fundgrube für die Stadtgeschichte. Aus ihm lässt sich mit fast photographischer Treue das Bild Berlins am Schlusse des 14. Jahrhunderts entwerfen. Für ihre Lebenskraft zeugt es, dass man von dem furchtbaren Brande, der am Laurentiustage 1380 fast das ganze Berlin in Asche gelegt hatte, kaum noch eine leise Andeutung findet.

Ferner beweist, was mit dem Vorigen im Einklange steht, das Stadtbuch

----

1) Die eingehende Darstellung vom Erwerbe der iudicia gibt H o l t z e „Das juristische Berlin beim Tode des ersten Königs", Schriften des Vereins für die Geschichte Berlins, Heft 29, S. 37 ff.

2) Vergleiche über das Stadtbuch: F i d i c i n „Historisch-diplomatische Beiträge zur Geschichte der Stadt Berlin". Erster Teil. Berlinisches Stadtbuch, Berlin 1837, K l ö d e n „Erläuterung einiger Abschnitte des alten Berlinischen Stadtbuches" 3 Stücke in den Programmen der Gewerbeschule zu Berlin 1838, 1839 und 1840. S e l l o „Gerichtsverfassung und Schöffenrecht" a. a. O. S. 26 ff.; H o l t z e „Die Berliner Handelsbesteuerung und Handelspolitik" a. a. O. S. 1 ff. und endlich C l a u s w i t z in der Einleitung zu seiner Neuausgabe des Berliner Stadtbuches (Berlin 1883), die nach Inhalt und Ausstattung gleich vortrefflich ist, wobei nur zu bedauern bleibt, dass diese Fundgrube zur Berliner Geschichte seitdem nicht weiter ausgenutzt ist. S e l l o, „Die Gerichtsverfassung und das Schöffenrecht Berlins" a. a. O. S. 44 ff. Es sind hier mit grosser Genauigkeit alle Besonderheiten des Berliner Rechts entwickelt.

ebenso wie das 20 Jahre früher zusammengestellte sogenannte Landbuch Karls IV.[1]) den reichen Besitz, den die beiden Stadtgemeinden und ihre Bürger in den Städten und weit in der Mark besassen; ja das Stadtbuch zeigt, wenn man es mit dem ältesten Landbuche vergleicht, in wie grossem Umfange inzwischen jener Besitz auf Kosten der bisherigen Inhaber, namentlich aber der Landesherrschaft zurückgegangen war.

Diese Berlin - Köllner Geschlechter, die Tempelhof, Rycke, Stroband, Wyns, Rathenow, Wardenberg u. s. w., die im Rate der Städte sassen, reichen Besitz aufhäuften und an die noch manches Epitaph in den städtischen Kirchen erinnert, haben in jener Zeit in weiser Berechnung eine Handelspolitik ausgeübt, die sie selbst, aber auch die von ihnen geleiteten Gemeinden mächtig und reich machten. Diese Staatskunst fragte dabei nichts nach der übrigen Mark und deren Geschicken; im Gegenteil gerade das Brachliegen der landesherrlichen Macht war die Voraussetzung für das eigene schnelle Emporblühen. Der erste Abschnitt des Stadtbuchs, enthaltend die Zusammenstellung der Berliner Einnahmen beweist dies, wenn man sich die Mühe gibt, zwischen den Zeilen zu lesen und die sonstigen urkundlichen Zeugnisse aus jener Zeit ergänzend heranzuziehen.

Man begegnet hier einem sorgfältig, bis in alle feine Einzelheiten ausgearbeiteten Schutzzollsysteme, dazu bestimmt, den eigenen Handel zu heben, die Produktion und den Absatz der Berliner Fabrikate (Tuch, Schuhwaren u. s. w.) zu stärken und fremden Wettbewerb so viel nur irgend möglich, das heisst, soweit nicht Repressalien zu befürchten waren, auszuschliessen. Diesem Zweck diente auch die Gesetzgebung des Magistrats und die Verträge, die man mit den Nachbarstädten schloss. Diese statsrechtlichen Verträge, teils Konfirmationen der Stadtrechte, teils Verträge mit anderen Gemeinden und Fürsten bilden den zweiten Abschnitt des Stadtbuches, an den sich dann als dritter das eigentliche Berliner Stadtrecht schliesst. Es ist dies eine Zusammenstellung aus Sätzen des Sachsenspiegels, des Richtsteiges, des sächsischen Weichbildes und der Sachsenspiegel-Glosse in einer sorgfältigen Redaktion, die Bewunderung für die Fähigkeit des Bearbeiters erregt. Nach diesem Gesetzbuche wurde von den Schöffen das Recht gefunden, die auch in den schwersten Strafsachen zu Recht sassen, da der Stadt auch der Blutbann

---

1) F i d i c i n a. a. O. Bd. II. S. 72—83 gibt einen Auszug dieses von v. Herzberg 1781 edierten, in den Jahren 1375—1377 auf Befehl Kaiser Karls IV. zusammengestellten Landbuches, soweit es für Berlin und Kölln erheblich ist. Am interessantesten ist hier das seitenlange Verzeichnis der Hebungen, welche den Bürgern im Teltow, Barnim, im Havelland, Glin, der Zauche und vereinzelt sogar in der Altmark zustehen. Manche von solchen Hebungen waren früher an Altäre und fromme Stiftungen in den Städten übergegangen, so dass auch diese nach dem Landbuche als recht gut dotiert erscheinen.

zustand. Mit welcher Kraft sie diesen ausübte, zeigt der vierte Abschnitt des Stadtbuches, das „Buch der Uebertretungen“, das Straffälle aus den ersten Jahrzehnten des 15. Jahrhunderts enthält. Auch dieses beweist die Gesichtspunkte, von denen die Staatskunst der Stadtregierung geleitet wurde. Mit drakonischer Strenge wurde gegen Fremde, die sich in Berlin einer Straftat schuldig gemacht, eingeschritten, namentlich, wenn sie die Sicherheit der Handelsstrassen geschädigt hatten; wenn aber ein Einheimischer das Unglück hatte, mit dem Strafgesetz in Verwicklung zu kommen, dann hatte er gute Aussicht, dass man ihn nach geschworener Urphede mit der Todesstrafe verschonte und der Stadt verwies.

In diesen Notizen über Straffälle begegnet man auch bisweilen benachbarten Adeligen, die, entweder auf Grund angeblicher Zollrechte, oder ohne solchen Vorwand Angriffe auf Berliner Bürger, die sich auf Handelsreisen befanden, gemacht hatten. Dem entsprach es denn auch, dass die Bundesstadt alle Tatkraft und bedeutende Mittel aufwandte, um die Burgen an wichtigen Strassenzügen, in denen von ihren Kaufleuten Zölle von den Besitzern erhoben wurden, in ihre Gewalt zu bekommen, und so die ewigen Zwistigkeiten mit denselben abzuschneiden. Beispiele für die erfolgreiche Betätigung in dieser Beziehung bieten die Schlösser Sarmund, die erste Etappe für den Handel nach Südwesten, und namentlich Köpenick, die wichtige Station für den Verkehr nach Schlesien. Dazu kam anderes: Seit dem Nachlassen der fürstlichen Gewalt, die genug zu tun hatte, sich selbst zu schützen, nicht aber mehr daran denken konnte, den Städten in ihren verschiedenartigen Handelsinteressen einen Rückhalt zu gewähren, waren diese auf Selbsthilfe angewiesen, und so erscheint denn Berlin oft genug als Mitglied in allen möglichen Städtebündnissen. Sehr frühzeitig war es schon dem mächtigen Hansebunde beigetreten, wie sich aus der Uebereinstimmung der Berliner Zollsätze mit den von der Gräfin Margarete von Flandern und Hennegau im Mai 1252 für die Kaufleute des Deutschen Reichs in ihrem Gebiete festgesetzten verfolgen lässt. Seit 1319 wurde diese Verbindung mit der Hanse noch fester, auch mehrten sich seitdem Bündnisse mit märkischen und nichtmärkischen Städten, in denen man sich entweder über die Sicherung der Rechtshilfe, namentlich über die Zwangsvollstreckung der Urteile einer Stadt in einer anderen, oder über die gegenseitige Behandlung im Handelsverkehr vereinigte.

In allen diesen äusseren Beziehungen erscheint unter dem Namen Berlin regelmässig die Bundesstadt, aber in allen inneren sind die Städte Berlin und Kölln von einander geschieden. Jeder der beiden Magistrate übte in seiner Stadt die Polizei, einschliesslich der polizeilichen Gerichtsbarkeit, jede der beiden Städte hatte ihre eigenen Innungen, die allerdings in der Nachbarstadt vor anderen Handwerkern sehr bevorrechtigt und in manchen Punkten gleichgestellt waren, vor allen Dingen hatte jede Stadt ihr eigenes Kämmereivermögen und ihren besonderen Etat. Waren Ausgaben gemeinsam zu tragen, so erfolgte nach altem Brauche die Verteilung derart, dass Berlin $^2/_3$, Kölln $^1/_3$ beisteuerte, falls nicht ausnahmsweise ein anderer Modus beschlossen wurde. So hatte auch jede Stadt ihre eigenen Unterbeamten und die Fürsorge für die Erhaltung ihrer städtischen Anlagen. Wenn man daher Kleines mit Grossem vergleichen will, standen die Städte zueinander etwa im Verhältnisse, wie heute die Staaten Oesterreich und Ungarn zur österreichisch-ungarischen Monarchie. Aus dem Vorangeschickten erhellt ohne weiteres, dass für die Landesherrschaft kaum noch irgend ein Raum zur Betätigung übrig blieb. Die Stadt war tatsächlich eine fast freie Republik, die eine kleine Welt in sich umschloss und nur noch nominell der Markgrafschaft Brandenburg unterstand. Wenige Städte haben daher das plumpe Riesenbild des Roland, das vom Stadtbuch an einigen Stellen zur Ortsbezeichnung, ohne jede nähere Angabe über Aussehen und Zeit der Errichtung erwähnt wird, mit gleichem Rechte wie Berlin auf seinem Molkenmarkte aufgestellt, da man in diesem Recken das Sinnbild städtischer Machtfülle gewöhnlich zu erblicken pflegt.

Es ist nichtig, Betrachtungen darüber anzustellen, wohin diese Staatskunst geführt haben würde, wenn sie längere Zeit zu ihrer Betätigung gehabt hätte, jedenfalls wurde ihr seit der Hohenzollernherrschaft in der Mark zunächst die innere Berechtigung entzogen, dann der Lebensfaden abgeschnitten. Ausserhalb des Rahmens einer Geschichte Berlins liegen die hartnäckigen, auf Jahre verteilten Kämpfe, die Friedrich von Nürnberg, seitdem er zum Statthalter in der Mark ernannt war, mit dem märkischen Adel zu bestehen hatte, der, gestützt auf Pommern und Mecklenburg, dem landfremden Fürsten drohend die Spitze bot. Eine eigentümliche Laune des Schicksals war es, dass gerade damals (1412) zwischen Berlin und dem märkischen Adel Differenzen verschiedener Art bestanden, welche es veranlassten, dass die Stadt eine Demütigung ihrer adeligen Gegner durch die z. T. aus fränkischen Söldnern bestehenden Truppen des Burggrafen nicht ungern sah. An jene Kämpfe erinnern noch heute die in der Kirche des grauen Klosters befindlichen Grabdenkmäler fränkischer Ritter (Hohenlohe, Lentersheim, Uttenhoven), die damals im Gefechte am Kremmer Damme den Tod für das Haus Hohenzollern gefunden hatten. Schon die Tatsache, dass der Burggraf seinen Kämpfern die letzte Ruhestätte in Berlin bereitete, beweist, dass er hier auf Sympathien zu rechnen hatte; hiemit stimmt es denn auch, dass als Friedrich (1415) als Markgraf mit der allerdings hart verstümmelten und in bezug auf die landesherrlichen Einkünfte stark entwerteten Mark beliehen wurde, ihm die Magistate von Berlin und Kölln ohne Begeisterung, aber auch ohne Widerstreben als ihrem Fürsten und Oberlehnsherrn huldigten und dagegen die reiche Fülle ihrer Rechte konfirmiert erhielten. Sie ver-

sprachen sogar, dafür zu sorgen, dass auch die übrigen Städte der Mark
dem Kurfürsten huldigen würden; sie streckten ihm erhebliche Summen
zur Wiedereinlösung verpfändeter Schlösser, z. B. Köpenicks, und zum
Kriege gegen Pommern zur Verfügung.

Dennoch hätte die Stadt bei einem feineren Gefühle für die Zukunft
schon damals erkennen müssen, dass mit dem Erstarken der Fürstengewalt in der Mark auch ihre bisherige Entwicklung nicht weiter gehen
könne, denn das Recht zu ihrer egoistischen Staatskunst, zu ihrer Abgeschlossenheit gegen die übrige Mark, hatte sie nur solange, als sie auf
eigenen Füssen zu stehen gezwungen war. Jetzt war der märkische Adel
dem neuen Fürstenhause unterworfen, um sich bald mit seltener Treue
und Hingebung ihm anzuschliessen, und nach siegreichen Grenzkriegen,
allerdings kleinster Art, war die Mark wieder an Ruhe und Sicherheit
gewöhnt. Auch vertrat der Kurfürst die Stadt auf Grund der goldenen
Bulle kräftig gegen die Vehme und setzte es durch, dass die vor sie
geladenen Berliner vor sein Gericht gewiesen wurden. Es fehlte somit
jetzt die Rechtfertigung für das Halten von Söldnern und den Abschluss
von Schutz- und Trutzbündnissen mit benachbarten Städten. Wenn sich
daher Berlin-Kölln am 1. Februar 1431 mit den beiden Städten Brandenburg und mit Frankfurt zum gegenseitigen Schutze ihrer Besitzungen,
Rechte und Gewohnheiten vereinte, und jede den anderen Waffenhilfe bei
Verletzungen derselben zu leisten versprach, so erkennt man darin deutlich die gegen den Kurfürsten gerichtete Spitze.

Diese drei mit Berlin-Kölln verbündeten Städte haben zu jener Zeit
auch dazu mitgewirkt, einen Zwiespalt in der Bundesstadt zu beseitigen
und das zwischen beiden bestehende Band noch straffer zu ziehen. Der
Zwiespalt war einmal in der Missgunst von Kölln auf das grössere Berlin
begründet, dann aber lag seit lange die Regierung der Bundesstadt ausschliesslich in den Händen weniger patrizischer Geschlechter, und die Ge-
meinheit der Bürger, deren ausführendes Organ ursprünglich der Rat nur
gewesen war, hatte kaum noch irgend einen Einfluss. Hier Wandel zu
schaffen, war damals das Streben der Viergewerke, die wenigstens bei
gewichtigeren Beschlüssen des Rates gehört zu werden verlangten. So
war mancherlei Missstimmung zwischen den beiden Städten und in der
Bürgerschaft gegen den Rat vorhanden, als es den Städten Altstadt- und
Neustadt-Brandenburg mit Frankfurt glückte, zwischen Berlin und Kölln
am 15. Juni 1432 einen Vergleich zu vermitteln, der einen völligen Sieg
des patrizischen Regimentes bedeutete. Nach dieser neuen Stadtverfas-
sung sollte der vereinigte Rat sich selbst ergänzen, und zwar derartig,
dass für Berlin zwei Bürgermeister und zehn Ratmannen, für Kölln ein
Bürgermeister und fünf Ratmannen gewählt würden, die dann gemeinsam
auf dem Rathause bei der langen Brücke alle beide Städte betreffenden
Angelegenheiten beraten sollten. Ferner sollte der vereinte Rat für

Berlin vier und für Kölln drei Schöffen wählen, die alle 14 Tage unter dem Vorsitze des Stadtrichters an derselben Stelle zu Gericht sitzen sollten. Hiermit war der seit lange gewohnheitsmässig bestehende Brauch des jährlich alternierenden Rates durch Ortsstatut bestätigt, und in Berlin hat derselbe selbst nach der Trennung von Kölln (1448) bis zum Beginn des 18. Jahrhunderts in der Weise bestanden, dass die Ratsmitglieder in allen geraden und die in allen ungeraden Jahren je eine Kette bilden, bei denen die vorhandenen Glieder nur im Todesfalle oder beim Verzichte auf das Amt durch neue ersetzt wurden [1]). Auf dem gemeinsamen Rathause sollte nach dieser neuen Verfassung eine gemeinsame Hebe- und Ausgabestelle für alle Einnahmen und Ausgaben für beide Städte eingerichtet werden. Da Berlin reicher als Kölln war, zahlte letzteres 200 Schock böhmischer Groschen in die gemeinsame Kasse und erhielt damit das Miteigentum in der Weise, dass von nun an alle Einnahmen aus dem Gerichte, die geistlichen und weltlichen Lehn, die Stadtdörfer [2]), Wiesen, Weiden, Gewässer, ausgeliehenen Kapitalien u. s. w. beiden Städten gemeinsam gehören sollten. Dieser Verschmelzung des beiderseitigen Eigentums entsprach es dann auch, dass von nun an jeder Berliner Bürger auch das Bürgerrecht in Kölln, und jeder Köllner das in Berlin haben sollte. Wenn man diese Aenderungen betrachtet, könnte man schliessen, dass damit an Stelle der Bundesstadt Berlin-Kölln, wie sie seit 1307 bestanden, eine Gesamtstadt getreten sei, und eine Erklärung vermissen, weshalb noch überhaupt die Bestimmung aufgenommen war, dass zwei Drittel des Rates für Berlin und das letzte Drittel für Kölln gewählt werden sollten. Dies wird aber verständlich durch die Schlussbestimmung der Verfassung, dass alle Gilden, Innungen und Gewerke in jeder Stadt für sich getrennt nach ihrer alten Gewohnheit weiter bestehen sollten. Somit bestanden in Bezug auf das gewerbliche Leben die beiden Städte fort, und es liegt auf der Hand, dass auf diese Weise dem Streben der Viergewerke auf Teilnahme am Stadtregimente ein Riegel vorgeschoben war, denn es gab somit gar keine Gewerke in der Gesamtstadt, sondern nur in den jetzt zu Stadtteilen gewordenen Hälften Berlin und Kölln. Selbstredend genügte dies den Viergewerken nicht; da sie aber sich mit denen der Nachbarstadt nicht vereinigen mochten, dies damals wohl auch Schwierigkeiten verursacht haben würde, so war in diesem einflussreichen Teile der Bevölkerung der Trennungsgedanke seit 1432 beständig im Wachsen. Dazu kam anderes: Staatsrechtlich sehr bedenklich war es,

---

1) Vergleiche das bis 1662 reichende Verzeichnis des Berliner Rates seit 1311 im Chronicon Berolinense des Posth. (Schriften des Vereins für die Geschichte Berlins, Heft 4, S. 41—56). Die Bürgermeister werden in diesem Verzeichnisse als consules, der Rat als senatus bezeichnet.

2) Ratsdörfer waren Stralau, Reinikendorf, Lichtenberg, Wesenthal und das 1435 vom Johanniter-Orden gekaufte Tempelhof mit Zubehör.

ob sich überhaupt die Städte — wie 1432 geschehen — zu einer zusammenfügen konnten, da sich doch die landesherrlichen Privilegien zum Teil nur auf Berlin (Niederlagsrecht) bezogen; jedenfalls konnte der Landesherr die Union und die Zuständigkeit des gemeinsamen Rates als einen staatsrechtlich unzulässigen, also nicht vorhandenen ignorieren. Somit war die Stellung des Landesherrn eine recht günstige, sein Eingriff in die Verhältnisse war ohne weiteres zulässig, und er konnte sich dabei des Einverständnisses mit einem Teil der Bevölkerung für versichert halten. Leider sind wir über die Einzelheiten dieses Eingreifens nicht genau unterrichtet, so viel ist indes sicher, dass dabei der Kurfürst mit dem alten Rate, dessen Rechtmässigkeit er nicht anerkannte, in Konflikt geriet, wobei der Rat von den Bürgern im Stich gelassen wurde und seines Amtes entsagte. Nunmehr ernannte auf Bitten der Viergewerke der Kurfürst einen aus zwei Bürgermeistern und 10 Ratmannen bestehenden Rat für Berlin und einen solchen aus einem Bürgermeister und 5 Ratmannen für Kölln. Am 26. Februar 1442 erklärte nun der Kurfürst, dass von jetzt ab jede Stadt ihren besonderen Rat haben sollte, der jährlich namentlich aus den Viergewerken von der Gemeinde zu wählen sei, kein Mitglied des Rates dürfe indes das Amt vor eingeholter kurfürstlicher Bestätigung antreten. Zugleich wurde das Eingehen jedes Bündnisses mit anderen Städten ohne Einwilligung des Landesherrn verboten[1]). Am 29. August 1442 erfolgte dann — nachdem offenbar inzwischen neue Verwicklungen eingetreten waren — eine Regelung dahin, dass beide Städte dem Kurfürsten nicht nur das Rathaus zwischen den Städten, das oberste und niederste Gericht, die Niederlage nebst allen Zubehörungen überliessen, sondern ihm auch zum Bau einer Burg den nördlichen Teil des Köllner Werders bis zur Dominikanerkirche auf dem heutigen Schlossplatze abtraten, während die Landesherrn bisher — wie schon die letzten Askanier und ihre Nachfolger — bei ihren gelegentlichen Besuchen im sog. hohen Hause in der Klosterstrasse (dem späteren Lagerhause) Aufenthalt genommen hatten.

In Ausführung dieses Vergleiches erschienen der Rat beider Städte mit den Schöffen am 1. September 1442 in der kurfürstlichen Kanzlei und leisteten ihm hier die Schöffen den Treueid, worauf er sie als solche bestätigte, auch dem Rate das Wahlrecht derselben für die Zukunft einräumte, sich jedoch das Recht vorbehielt, neben dem Stadtrichter jederzeit den Gerichtsschreiber einzusetzen und zu entsetzen. Hieraus ergibt sich, dass die Trennung der Städte nicht vollständig durchgesetzt wurde,

---

1) Mitglied der Hanse blieb Berlin damals noch und schrieb erst im Jahre 1518 kurfürstlichem Drucke gehorchend mit anderen märkischen Städten dem Bunde ab. Aber die Mitgliedschaft war schon lange vorher eine rein nominelle, da Berlins Wichtigkeit als Handelsstadt wesentlich auf dem ihm 1442 entzogenen Niederlagsrechte beruht hatte.

da sie ein gemeinsames Stadtgericht behielten. Die ihm aus dem niedersten Gerichte abgetretenen Einkünfte, namentlich soweit sie aus Kölln
flossen, benutzte der Kurfürst zum Teil zur Ablösung der den Köllner
Bürgern auf dem ihm abgetretenen Gelände zustehenden Privatrechte[1]).
Das damals erworbene Gebiet, das den westlichen Teil der von beiden
Spreearmen gebildeten Insel umfasste und dessen Grenze gegen Kölln und
das Dominikanerkloster einige Fuss vor der heutigen Schlossfront auf
dem Schlossplatze lief, war seitdem ein selbständiges, lediglich dem Landesherrn unterworfenes Gebiet, das nur räumlich mit Kölln im Zusammenhange stand, genau ebenso wie der Spreefluss und die am Mühlendamme
befindlichen landesherrlichen Mühlen. Nachdem so der Baugrund erworben
war, erteilte der Kurfürst einem geschickten Verwaltungsmanne, dem
Franken Ulrich Zeuschel den Auftrag, für die Beköstigung und Bezahlung
der Arbeiter an der zunächst nur sehr einfach projektierten Burg zu
sorgen. Zeuschel, der zu diesem Bau auch aus eigenen Mitteln Kapitalien
vorschoss, benutzte selbstredend die landesherrlichen Mühlen zur Herstellung der erforderlichen Bretter und zur Verarbeitung des zur Beköstigung der Bauhandwerker notwendigen Mehls; sein Baubureau hatte er
auf dem hohen Hause in der Klosterstrasse zu Berlin. Während nun
Zeuschel in dieser Weise seine Vorbereitungen zum Schlossbau traf, er-
kannten die beiden jetzt getrennten Städte Berlin und Kölln — und
zwar mit voller Berechtigung — dass sie mit ihrem früheren Zwiespalt
lediglich die Geschäfte des Landesherrn besorgt hatten, und dass dieser
demnächst als Besitzer der projektierten Burg jeder Zeit in der Lage
sein werde, ihnen seinen Willen als Gesetz aufzuzwingen. Diese Erkennt-
nis liess die frühere Missstimmung gegen einander in den Hintergrund
treten, und es kam zu einer Annäherung zwischen beiden Städten, die
jetzt dahin strebten, die Zustände vor 1442 zurückzuführen und deshalb gemeinsam gegen den Kurfürsten Front machten. Es ist unbekannt, was eigentlich die äussere Veranlassung zum Aufstande der Städte gegeben hat, wenn
auch die inneren Gründe klar zu Tage liegen. So sind auch die einzelnen
Abschnitte der bald niedergeworfenen Revolte nicht aufgehellt, was aber
damit bezweckt wurde, ist ersichtlich. Man wollte den Schlossbau um
jeden Preis verhindern und deshalb dem Landesherrn die Mittel zu dessen
Herstellung entziehen. Daher richtete sich der Angriff der Städter naturgemäss gegen die landesherrlichen zum Schlossbau zu verwendenden Ver-
mögensstücke und die dabei tätigen Personen, also namentlich gegen die
Mühlen, deren Aufseher und Arbeiter man verjagte. Hätte man den im
schnellen Ansturm damals (um die Wende von 1447 auf 1448) geschaffenen rechtlosen Zustand dauernd befestigen können, so wäre allerdings

---

1) Es genügt, hier auf die von F i d i c i n a. a. O. Bd. III mitgeteilten
Regesten aus dem Jahre 1442 zu verweisen.

der Landesherr in Berlin-Kölln ausgeschaltet gewesen, aber man hatte offenbar die eigenen Kräfte überschätzt, sich vielleicht auch in der Annahme getäuscht, dass das so kühn und rücksichtslos gegebene Beispiel in der Mark Anklang finden werde. Jedenfalls folgte bereits im Frühjahr 1448 dem kurzen Rausche der wiederhergestellten städtischen Selbständigkeit durch die schnelle Niederschlagung des Aufruhrs eine herbe Ernüchterung. Der Kurfürst hatte sich bei den märkischen Ständen in zwölf Beschwerdepunkten über die unbotmässigen Städte beklagt, die sich gegen die von ihnen vor sechs Jahren angenommene Verfassung wieder vereinigt hätten, aber er entschied sich demnächst dahin, nicht die Städte als solche, sondern die am Aufstande beteiligten Bürger wegen Verletzung ihrer Lehnspflichten, also wegen Felonie zu bestrafen. Dies entsprach auch allein der damaligen Sachlage. Die Vereinigung beider Städte, die der Kurfürst vor sechs Jahren aufgehoben, war immer das Ziel des patrizischen Rates gewesen; diese Patrizier waren mithin durch die Vorgänge des Jahres 1442 am härtesten getroffen und die erbittertsten Gegner der neugeschaffenen Zustände gewesen. Diese Patrizier- und Ratsgeschlechter waren aber zugleich als Lehnsbesitzer kurfürstliche Vasallen, gegen die mit Felonieprozessen vorgegangen werden konnte. So blieben die Städte als solche und die übrigen Bürger als Verführte unbehelligt, während seit Ende September 1448 eine kurfürstliche Untersuchungskommission in Spandau den Berliner Patriziern die Bedingungen diktierte, unter denen sie wieder zu Gnaden angenommen werden würden. Sie waren hart genug; eine Fülle von Geld, sowie zahlreiche Lehnshufen gingen damals in den Besitz des Landesherrn über, der auf diese Weise die Möglichkeit erhielt, manche zur Befestigung der Zollernherrschaft in der Mark gemachten Schulden abzustossen, sein Gefolge und seine Diener zu belohnen und in dem zum Amte Mühlenhof zusammengelegten kurfürstlichen Besitz in der Umgebung Berlins eine feste Grundlage für eine Hofhaltung, nämlich eine ausreichende Oekonomie zu gewinnen. Es ist die Frage, ob der Kurfürst, als er seine Burg in Kölln plante, davon ausgegangen ist, hier eine dauernde Residenz sich zu begründen; jedenfalls lagen, seitdem ihm hier die besten Grundlagen für die Hofhaltung zu Gebote standen, kaum in einer andern märkischen Stadt so günstige Bedingungen zu einer solchen vor, und so hatte Berlin-Kölln seitdem alle Aussicht, Hauptstadt des Landes zu werden, sobald die Landesherrn im stattlichen Schloss, dem frenum antiquae libertatis, ihren dauernden Aufenthalt nahmen. So scharf das Strafgericht gegen die Patrizier ausgefallen war, so gelinde kamen im ganzen die Städte davon. Selbstverständlich musste mit Ersatz der inzwischen gezogenen Einkünfte dem Kurfürsten alles zurückerstattet werden, was man im Aufruhr genommen und beschädigt hatte und die seit 1442 geschaffenen Zustände blieben erhalten. Aber im übrigen beanspruchte der Kurfürst eigentlich nur noch dauernd das Bestätigungsrecht der Bürgermeister und Ratmannen in beiden Städten, und versüsste der Stadt Berlin diesen Eingriff in die frühere unbeschränkte Selbstverwaltung sogar noch durch die allerdings mehr ehrende als inhaltreiche Erlaubnis, mit rotem Wachse siegeln zu dürfen. Wichtiger war aber folgendes: Der Kurfürst war 1442 davon ausgegangen, in schärfster Weise eine Trennung zwischen Berlin und Kölln herbeizuführen, um eine gegen die andere ausspielen zu können, aber er hatte nicht das gemeinsame Stadtgericht aufgehoben. Sein in Berlin eingesetzter Richter Balthasar v. Hake war dann beim Berliner Aufruhr dem städtischen Unwillen zum Opfer gefallen und aus der Stadt verjagt worden. Jetzt, nachdem die neue Burg beide Städte beherrschte, und hier und am Mühlendamme umfangreicher kurfürstlicher Besitz beide trennte, legte er auf diesen kurfürstlichen Stadtrichter kein Gewicht mehr; im Gegenteil, seit 1450 verlieh er wieder — wie seine Vorgänger in der Regierung bis 1391 — das iudicium infirmum über beide Städte als Lehnsobjekt einem Stadtrichter, der als Vorsitzender des gemeinsamen Stadtgerichts zu fungieren hatte. Seine Beisitzer waren, wie ehedem, die vier von Kölln gewählten Berliner und die drei von Berlin gewählten Köllner Schöffen, und zwar an der alten Stätte, dem gemeinsamen Rathause auf der Langen Brücke. Dies war nicht ohne Bedeutung. Denn im Gegensatze zur früheren Zeit waren jetzt die Schöffen eine wertlose Staffage geworden, da das Eindringen des gemeinen Prozesses mit seiner schriftlichen Inquisition das Verfahren in die Hände des Richters und des Gerichtsschreibers gelegt hatte. War nun ein vom Kurfürsten eingesetzter Stadtrichter und Gerichtsschreiber vorhanden, so hatte man in Berlin ein kurfürstliches Stadtgericht, wenigstens tatsächlich. Wenn jetzt aber wieder auf den belehnten Stadtrichter zurückgegriffen wurde, war damit diese Entwicklung unterbunden, und die Rückkehr zum städtischen Stadtgerichte bei veränderten Verhältnissen leicht möglich.

Wenn aber Gut Mut, Geld, Lebenskraft und Macht gibt, so schien es, als sei mit dem Strafgerichte von 1448 jene Fülle von Kraft und schöpferischer Freudigkeit den Berlinern entzogen und auf die märkischen Zollern übergegangen. Jedenfalls boten die bescheidener gewordenen Verhältnisse, mit denen man sich seitdem zurechtzufinden hatte, keine besondere Gelegenheit mehr, hervorragende Stadtbürger zu erzeugen oder zu gunsten der Stadt Hansepolitik zu treiben. Infolgedessen sank auch die Bedeutung der Stadt als Handelszentrum, und weit wurde sie bald von der Oderstadt Frankfurt überflügelt, in die auch einige der alten Berliner Patriziersippen übersiedelten. Andere gingen damals nach Wittenberg in Sachsen, andere zogen sich auf ihre Güter zurück und erscheinen seitdem als kleine adelige Landsassen, nicht mehr als stolze Handelsherrn. Was dagegen von den alten Geschlechtern in Berlin verblieb, hatte sich mit der bescheidenen Stellung abzufinden, die der Berliner Bürger bald

gegenüber den Adeligen und Beamten am Hofe zu spielen hatte, und es
war, als ob diese Minderung sie auch in ihrer moralischen Kraft geknickt
hätte. Statt des grosszügigen Lebens, das zuvor geherrscht, trat allenthalben kleinliche Enge. Der einst bedeutende Handel beschränkte sich
auf eine bescheidene Vermittlerrolle zwischen den Produzenten der Umgegend mit grösseren auswärtigen Händlern, die nur in Wolle etwas bedeutender war. In der Industrie erhielt sich die Schuhfabrikation einen
gewissen, auch über die märkischen Grenzen reichenden Ruf; dagegen
fingen jetzt, was kein Zeichen munizipaler Grösse ist, viele Bürger an,
Landwirtschaft auf erkauften oder gepachteten Höfen in der Nachbar-
schaft zu treiben. Dies verlieh den Städten bald hernach einen etwas
rustikalen Charakter, der früher nicht in dieser Weise hervorgetreten
war. Der Kurfürst Friedrich II., der Berlin-Kölln so sehr herabgemindert,
war nicht in der Lage, die geschlagenen Wunden zu heilen. Selbst von
quälendem Weltschmerz zerrissen und gebrochen, suchte er in Stiftung
kirchlicher Orden, in Wallfahrten und Errichtung von Kapellen Trost
für sein verwundetes Herz; und es ist bezeichnend genug, dass in dem
so schwer mitgenommenen Berlin diese religiöse Stimmung alsbald regen
Anklang fand. Der kirchliche Kultus erlebte damals auch in Berlin-
Kölln eine schöne Nachblüte, in den Kirchen wurden Kapellen dotirt,
Seelenmessen gestiftet, Altäre fundirt; die Hoffnung auf ein besseres
Leben im Jenseits sollte über die Dürftigkeit des Augenblicks und die
erlittenen Verluste tröstend hinweghelfen.

---

1) An Denkmälern aus jener Zeit ist in Berlin sehr wenig noch vorhanden: Teile der Nikolai- und Marienkirche, sowie die Klosterkirche, jedoch
ohne den jüngeren Turm, und einige Räume des benachbarten Gymnasiums,
die innere Ausstattung der Klosterkirche und der Totentanz in der Marienkirche, dürften wohl alles sein, was zu erwähnen wäre, denn selbst die ältesten Teile des Schlosses gehören einer jüngeren Zeit an. Das märkische Pro-
vinzial-Museum zu Berlin enthält in seinen reichhaltigen Sammlungen dagegen noch manches Stück alten Hausrates aus den ältesten Tagen Berlins.
     (Vergleiche S c h w e b e l „Aus alt Berlin" Berlin 1891, und B o r r m a n n
„Die Bau- und Kunstdenkmäler von Berlin. Im Auftrage des Magistrats der
Stadt Berlin bearbeitet. Mit einer geschichtlichen Einleitung von P. C l a u s -
w i t z" Berlin 1893. Beide Werke sind mit zahlreichen Abbildungen der vorhandenen Reste ausgestattet.)

II. Die kurfürstliche Residenz.
1. Bis zum dreissigjährigen Kriege.

Im Frieden, den Friedrich II. mit den Städten schloss, war ihnen die Rückgabe von Tempelhof und Zubehör, die der Kurfürst offenbar besetzt hatte, zugesagt worden [1]). Diese Rückgabe erfolgte nun auch, und zwar an beide Städte; trotz der erfolgten Trennung behielten diese mithin gemeinschaftliches Vermögen, da manche Stücke desselben, wie Obereigentum an Lehnshufen u. s. w. sich schlecht teilen liessen. Es war mithin die Teilung des Kämmereigutes, die eigentlich eine Folge der Trennung hätte sein müssen, nicht vollständig durchgeführt, es blieb, da gemeinsamer Besitz am besten vereinigt, ein weiteres Bindeglied zwischen den Städten bestehen, und so erklärt es sich, dass noch oft genug die beiden Magistrate zusammen als Kläger und Beklagte auftreten. Das Band, welches sie 150 Jahre miteinander vereint hatte, war mithin viel unzerreissbarer, als man — nach dem Wortlaute der Urkunden von 1442 und 1448 — anzunehmen geneigt ist. Hierzu kam auch noch das sie einigende kirchliche Band. Nach dem Jahre 1448 war der Schlossbau rüstig gefördert worden und wohl vollendet, als der Kurfürst im Jahre 1450 erklärte, dass der daselbst befindlichen Kapelle ein eigener Pfarrer vorstehen solle. Die Dotierung dieser Stelle verzögerte sich indes bis zum Jahre 1466, in dem ein Priester Kune eine Rente von 9 Schock zur Besoldung eines Kapellans stiftete; was am 28. April 1466 vom Kurfürsten und vom Bischofe von Brandenburg bestätigt wurde. Seitdem war eine Pfarrkirche mit Benefiz auf dem Köllner Schlosse vorhanden, die am 20. Januar 1469 vom Kurfürsten mit bischöflichem Konsense zu einem Domstifte erhoben werden sollte. Dieser Plan, der wegen des

---

1) Ueber die Geschichte von Tempelhof, auf dessen Gelände ein guter Teil des heutigen Berlin im Süden und Südosten steht, vergleiche: „B r e c h t, „Das Dorf Tempelhof" in Schriften des Vereins für die Geschichte Berlins", Heft 15. Als Zubehör des an den Kurfürsten gediehenen Schulzengerichts war 1448 Wesendahl verloren gegangen.

bald erfolgten Todes des Kurfürsten zunächst unausgeführt blieb und erst
viel später unter ganz veränderten Verhältnissen verwirklicht werden
sollte, ist aber aus einem doppelten Grunde bemerkenswert: Zunächst
sollte der Probst dieses Domstiftes zugleich Probst von Berlin sein; d. h.
die Probstei mit den Pfarren zu Berlin und Kölln sollte für immer ein
Annex der Dompropststelle sein. Hiermit war scharf genug die Einheit
des Berliner Kirchenwesens betont. Dann aber bezeugt jene Absicht den
Willen des Kurfürsten, Berlin-Kölln zur dauernden Residenz zu erheben,
denn für einen gelegentlichen Aufenthalt der Landesherrn hätte die
Schlosskapelle vollauf genügt. Ebenso ist es bezeichnend genug, dass
Friedrich II. diesen Plan erst an seinem Lebensabende fasste, denn, da
er bisher Berlin-Kölln und auch seine neuerbaute Burg, nur vorübergehend
besucht hatte, musste ihm früher jener Gedanke fern liegen. Dass aber
das Stift — wozu vor allem eine entsprechende Stiftskirche gehört hätte,
die nicht vorhanden war — trotz der formularmässigen Bestätigung der
folgenden Kurfürsten Albrecht und Johann im wesentlichen als Torso
auf dem Papier stehen blieb, zeigt zugleich, dass die Frage, ob Berlin-
Kölln dauernde Residenz der märkischen Zollern werden würde, noch
keineswegs eine endgültig erledigte war. Bezeichnend hierfür ist folgende
Tatsache: Als Friedrich II. am 15. August 1443 in Berlin den Schwanenorden, eine Vereinigung von adeligen Männern und Frauen zur Pflege
christlicher Liebestätigkeit stiftete, hatte er als Sitz des Ordens die Marienkirche auf dem Harlunger Berge bei Brandenburg ersehen. Er selbst
residierte öfter zu Spandau, seine nächsten Nachfolger mit besonderer
Vorliebe in der Altmark zu Stendal, Arneburg, vor allem in dem schon
von Kaiser Karl IV. bevorzugten Schlosse zu Tangermünde. Als aber
nach der Verzichtleistung Friedrichs auf die Kurwürde ihm darin 1470
sein Bruder Albrecht Achill gefolgt war, änderte sich die Lage zu gunsten des Köllner Schlosses. Der neue Kurfürst, der in der grossen Reichs-
politik aufgehend sich um die Einzelheiten der Regierung in der Mark nicht
bekümmern konnte und wollte, hatte diese unter Beiordnung des Kanzlers
Friedrich Sesselmann, Bischofs von Lebus, seinem ältesten Sohne, dem
Markgrafen Johann anvertraut. Sicherlich der Umstand, dass in Kölln
am bequemsten die Hofhaltung des Statthalters mit Hilfe des Amtes
Mühlenhof bestritten werden konnte, hat den Kurfürsten, der trotz seines
glänzenden Auftretens recht gut zu rechnen verstand, dazu bewogen, im
Köllner Schlosse den Witwensitz seiner kurfürstlichen Schwägerin, und
den bescheiden ausgestatteten Hofhalt seines Sohnes und Statthalters einzurichten. Die nächste Umgegend Berlins bot allerdings umfangreiche
Jagdgründe, aber das war auch alles, was zur Erheiterung dienen konnte.
Der junge Statthalter benutzte die Gelegenheit auch fleissig, worüber ihn
sein Vater öfter brieflich tadelt, um darauf die sicherlich zutreffende Antwort des Sohnes zu erhalten, dass er es selbst tief beklage, keinerlei Ge-

legenheit zu ritterlichen Vergnügungen zu haben und gänzlich zu ver-
bauern. Auch die anderen Bewohner des Schlosses empfanden damals
drückend die hier herrschende Langeweile, und es war eine dankbar begrüsste Abwechselung, namentlich für die jüngeren Damen, wenn etwa
eine Wallfahrt zum Wunderblute von Wilsnack unternommen wurde,
oder — was in der Regel stattfand — die Sommermonate im Elbschlosse
von Tangermünde verbracht wurden. Denn das alte Köllner Schloss war
vorwiegend eine Burg, rings umgeben von Wassergräben[1]) und ohne alle
Repräsentationsräume, in denen — wie etwa im Tangermünder — Spiel
und Tanz hätten stattfinden können. So ist es denn auch erklärlich,
dass für besondere Schaustellungen des Hofes, Hochzeiten u. s. w. eine
andere märkische Stadt gewählt wurde, zumal die bescheidenen Kirchen
in Berlin und Kölln keinen Hintergrund für den kirchlichen Teil solcher
Feste zu bieten vermochten. Seitdem nun die Regierung vom Köllner
Schlosse aus geleitet wurde, mussten selbstredend viele Personen hier
dauernd oder vorübergehend ihren Wohnsitz nehmen, und so neues Leben
in die Doppelstadt bringen. Da kauften die ersten Prälaten des Landes,
die Bischöfe von Brandenburg, Havelberg und Lebus stattliche Grundstücke in der Burgstrasse, am neuen Markte und in der Klosterstrasse,
um daselbst, wenn sie zu Herrentagen oder sonst zu Hofe kämen, ihre
Residenz nehmen zu können. Dann wurden im Köllner Schlosse die Ses-
sionen des kurfürstlichen Gerichts, des „in des Herrn Kammer" tagenden
ständischen Ausschusses, der einst unter dem Namen des Kammergerichts
Weltruhm erhalten sollte, in jährlich drei Perioden abgehalten, während
die vierte zunächst in der Sommerresidenz Tangermünde stattfand[2]). Es
liegt auf der Hand, dass diejenigen Beamten, welche jene Sitzungen vor-
zubereiten hatten, dann auch die gemieteten Doktoren, welche der Landesherr zu seiner Unterstützung in Fragen der Rechtsprechung und Verwaltung gebrauchte, nach und nach ihre Wohnung dauernd in Berlin-
Kölln nahmen. Dazu kam dann das Hofpersonal und so mancher Handwerker (Harnischmacher u. s. w.), dem das Bedürfnis des Hofes Nahrung
versprach.

Diese kurfürstlichen Beamten, die zum Teil ihre Familien mitbrachten,
zum Teil Ehebündnisse mit Töchtern Berliner Patriziern eingingen, gaben

---

1) Vergleiche K l ö d e n, „Andreas Schlüter" 2. Aufl. S. 103.

2) H o l t z e, „Geschichte des Kammergerichts in Brandenburg-Preussen"
Bd. I, S. 111 und S. 218. Noch im Entwurf der Kammergerichts-Ordnung
von 1516 sollte die Session zu Trinitatis im Tangermünder Schlosse stattfinden. Uebrigens ist bezeichnend genug, dass für die drei anderen Sitzungen
nicht einfach das Köllner Schloss als Sitzungsort genannt wird, es vielmehr
im Entwurfe heisst: „drey zu Colln im churfürstlichen sloß an der Sprew,
oder wo wir (der Kurfürst) zu yeder Zeit wesentlich unsern hoff halten werden ..." (a. a. O. S. 224).

alsbald der Spandauerstrasse in Berlin und der breiten Strasse in Kölln
ein glänzenderes Ansehn; auch führte die jetzt durch das Herrscherhaus
vermittelte Verbindung mit den fränkischen alten Kulturstätten manches
Stück süddeutscher Kunst, namentlich Gemälde und Kultusgeräte, in die
bisher nach dieser Richtung hin etwas zurückgebliebene Doppelstadt.
Alle Hofbeamten, Hofdiener mit Einschluss der vom Hofe beschäftigten
Handwerker unterstanden nicht der Jurisdiktion eines der beiden Magistrate, sondern waren exemt in der Weise, dass die bevorzugten (Adel
und Räte) dem Kammergerichte, die niederen (Hofdiener und Hofhand-
werker) dem Schlosshauptmann unterworfen waren, dessen Organ dann
der Hausvogt war, der auch auf den unter kurfürstlicher Herrschaft unmittelbar stehenden Gebieten, namentlich dem Spreestrome, den Burglehnen,
die Polizei auszuüben und hier die niederen Lehnsträger (Abdecker, Fischer u. s. w.) zu beaufsichtigen hatte[1]). Die städtische Gerichtsbarkeit
und Verwaltung traf mithin überall auf Schranken und Hemmnisse, hier
trat ihm der Schlosshauptmann, dort der Hausvogt, hier das Kammergericht, dort der Amtshauptmann des Amtes Mühlenhof hemmend entgegen.
Dazu kam anderes: Seit dem Schlusse des fünfzehnten Jahrhunderts war
auch in der Mark das römische Recht siegreich eingedrungen und an
Stelle des früheren Prozesses war die Inquisitions-Maxime mit ihrer
Schriftlichkeit und feinen Beweisregeln getreten. Hierdurch war es be-
wirkt, dass die Laien-Schöffen immer mehr zur Dekoration wurden, und
die Prozessleitung in die Hände des Stadtrichters und seines Gerichtsschreibers gedieh. Bald genug wandelte sich daher der belehnte Stadtrichter in einen zum Richteramte vorgebildeten gelehrten Juristen um,
und die gleichen Anforderungen wurden an den Gerichtsschreiber gestellt.
Die erforderlichen Eigenschaften konnten sich die Landeskinder seit 1502
auf der damals gegründeten, zunächst kräftig aufblühenden Landesuniver-
sität zu Frankfurt an der Oder erwerben.

So kam es denn, dass durch Vertrag vom 27. Dezember 1508 Kurfürst Joachim I. den Städten Berlin und Kölln das oberste Gericht und
das niederste gegen Zahlung einer Rente von jährlich 90 Gulden, zu
denen Berlin 60, Kölln 30 beitragen sollte, überliess. Da sich indes damals das niederste, wie bereits erwähnt, noch im Lehnsbesitze (der Familie Brackow) befand, so deutete der Verkauf dieses Rechtes eigentlich
nur das landesherrliche Versprechen; seine lehnsherrliche Genehmigung
dazu erteilen zu wollen, wenn es den Städten gelingen würde, sich mit
dem Lehnsinhaber über dieses niederste Gericht zu einigen. Dieser Verkauf enthielt, abgesehen von der Rente, eine Reihe wichtiger Vorteile

---

1) Die Entwicklung dieser Jurisdiktionen siehe bei H o l t z e, „Das juristische Berlin beim Tode des ersten Königs" Heft 29 der Schriften des Vereins für die Geschichte Berlins.

für den Landesherrn. Zunächst behielt er die zweite Instanz in allen
Zivilsachen, das Bestätigungsrecht in schweren Strafsachen und die volle
Gerichtsbarkeit über die Personen und Grundstücke der in Berlin woh-
nenden Exemten. Hiemit im Zusammenhange steht es, dass von den
Früchten der Gerichtsbarkeit dem Kurfürsten die Erbschaften der unbe-
erbt versterbenden Adeligen, Juden und uneheligen Personen vorbehalten
blieben, während im übrigen solche unbeerbte Erbschaften in die Stadtkasse flossen[1]). Aber — und dies ist wichtiger — seit diesem Vertrage
sollte das alte gemeinschaftliche Stadtgericht aufhören, und statt dessen
sowohl in Berlin, wie in Kölln je ein Stadtgericht unter einem vom Landesherrn ernannten Richter bestehen, der auch von diesem entlassen werden konnte. Es waren mithin recht erhebliche Vorteile, welche die Regierung in diesem Punkte davongetragen hatte; es sollten wieder getrennte Stadtgerichte für Berlin und für Kölln eintreten, wenn die Städte
das niederste Gericht erwerben würden. Das trat aber erst später ein.

Vor dem vereinten Stadtgerichte unter dem Vorsitze des belehnten
Stadtrichters Hans Brackow spielte dann kaum zwei Jahre später, im
Juli 1510 der Prozess gegen den Kesselflicker Paul Fromm und 38 mär-
kische Juden wegen Hostienschändung und Kindermordes zu rituellen
Zwecken. Es war der gewöhnlich bei solchen Prozessen aufgewirbelte
Aberglaube, aber der in Berlin geführte Prozess ist aus verschiedenen
Gründen bemerkenswert[2]).

Zunächst handelte es sich um eine der grössten Judenverfolgungen,
denn nicht weniger als 38 Juden erlitten am 19. Juli 1510 auf dem Hoch-
gerichte den Flammentod; dann beweist die ausführliche Prozessrelation
in dem 1511 zu Frankfurt a. O. bei Hanau erschienenen Summarius, dass
sich das Strafverfahren zu Berlin bereits in Formen abspielte, wie sie in
der bekannten Bambergensis, der Vorläuferin der Carolina, festgesetzt
waren[3]), ferner enthalten die Holzschnitte jenes sehr selten gewordenen
Buches die ersten Abbildungen Berliner Baulichkeiten, so das Hochgericht,
die Marienkirche mit Teilen des Neuen Marktes und den Hohen Steinweg
mit der anstossenden Residenz des Bischofs von Havelberg[4]). Fast noch
wichtiger ist aber die Tatsache, dass sich unter den Angeklagten kein

---

1) Diese verschiedene Behandlung erbloser Verlassenschaften gilt noch
heute in Berlin, aber nicht in den Vororten. Siehe H o l t z e, „Juristisches
Berlin" a. a. O. S. 58 ff., G r u c h o t, „Beiträge zur Erläuterung des deutschen
Rechts" 37. Jahrg. S. 323 ff. und H o l t z e, „Kammergericht" Bd. III S. 448 ff.

2) H o l t z e, „Das Strafverfahren gegen die märkischen Juden im Jahre
1510", Schriften des Vereins für die Geschichte Berlins, Heft 21.

3) „Forschungen zur Brandenburgischen und Preussischen Geschichte",
Bd. III, S. 59—87 und Bd. IV, S. 121—135.

4) Abbildungen dieser Baulichkeiten in der Zeitschrift „Der Bär", 13.
Jahrgang, S. 77, 84 und 87.

Jude aus Berlin oder Kölln findet. Dies lässt auf eine für jene Zeit
bedeutende Nüchternheit schliessen, denn gerade hier hätte die Menge
durch den sich in ihren Mauern abspielenden Rechtsgang zur Jagd auf
Opfer leicht angestachelt werden können. Statt dessen hatte man der
Flucht der Juden kein Hindernis in den Weg gelegt und sich damit begnügt, durch diese Flucht Gläubiger los zu werden, da die Geflohenen
selbstredend nicht daran denken konnten, ihre Schuldforderungen einzu-
klagen, auch sicherlich den grössten Teil der Faustpfänder hatten zu-
rücklassen müssen. Jedenfalls wurde damals manches den Juden ver-
pfändete Grundstück seiner Belastung ledig. Auf Grund eines offenbar
auf der Folter erpressten Geständnisses, dass alle Juden in einem Lande
Geld zum Ankauf von Kindern, die dann zu rituellen Zwecken geschlachtet
würden, zusammenlegten, hatte der Kurfürst allen Juden damals den
Aufenthalt in seinem Lande untersagt, wodurch den Berliner Juden bis
zum Thronwechsel (1535) die Rückkehr abgeschnitten war; eine Einziehung des jüdischen Immobiliarbesitzes hat in Berlin offenbar nicht
stattgefunden, da die Juden sich nach ihrer Rückkehr wieder an denselben Stellen ansiedelten.

War das Bild dieser Judenverfolgung ein unendlich trübes, so wurde
doch kurz darauf das Samenkorn gelegt, aus dem sich ein Berliner Richter-
tum besserer Art entwickelt hat, indem damals das Kammergericht einen
bis dahin mangelnden festen Punkt in dem rechtsgelehrten Rate erhielt,
der nach dem Entwurfe einer Kammergerichts-Ordnung (1516) in Berlin-
Kölln anwesend sein und die Sachen zur nächsten Sitzungsperiode vor-
bereiten sollte. In dieser Bestimmung ist der Entwurf verwirklicht worden; deshalb erstand der damalige Kanzler D. Sebastian Stublinger, dem
die Stelle dieses Rates zufiel, ein Grundstück in der Breitenstrasse, um
hier die Kanzlei des Gerichtshofes einzurichten [1]).

Mit dieser Aenderung, die nach und nach zu einem immer stär-
keren Betonen des gelehrten Elementes im Kammergerichte führte, büsste
dasselbe immer mehr seinen ursprünglichen Charakter als eines aus
Mitgliedern der Stände zusammengesetzten Gerichtshofes ein. Im übrigen stieg damals die Bedeutung der Stände, da die Regierung immer
mehr Geld beanspruchte und die Kurfürsten, da ihnen das freie Besteuerungsrecht mangelte, auf die Bewilligung der Vertreter des Landes angewiesen waren. In der Mark zerfiel die Landschaft in drei Stände; die
Prälaten (d. h. die Landesbischöfe, mehrere Klöster und Johanniter-
Kommenden), denen sich die Grafen und Herren anschlossen; dann die
Ritterschaft und endlich die Immediatstädte. Wollte der Kurfürst eine
Steuer etwa nur von der Ritterschaft, so genügte deren Konsens, war
aber auch erforderlich. Es liegt auf der Hand und wird durch die er-

----

1) H o l t z e, „Geschichte des Kammergerichts", Bd. I, S. 174.

haltenen ständischen Verhandlungen bestätigt, dass der Kurfürst auf den Ständetagen mit einem festen Programm an die Versammelten herantrat, dass er vor der Genehmigung seiner Petition Abstellung ständischer Beschwerden verhiess, auch die Ueberwachung der von den Ständen bewilligten Steuern durch Deputierte derselben gestattete. Bis zum Ende des 15. Jahrhunderts waren die ständischen Versammlungen nicht sehr häufig gewesen und hatten an allen möglichen Orten stattgefunden, seitdem waren sie häufiger geworden und in dem Masse, wie sich Berlin zur Residenz entwickelte, fast regelmässig hier abgehalten worden. In der Kurie der Städte verfügte Berlin und Kölln über je eine Stimme, da die Regierung konsequent die so eng verbundenen Städte als getrennte behandelte [1]).

Es würde nun zu weit führen, hier im einzelnen die Entwicklung des Steuerwesens nachzuweisen. Es sei nur daran erinnert, dass bereits Kurfürst Albrecht Achill bei seinem Regierungsantritte von den Städten für die Bestätigung der Privilegien grosse Summen erhoben hatte. Noch schärfer wurde unter seinem Nachfolger die Steuerschraube angezogen; indem einmal grosse Summen der landesherrlichen Schuld von den Ständen übernommen werden mussten, ferner in der sog. Bierziese eine neue Steuer von den Städten zu leisten war. Die Erhebung in Berlin und in Kölln erfolgte nun in der Weise, dass die Magistrate die Steuern erhoben und an die Regierung abführten. Da aus der Vermögenssteuer der Bürger auch die direkten landesherrlichen Steuern (Bede) bestritten wurden, und die Bierziese zu $2/3$ der Regierung, zu $1/3$ der Stadt zustand, so wurde durch die Erhebung seitens der Stadt eine doppelte Erhebung vermieden. In Berlin und Kölln war es nun Brauch gewesen, dass die Bürger zur Vermögenssteuer sich selbst einschätzten; womit die Regierung indes nicht einverstanden war, vielmehr verlangte, dass der Rat die Einschätzung selbst vornähme und sich nicht mit der eidlichen Bekräftigung des angegebenen steuerpflichtigen Vermögens begnüge. Der Rat unterwarf sich diesem Befehle, stiess dabei aber bei den Bürgern auf heftigen Widerspruch, und es kam am 7. Dezember 1515 zu tumultuarischen Auftritten in Berlin. Der Kurfürst liess darauf die Rädelsführer gefangen setzen und wegen Friedensbruches gegen sie verfahren. Die Sache wurde indes gütlich beigelegt, da die Städte Berlin-Kölln sich verpflichteten, für die Gefangenen 1350 Gulden Busse zu zahlen, was dann auch in den beiden folgenden Jahren geschehen ist [2]). So hatte auch in diesem Punkte die Regierung gesiegt, und die Magistrate von Berlin und Kölln waren seitdem nicht nur — wie früher — die Zahlstelle für die landesherrlichen

---

1) H a s s , „Die landständische Verfassung und Verwaltung in der Kurmark Brandenburg", Berliner Doktor-Dissertation, 1905.

2) Schriften des Vereins für die Geschichte Berlins, Heft 31, S. 13—14.

Schösse, sondern zugleich auch im gewissen Sinne fiskalische Behörden für die Steuererhebung. So fingen denn die städtischen Bürgermeister an, die Beziehungen mit der Regierung und mit dem Hofe zu erstreben; konnten sie in Berlin und Kölln nicht Räte werden, so wurden sie doch wenigstens Advokaten am Kammergerichte, was ihnen einen höheren Rang als ihre bürgermeisterliche Stellung und als Räten sogar die Exemtion von der städtischen Gerichtsbarkeit verlieh.

Schon in dieser Zeit begegnet man „Verordenten", in Berlin 16 und in Kölln 8, die eine Art Bewilligungsrecht für neue Auflagen an die Bürgerschaft und eine Kontrolle über die Ausgaben ausüben. Diese Verordenten ergänzten sich, wie der Rat durch eigene Wahl; sie hatten gewisse Ehrenrechte, z. B. wurden Kirchenvorsteher und Armenpfleger aus ihnen entnommen; sie hielten ihre Sitzungen vom Magistrate abgesondert, häufig auch Schmausereien, sodass der Herbergsvater eine grosse Rolle in diesem Kolleg spielte. Irgend eine feste Umschreibung der Rechte und Pflichten dieser Behörde findet sich nicht, und ihre Bedeutung, die nie sehr hervortretend gewesen, ging von Jahrzehnt zu Jahrzehnt derart zurück, dass sie schliesslich in der Mitte des 18. Jahrhunderts nur noch einige Funktionen in der städtischen Polizei, namentlich beim Passwesen und im Nachtwachtdienst ausüben.

Wie der Staat hatten auch Berlin und Kölln nach und nach eine absolute, von Steuerbewilligungen und Kontrolle durch Vertreter der Stände bez. der Bürgerschaft befreite Spitze erlangt. Sehr erklärlich; denn das absolute Regiment kann unter sich nur absolute Autoritäten dulden, die den ihnen gegebenen Befehl in ihrem Kreise zum Vollzug bringen, ohne dabei an konstitutionelle Formen gebunden zu sein, wie dies auch die Verfassung des napoleonischen Rheinbundes zeigt. Die straffe Fürstenmacht in der Mark hat es mithin damals verhindert, dass sich in der Stadtverwaltung konstitutionelle Formen lebenskräftig ausbildeten.

Wenn man bedenkt, dass so die Magistrate beider Städte, die ja ausserdem vom Landesherrn zu bestätigen waren, von diesem abhängig waren, und der alte freie Bürgersinn immer mehr abstarb, so nimmt es weiter nicht wunder, dass die Reformation in Berlin-Kölln zunächst wenig Anklang fand. Hervorstechend ist zunächst hier nur die starke Abschwächung gegen die religiöse Richtung, wie sie noch am Schlusse des vorigen Jahrhunderts weite Kreise in Berlin-Kölln belebt hatte. Das zeigte sich schon bei Gelegenheit des oben besprochenen Strafverfahrens gegen die märkischen Juden vom Jahre 1510. Da hatte im Laufe desselben der Bischof von Brandenburg Teile der angeblich gemarterten Hostie samt dem Tische, auf dem die Marter geschehen sein sollte, nach Berlin mit Pomp in seine Kapelle bringen lassen, wo sie angeblich viele Wunder tun sollte. Aber er hatte damit in Berlin gar keinen Anklang gefunden und deshalb Tisch und Hostie wieder nach Brandenburg genommen. Als sich dann Luther bereits anschickte, die Welt durch seine Thesen in Bewegung zu setzen, weilte Tetzel im Oktober 1517 als Ablassprediger in Berlin, erregte hier aber so wenig Eindruck, dass man seine Anwesenheit nur aus einem hier ausgestellten Ablassbriefe für einen Totschläger aus Köpenick, nicht aus ·chronistischen Aufzeichnungen ermitteln kann. Bereits fünf Jahre später war hier die Teilnahme am katholischen Kultus in dem Masse geschwunden, dass Kurfürst Joachim I. am 11. Juni 1522 den Räten von Berlin und Kölln befahl, dafür zu sorgen, dass die namhaften Bürger ihre Töchter in der bevorstehenden Fronleichnams-Prozession gehen liessen, was, wie er erfahren, ganz in Abgang gekommen sei. Aber es war diese Haltung zunächst mehr Gleichgültigkeit gegen die alte Kirche als Hinneigung zur Reformation.

Es wäre offenbar anders gewesen, wenn sich Kurfürst Joachim I. ihr angeschlossen hätte, jetzt war seine ablehnende Haltung für Magistrate und Bürgerschaft tonangebend. Allerdings las man hier im Verborgenen lutherische Schriften, besuchte auch wohl lutherische Predigten jenseits der Grenze, aber zu einem offenen Bekennen kam es hier nur ganz ausnahmsweise. Als die Kurfürstin Elisabeth, weniger aus religiösen Gründen, als wegen des unhaltbar gewordenen ehelichen Verhältnisses, am 25. März 1528 aus dem Köllner Schlosse nach Sachsen flüchtete, zeigte es sich aber, dass Luthers Lehre schon viele Anhänger in allen Kreisen Berlins hatte, die sich indes — bis auf sehr wenige Ausnahmen — streng im Verborgenen hielten [1]). Aber auch Joachim I. war am Schlusse seiner Regierung duldsamer geworden und übersah es, wenn viele Prediger in der Mark sich höchstens noch durch Zölibat und Amtstracht von den lutherischen in den Nachbargebieten unterschieden. In Berlin-Kölln aber waren solche Geistliche nicht vorhanden, jedoch wird von Hafftiz überliefert, dass die Berliner damals häufig Predigten in Spandau besucht hätten. Hieraus folgt, dass der dortige Geistliche die Kunst verstanden hat, ohne mit der Regierung in Konflikt zu geraten, nach Luthers Lehre zu predigen. An diese Tatsache hat sich seit 1620 die noch heute oft gedankenlos nachgesprochene Ueberlieferung geknüpft, dass Kurfürst Joachim II. am 31. Oktober 1539 hier zur evangelischen Konfession übergetreten sei [2]). Als nämlich Joachim I. im Schlosse zu Kölln — nicht, wie oft fälschlich überliefert wird zu Stendal — am 11. Juli 1535 verstorben, war unter seinem Nachfolger eine neue Zeit in Berlin-Kölln angebrochen, die sich sehr wesentlich von der vorangegangenen unterschei-

---

1) Schriften des Vereins für die Geschichte Berlins, Heft 31, S. 23—25, Heft 41, S. 12 ff. und Forschungen zur Brandenburgischen und Preussischen Geschichte, Bd. VII., 2. Hälfte, S. 23 ff, 33 ff.

2) Schriften des Vereins für die Geschichte Berlins, Heft 31, S. 33 und Heft 39, S. 12.

den sollte[1]). Der glänzend begabte und zum Teil aus Gründen der Staatsklugheit zu einem oft an Verschwendung grenzenden stattlichen Hofhalte neigende junge Fürst war der erste Hohenzoller in der Mark, der es verstand, gerade in Berlin-Kölln neues Leben zu wecken und den Glanz seines mächtigen Kurhutes auf die etwas zurückgebliebene Doppelstadt strahlen zu lassen. In meisterhafter Benutzung der Zeitverhältnisse begünstigte er im Gegensatze zu seinem Vater das Absterben des Katholizismus in der Mark und erfüllte mit den Reliquien und Kostbarkeiten aus den märkischen Stadtkirchen die von ihm jetzt zu einem Domstifte erhobene und am 2. Juni 1536 geweihte Kirche der Dominikaner zu Kölln, die auch die Grabstätte der märkischen Hohenzollern wurde. Hierher liess er aus Lehnin die Leiche seines Vaters Joachim I. und das kostbare Grabdenkmal seines Grossvaters Johann Cicero aus der Werkstätte der Nürnberger Vischer[2]) samt der Leiche seiner vor einem Jahre im Kindbette mit dem Markgrafen Paul verstorbenen ersten Gemahlin Magdalene von Sachsen überführen[3]). Diese Umwandlung war dadurch möglich geworden, wenigstens erleichtert worden, dass die Dominikaner in Brandenburg teils ausgestorben, teils weggezogen waren, so stand das dortige Dominikanerkloster leer, und die Dominikaner in Kölln liessen sich jetzt dort nieder, ohne dass diese Aenderung an die Einholung eines päpstlichen oder bischöflichen Konsenses geknüpft worden wäre.

Berlin-Kölln kam auf diese Weise nicht nur in den Besitz eines erstklassigen Kunstwerks[4]), sondern es wurde auch der geistige Mittelpunkt des Landes. Denn als am 31. Oktober 1539 der Kurfürst und sein Hof mit Ausnahme der zweiten Gemahlin desselben Hedwig von Polen in dieser Stiftskirche, oder in der Kapelle des Schlosses durch den Empfang des Abendmahls unter beiderlei Gestalt seinen Uebertritt zur lutherischen Lehre bekundet, und der Berliner Magistrat diesem Beispiele in der Berliner Nikolaikirche am folgenden Tage gefolgt, war die Köllner Stiftskirche die Hochburg der neuen märkischen Kirche, wie sie der Kurfürst in einer Verbindung der glänzenden Schale der katholischen und dem lauteren Kerne der lutherischen zu begründen gedachte. In Kölln wurde in loser Anlehnung an das gleichzeitig mit einer neuen Gerichtsordnung ausgestattete Kammergericht damals auch ein Konsistorium unter dem Vorsitze eines lutherischen General-Superintendenten eingerichtet, welches

---

1) Ebendaselbst Heft 31, S. 29 ff.

2) Rabe. „Forschungen im Gebiet der Vorzeit" Heft 1, „Das Grabmal des Kurfürsten Johann Cicero" Berlin 1851.

3) „Zeitschrift für Preussische Geschichte und Landeskunde", 19. Jahrgang, S. 315 ff. und „Korrespondenzblatt des Gesamtvereins der deutschen Geschichts- und Altertumsvereine", 33. Jahrg., S. 61 ff.

4) „Schriften des Vereins für die Geschichte Berlins", Heft 39, S. 22 ff.

bald an die Stelle aller geistlichen Gerichte in der Mark treten sollte.
Die Reformation hatte aber auch sonst für beide Städte bedeutungsreiche
Folgen: Die Klostergebäude der Dominikaner standen seit 1536 leer, die
Franziskaner in Berlin wurden auf den Aussterbeetat gesetzt, und der
Kurfürst verfügte über ihren Besitz. In den Berliner Kirchen und Kapellen predigten, ebenso wie in Kölln, lutherische Geistliche, wenn auch
zunächst noch unklar blieb, ob das Ernennungsrecht derselben dem Landesherrn oder den Magistraten zustehe. Der erste evangelische Geistliche in Berlin war der zum Probste ernannte Georg Buchholzer (1539 bis
1565, gestorben 1566); in Kölln Johann Baderesch.

Sieht man indes davon ab, dass die Geistlichen jetzt heirateten und
die kirchliche Aufsicht der Bischöfe in Wegfall gekommen war, so trat
äusserlich die Reformation in Berlin-Kölln vorerst sehr wenig in die Er-
scheinung, da der katholische Kultus mit seinem alten Glanze fast unverändert bestehen blieb, und erst sehr allmählich, namentlich seit Anfang des folgenden Jahrhunderts die alten Kultusformen in Wegfall gebracht wurden. Deshalb fiel es auch keinem ein, das aus katholischer
Zeit herrührende Altargerät, Bilder und Reliquien zu vernichten; im Gegenteil sehr vieles davon liess der Kurfürst auch aus dem Lande nach
Berlin-Kölln in das Domstift bringen, dessen Kunstkammer bis in die
Zeit des grossen Kurfürsten, der viel von den dort aufgespeicherten
Schätzen vertauschte und verschenkte, als eine der grössten Sehenswürdig-
keiten der Residenz galt.

Es folgten nunmehr seit 1540 die sehr schwierigen Auseinander-
setzungen über das Vermögen der Kirchen und geistlichen Stiftungen,
und zwar durch die in diesem Jahre abgehaltenen Visitationen. Bei
diesen kam es darauf an, dass für die Kirchen einer Stadt und für die
geistlichen Stiftungen soviel aus dem Vermögen der alten Kirche ausgeschieden wurde, dass dieselben ohne neue Zuschüsse weiterbestehen konnten. Was dann etwa verblieb — hierher gehörten in Berlin-Kölln die
Klöster — zog der Landesherr ein. In Berlin-Kölln wurde damals je
ein gemeiner Kasten gebildet, und zwar einer für die beiden Berliner
Kirchen und einer für die Petrikirche in Kölln. Die Magistrate erhielten das Aufsichtsrecht über dieses Vermögen, ja es ward ihnen sogar
die Erhebung einer Art Kirchensteuer von allen Gemeindemitgliedern, also
auch von den Exemten gestattet, die sich allerdings, da die Kirchen ausreichend dotiert waren, als unnötig herausstellte. Auch ist es ganz un-
verkennbar, dass in Berlin-Kölln nicht, wie wohl anderwärts, das übrige
Vermögen einfach eingezogen wurde; es geschah vielmehr manches, um
es für Geistesbildung nutzbar zu erhalten. So entstand in einem Teile
des auf den Aussterbeetat gesetzten Grauen Klosters damals (1540) eine
Druckerei, aus der die oben gedachte Kammergerichts-Reformation und
verschiedene Verordnungen über die kirchliche Neuregelung im Druck

erschienen. Man könnte hieraus schliessen, dass die Reformation hier neues geistiges Leben geweckt habe, wenn dem nicht die Tatsache widerspräche, dass diese Druckerei nur von der Regierung beschäftigt wurde und bald genug wieder einging, noch lange gravitierte das wissenschaftliche Leben der Mark nach der Universitätsstadt Frankfurt [1]).

Da die Einziehung vieler anderer Klöster zu kurfürstlichen Aemtern in jener Zeit die kurfürstlichen Finanzen in ungewöhnlicher Weise gestärkt hatte, so konnte der Kurfürst jetzt auch daran denken, das im letzten Jahrhundert veraltete Schloss in eine zeitgemässere Residenz umzuschaffen. Da erhob sich denn seit 1540 auf dem Schlossplatze im rechten Winkel zu dem alten Kerne an der Spree ein stattlicher, in den eleganten Formen der Renaissance aus Fachwerk und Holz mit Erker und Gallerien versehener Bau [2]), errichtet vom tüchtigen Kaspar Theys, der gleichzeitig auch das hübsche Jagdhaus im Grunewald aufführte. Dieses Schloss, das durch einen Gang mit der auf dem Schlossplatze stehenden Stiftskirche in Verbindung gebracht wurde, bildete jetzt den Hintergrund für die glänzenden Schaustellungen der kurfürstlichen Macht, wie sie Joachim II. liebte. Manches Bildwerk — auch aus dem Pinsel des berühmten Lukas Kranach — schmückte die stattlichen Räume, und, da die wohlhabenderen Bürger und namentlich die Beamten dem Beispiele des Kurfürsten folgten, so erhielt durch manchen stattlichen Neubau Berlin-Kölln damals ein Aussehen, das es würdiger machte, Residenz eines mächtigen Fürsten zu sein. Auch die Gartenkunst feierte jetzt hier ihre ersten bescheidenen Triumphe, da mancher Wohlhabendere sich ein Grasstück oder einen Holzgarten vor den Toren zum Sommersitze, oder gar einen Irrgarten mit allerhand künstlichen Spielereien anlegen liess. So bildet das Jahr 1540 nicht nur für den Staat, sondern in noch höherem Masse für die Stadt einen gewaltigen Abschnitt in der Entwicklung. Bis dahin war jeder Landesherr durch fast nichts gehindert, seinen ständigen Aufenthalt, wenn es ihm in Berlin-Kölln nicht gefiel, an irgend einen andern Ort zu legen; jetzt, seitdem in der Stiftskirche und dem neuen Schlosse ein glänzender Hintergrund für das Kurfürstentum geschaffen war, und eine sich stetig mehrende Zahl kurfürstlicher Beamten hier Grundbesitz erworben und Kapitalien auf denselben verwandt hatte [3]), war eine Ver-

---

1) Friedländer „Beiträge zur Buchdruckergeschichte Berlins. Mit Anhang.“ Berlin 1834, S. 1 ff.

2) Abbildungen dieses Schlosses sind erhalten, so auf der in den Kunstbeilagen des Berliner Geschichtsvereins gegebenen Darstellung eines Ringelrennens und auf den Stichen, die den im Oktober 1595 erfolgten Besuch des Königs Christian IV. von Dänemark am Köllner Hofe verherrlichen.

3) Akten betr. die Berliner Freihäuser und Burglehne des Geh. Staatsarchivs zu Berlin.

legung der Residenz kaum noch ausführbar, da sie nur mit einer unend-
lichen Kapitalsverschwendung möglich gewesen wäre. Es folgten nun
glänzende Tage für die Residenz, deren Bürger und Bürgerinnen bei den
vielfachen Festlichkeiten, den Festen in der kurfürstlichen Familie, den
Besuchen auswärtiger Fürsten und einzelnen Staatsaktionen, wie dem
Reformationsfeste oder dem Tage der Belehnung mit dem Herzogtum
Preussen zur Staffage der Schaustellungen dienten. Da standen denn
die Gewerke bei Einzügen Spalier, oder die Bürgertöchter gingen in fliess-
senden Gewändern bei Prozessionen einher, und die Glieder des Magistrats
wurden auch wohl zur Tafel des leutseligen Fürsten gezogen [1]). Dies
führte auch in der bürgerlichen Bevölkerung zu einem oft die Kräfte
überschreitenden Luxus, gegen den dann regelmässig gutgemeinte, aber
schlecht befolgte Luxusgebote, z. B. gegen die berüchtigten Pluderhosen,
zu steuern versuchten [2]). Eine Folge dieser reichlicheren Lebensführung
war die Verschuldung weiter Kreise, vom Kurfürsten herab bis auf jeden,
der Kredit hatte. Deshalb blühte das Bankiergeschäft damals in Berlin,
und der Berliner Bürger Grieben trieb grossartige Finanzoperationen mit
Reichsfürsten, Rittern und Städtern. So hatten sich denn bald trotz der
entsetzlichen Erfahrungen des Jahres 1510 auch die Juden wieder in Berlin
niedergelassen, und der berüchtigte kurfürstliche Münzjude Lippold, der
an den Kurfürsten, manchen Hofkavalier und Beamten Forderungen hatte,
spielte unter seinen Glaubensgenossen eine Hauptrolle, indes mit dem Erfolge, dass er von ihnen ebenso wie von den Christen gehasst wurde.

Trotz der Verschuldung der Städter nahm der Besitz der beiden
Städte, denen der Landesherr eine kräftige Besteuerung des Vermögens
ihrer Bürger (Pfundschoss) gestattete, stetig zu; sie erweiterten ihre
Ländereien, erwarben das niedere Gericht und verstanden es, auch bei
Gelegenheit der oben gedachten Visitationen manches aus dem Nachlasse
der katholischen Kirche zu erwerben.

Aber neben dem äusseren Glanze lagen doch auch manche Schatten.
Um das Schulwesen in Berlin und Kölln war es nicht zum besten bestellt,
da nur je eine mit der Nikolaikirche in Berlin und mit der Petrikirche
in Kölln zusammenhangende Schule bestanden, und es wurde als ein ganz
besonderes Verdienst des Bürgermeisters Hieronymus Reiche gepriesen,
dass es ihm im Jahre 1552 gelang, die Marienschule in Berlin, also die
alte Schule im Viertel der Marienkirche, wieder mit Lehrern zu bestellen
und in Aufnahme zu bringen. Man hatte sich also in den ersten Jahren
nach der Reformation in Berlin mit weniger Schulen als in katholischer
Zeit beholfen.

Auch in Bezug auf seine politische Bedeutung ging Berlin-Kölln nicht

---

1) Vergl. die Schilderung bei H a f f t i z, „Schriften des Vereins für die
Geschichte Berlins, Heft 31, S. 44, 57—60, 65 ff.

2) H a f f t i z a. a. O. S. 48 und 61 ff.

einen Schritt vorwärts. Seit 1540 war, wie erwähnt, das uralte Band,
das zwischen beiden Städten durch die gemeinsame Probstei gebildet war,
zerrissen, da Kölln einen eigenen Probst erhalten hatte, der als Inspektor
zugleich die kirchliche Aufsicht im benachbarten Teltow zu führen hatte,
während die gleiche Nebenstellung über Dörfer im Nieder-Barnim mit
der Berliner Probstei verbunden wurde. Eine weitere schon 1508 vor-
gesehene Trennung trat bald hernach ein, als es den Räten beider Städte
mit grossen Geldopfern gelang, von der Familie Tempelhof, die der Familie Brackow, offenbar auf Grund früherer Eventualbelehnung gefolgt
war, das niederste Gericht durch Kaufvertrag vom 22. Januar 1544 zu
erwerben. Denn jetzt richtete in Gemässheit der 1508 gegen den Landesherrn übernommenen Bedingung jede Stadt ein eigenes Stadtgericht ein,
das zu Berlin auf dem Rathause in der Georgenstrasse, zu Kölln in dem
in der Breitenstrasse tagte. Mit den umfangreichen Verhandlungen über
diese Gerichtstrennung hing es auch zusammen, dass die Städte sich im
Vergleiche vom 24. August 1543 dahin einigten, ihren gemeinsamen Besitz zu beschränken, sodass Berlin z. B. das Alleineigentum von Stralau,
Bogshagen und Pankow, Kölln das von Rixdorf mit Teilen von Tempelhof erhielt.

Jedenfalls waren die Städte, und zwar jede von beiden in ihrem
Gebiete, wieder Gerichtsherrin, aber doch nur beschränkt. Denn der
Landesherr setzte, immer schärfer umschrieben, das Recht der Justiz-
aufsicht und der höheren Instanz durch. Eine städtische Remedur dagegen war die vertragsmässig mit dem Landesherrn durchgesetzte Be-
strafung derjenigen, die grundlos sich bei diesem über die städtische
Gerichtsbarkeit beschwerten und unbefugt den Landesherrn mit Ueber-
gehung derselben angingen, sowie derjenigen, die in der Berufung gegen
städtische Urteile unterlagen (poena temere litigantium). Da diese Rechte
mit eiserner Konsequenz behauptet wurden, so war immerhin hier ein
Teil des alten Zustandes vor 1442 nach hundert Jahren zurückerworben.

Diese beiden Stadtgerichte bearbeiteten indes nur — was schon hier
erwähnt werden soll — die sogenannte streitige Gerichtsbarkeit mit Einschluss der Strafgerichtsbarkeit, wie sie im Vertrage von 1508 einge-
schränkt war; alles das aber, was man heute unter freiwilliger Gerichtsbarkeit begreift, das Vormundschaftswesen, Grundbuchwesen, Verlaut-
barung von Verträgen u. s. w. wurde von den Magistraten bearbeitet.

Eigentümlich gestaltete sich das Verhältnis der Städte zum Landesherrn, namentlich in den letzten Regierungsjahren Joachims II. Zu seinen
vertrautesten Ratgebern gehörte der Berliner Bürgermeister Matthias, der
dem stets in Geldverlegenheiten befindlichen Fürsten oft genug mit eigenen
oder den Mitteln der Stadt und des gemeinen Kostens aushalf und manche
nicht ganz einwandsfreie Finanzoperation des Fürsten den Bürgern gegenüber unterstützte. Der Kurfürst liess dafür die Sonne seiner Huld auf

diesen Vertrauten strahlen; seine Hochzeit wurde unter Teilnahme des
ganzen Hofes, der ihn dabei mit Geschenken überschüttete, begangen, und
noch wenige Tage vor seinem Tode nahm Joachim junge Patrizierinnen
auf seinen Schlitten, um mit ihnen über den Schlossplatz zu jagen. Dieses
Verhältnis, so patriarchalisch es sein mochte, hatte doch insofern seine
schweren Bedenken, als die Scheidung zwischen städtischem und fürst-
lichem Etat in etwas verwischt wurde. Der Kurfürst verfügte über das
Vermögen der Stadt und ihrer Bürger, die wohl oder übel sich für ihr
Geld mit Schuldverschreibungen und einzelnen Huldbeweisen begnügen
mussten. Auf diese Weise verschoben und verdunkelten sich auch die
Grenzen zwischen städtischer und landesherrlicher Zuständigkeit. Manche
Kabinettsordre des gütigen Fürsten griff unmittelbar in städtische Ge-
rechtsame ein, so z. B. die kurfürstliche Begnadigung für den Probst von
Berlin, selbst seine Kapläne zu berufen, die im Widerspruch mit dem
Kollationsrechte des Rates stand und deshalb von diesem später ignoriert
wurde. Jedenfalls ist es unmöglich, aus solchen kurfürstlichen Ordres
den Schluss zu ziehen, dass sie berechtigt gewesen seien. Dem wider-
sprachen bisweilen vorhandene Privatrechte oder die beim Thronwechsel
regelmässig konfirmierten Stadtrechte. Allerdings trat schon damals, zunächst von Gelehrten verteidigt, die Ansicht auf, dass die kurfürstliche
Gewalt unbeschränkt sei. Es war dies aber damals lediglich eine Theorie,
schon deshalb unpraktisch, weil noch die Stände des Landes — der Adel
und die Immediatstädte — durch ihr Steuerbewilligungsrecht tatsächlich
die Regierung kontrollierten.

Der Thronwechsel im Januar 1571 brachte eine gewaltige Aenderung.
Der ehrliche, wenn auch schwache Bürgermeister Matthias und viele Räte
wurden verhaftet, das weibliche Gelichter, mit dem Joachim seine letzten
Lebensjahre vertändelt, teils in ewiges Gefängnis gelegt, teils aus dem
Lande gejagt, und der Hass des Volkes, vielleicht geschickt geleitet,
richtete sich gegen die Juden, denen die Regierung erst nach einigen
Tagen durch Einschreiten gegen die Unruhstifter zu Hilfe kam[1]). Dem
Münzjuden Lippold wurde alsbald der Prozess wegen Unterschlagungen
gemacht, als aber dabei nichts herauskam, musste der krasseste Aberglaube den Stoff liefern, um endlich im Januar 1573 eine Verurteilung
des allgemein verhassten Mannes wegen Vergiftung Joachims II. und
wegen Zauberei zu ermöglichen. Dieser Prozess voll übler Leidenschaft
fand in der nach vorgängigen entsetzlichen Qualen erfolgten Vierteilung
des Unglücklichen das entsprechende Ende. So wunderlich es klingen
mag, stand doch der neue Kurfürst Johann Georg, wie aus seinem vom
23. April 1574 datierten Antwortschreiben an den Kaiser auf dessen
Intercession für die Witwe des Lippold klar erhellt, völlig im Banne

---

1) Märkische Forschungen Bd. XX, „Magdalene von Brandenburg" S. 205 f.

seiner Zeit und teilte deren Glauben an die einzelnen von Lippold auf
der Folter eingestandenen Teufelskünste. So erklärt es sich auch, dass
er alle Juden aus seinen Landen verwies. Den Berliner Juden war damit zugleich die Möglichkeit abgeschnitten, irgend etwas von dem zurück-
zuerhalten, was ihnen an Pfandstücken bei den Revolten am 3. und
4. Januar 1571 fortgenommen war. Kurfürstliche Kommissare, darunter
der Kanzler Lampert Distelmeier, stellten den Schuldnern der Juden die
Pfandstücke gegen Quittung zurück [1]) und — wie 1510 — war den Aus-
gewiesenen eine Verfolgung der verbrieften Forderungen gegen ihre Schuld-
ner abgeschnitten. Es folgte nun auf den bunten Glanz der joachimischen
Zeit eine Periode stiller Arbeit, die von dauerndem Segen erfüllt war.
Damals (1571) starb der letzte Mönch im Grauen Kloster, worauf Johann
Georg den unmittelbar an die Kirche anstossenden Teil der Gebäude,
darunter das altertümliche Refektorium zu einem Gymnasium einrichten
liess, das unter städtische Verwaltung trat und sich bis auf den heutigen
Tag Tausenden zum Segen entwickelt hat [2]). Im Rest des Klosters, den
sich der Landesherr mit der Kirche vorbehielt, wurde die Druckerei neu
eingerichtet und gelangte bald zur Blüte, namentlich seitdem hier der
gewandte Abenteurer Leonhard Thurneisser sich ihrer annahm und sie
zur Herausgabe seiner alchimistischen und medizinischen Werke benutzte.
Damals siedelten sich Künstler aller Art, Formschneider und Zeichner
in Berlin an, die der in hoher Gunst bei Hofe stehende vielgewandte
Mann trefflich zu benutzen verstand. Mit Bewunderung und zum Teil
mit Grauen sahen damals die Berliner manches seltene Tier, z. B. Elen-
hirsche, die Thurneisser zum Geschenk erhalten und im Gärtlein des
Klosters frei herumlaufen liess. Mit dem Gebahren dieses seltsamen
Mannes stand es im Einklange, dass er schliesslich bei Nacht und Nebel
aus der Stadt verschwand, in der er so viel Redens von sich gemacht
hatte; aber als besten Nachlass hinterliess er die Druckerei, die unter
verschiedenen Leitern bis in das erste Viertel des folgenden [3]) Jahrhunderts blühte, um dann, wie so vieles andere, in den Stürmen des dreissigjährigen Krieges zu verschwinden.

In der Offizin des Grauen Klosters wurde auch die zweite unver-
änderte Auflage der brandenburgischen Konsistorial- und Visitations-
Ordnung von 1573 gedruckt, die auch für Berlin insofern von hoher Bedeutung war, als sie genaue Bestimmungen über das Kirchen- und Schul-

---

1) Schriften des Vereins für die Geschichte Berlins, Heft 32, S. 45—47.
2) H e i d e m a n n, „Geschichte des Grauen Klosters“ Berlin 1874.
3) M o e h s e n, „Geschichte der Wissenschaften in der Mark Brandenburg“ S. 1 ff., Märkische Forschungen, Bd. VII, S. 192 ff., H e i d e m a n n
a. a. O. S. 104 ff. und Schriften des Vereins für die Geschichte Berlins,
Heft 31, S. 79—83.

wesen bis in die feinsten Einzelheiten enthielt, und namentlich eine feste Regel für das Konsistorium enthielt, das seitdem unter einem Juristen als Präsidenten und einigen juristischen und geistlichen Beisitzern in den Räumen des Kammergerichts wöchentlich einmal tagte[1]). Festeres Gefüge erhielten damals auch die Amtskammer, der die landesherrlichen Domänen unterstellt waren, sowie die Lehnskanzlei, sodass Berlin immer schärfer sich zum Sitze der Zentralbehörden des Staates entwickelte.

Nach langen Jahren fast klösterlicher Ruhe, die zum Teil durch schwere Leiden der zweiten Gemahlin des Kurfürsten erklärt wird, begann auch, namentlich seitdem sich nach deren Tode Johann Georg mit der jugendlichen Elisabeth von Anhalt vermählt hatte, am Hofe wieder ein munteres Leben. Da hören wir von prunkvollen Ringelreihen, Mummereien aller Art, mit denen die Familienfeste am Hofe begangen wurden, von prachtvoll ausgestatteten Zierwagen und von Feuerwerken, die namentlich glänzend ausfielen, als der junge König Christian IV. von Dänemark hier (Herbst 1595) auf einige Tage den brandenburgischen Hof besuchte, und dänische Magnaten mit den Damen des Hofes ihre künstlichen Tänze aufführten[2]). Auch die Bürgerschaft wandte sich wieder mehr der heiteren Lebensführung zu, obgleich diese damals oft genug in unmässiger Völlerei bestand, so dass selbst die auf den Rathäusern gefeierten Hochzeiten der Patrizier bisweilen mit wüsten Schlägereien endeten. Daneben trieb noch — wie allenthalben — der Aberglaube und die Zeichendeuterei ihr krasses Unwesen, sodass fast in jedem Jahre hier Schriften erschienen, in denen das sinnloseste Zeug mit biblischen Gedanken unerfreulich verschnörkelt, dem Publikum geboten wurde[3]). Im Gegensatze hierzu steht es, wenn in derselben Zeit die Berliner Kirchen manches Grabdenkmal und Gemälde erhielten, das von heimischen Künstlern gefertigt, aller Anerkennung wert ist. Was wir an dichterischen Erzeugnissen aus jener Zeit für Berlin besitzen, ist entweder roh und ungeschickt, oder lateinischer Reimkram, aber zu derselben Zeit schrieb Hafftiz in Berlin sein Mikrochronikon, der erste speziell aus Berlinischem

---

1) Schriften des Vereins für die Geschichte Berlins, Heft 39, S. 22 ff. Ueber die Lehnskanzlei und den Beginn der Ressortteilung: „Forschungen zur Brandenburgischen und Preussischen Geschichte“, Bd. VI, S. 57 ff. und H o l t z e, „Kammergericht“, Bd. II, S. 46 ff., 328 ff.

2) „Berlin und Kopenhagen“, Schriften des Vereins für die Geschichte Berlins, Heft 41, S. 33 ff. und die daselbst zitierten Schriften.

3) In der G ö r i t z - Bibliothek des Berliner Magistrats finden sich solche, heute sehr selten gewordene Berliner Drucke. Daneben kam der Druck von Leichenpredigten auf, die meist wegen der biographischen Notizen über die Verstorbenen von Wert sind. Die Bibliothek des Gymnasiums zum Grauen Kloster besitzt eine reiche Sammlung derselben.

Boden schöpfende Chronist, der in seinen die Residenz betreffenden Abschnitten immer eine unverächtliche Quelle für die Stadtgeschichte bleiben wird [1]).

Im Pestjahre von 1598 verstarb Johann Georg und sein ältester Sohn Joachim Friedrich, seit vielen Jahren Administrator von Magdeburg, folgte ihm in der Regierung, verlegte auch infolgedessen seine Hofhaltung von Halle und Wolmirstedt in das Köllner Schloss. Der schon ältere Herr, ziemlich abhold den Freuden des Lebens, schuf in der Brüderstrasse 4 unter dem Botenmeister Frischmann eine Art Postamt zur besseren Verbindung seiner Residenz mit den Provinzen. Unmittelbar nach seinem Regierungsantritte hatte sich der Kurfürst von den märkischen Beamten seines Vaters, die zu einer Coterie Distelmeier geworden waren, getrennt und sich mit vertrauten Räten seiner Magdeburger Verwaltung umgeben. Aus ihnen bildete er dann 1605 einen Geheimen Rat mit dem Sitze zu Kölln, das seitdem die oberste Zentralbehörde des Landes in seinen Mauern hatte [2]). Das hervorragendste Mitglied dieses Rates, der reiche böhmische Magnat, Graf Hieronymus Schlick, baute sich damals ein stattliches Palais in der Breitenstrasse, das lange als eine Sehenswürdigkeit gegolten hat. Aber zur gleichen Zeit drohte der wesentlich nur als Residenz wichtigen und auf die Verbindung mit dem Hofe angewiesenen Doppelstadt eine Gefahr: Seitdem nämlich das Aussterben der preussischen Linie in sicherer Aussicht stand, und nur noch der geisteskranke Sohn des Herzogs Albrecht den Eintritt des märkischen Successionsrechts auf Preussen verzögerte, hielt sich der Kurfürst, zudem in zweiter Ehe mit einer Tochter des blöden Herzogs vermählt, ebenso wie sein Thronfolger Johann Sigismund sehr viel in Königsberg auf. Blieb Berlin-Kölln auch jetzt noch Sitz der Zentralbehörden der Mark, so schien es doch bisweilen, als sollte es einen Teil seiner Bedeutung als Sitz des Herrscherhauses zu gunsten der preussischen Hauptstadt verlieren. Diese Gefahr wurde infolge eines Zwiespaltes, in den das Herrscherhaus mit der märkischen Residenz geriet, noch dringender:

Seit 1580 war die in der kursächsischen Konkordienformel mit der Erfurter Apologie verkörperte starre Richtung des Luthertums auch in der Mark herrschend geworden [3]). Wie sein Vater hatte Kurfürst Johann Georg den Religionsfrieden von Augsburg dahin ausgelegt, dass er

---

1) Schriften des Vereins für die Geschichte Berlins, Heft 31, S. 1 ff.

2) „Forschungen zur Brandenburgischen und Preussischen Geschichte", Bd. V, S. 575 ff. und die Zitate daselbst.

3) Vor Erlass derselben, nämlich im Herbst 1576, waren in Berlin zwischen den Geistlichen an der Nikolaikirche und an der Marienkirche Reibereien vorgekommen, über die Moehsen „Beiträge zur Geschichte der Wissenschaften in der Mark" S. 124 berichtet. Besondere Folgen hatten diese Zänkereien nicht gehabt.

auf Grund desselben die bischöfliche Gewalt in seinem Gebiete erlangt habe, und er hatte deshalb ohne Zustimmung der Stände, aber auch ohne jeden nennenswerten Widerstand jene Bekenntnisschrift erlassen und von allen Geistlichen, kurfürstlichen Beamten und allen, die — wie die Professoren an der Universität Frankfurt — einen Amtseid zu leisten hatten, in diesem beschwören lassen [1]). Nur einige Professoren in Frankfurt, denen diese strengere Richtung nicht behagte, waren damals an andere Hochschulen gegangen. Eine Wendung in der kirchenpolitischen Haltung hatte sich aber bereits mit dem Regierungsantritt Joachim Friedrich's (1598) vorbereitet. Dieser Fürst hatte sich bereits als Administrator des Erzstifts Magdeburg mit Rücksicht auf die daselbst, namentlich aber in der Stadt Magdeburg verbreitete mildere Richtung dieser angeschlossen. Er hatte seinen Kurprinzen Johann Sigismund auf der zur reformierten Konfession hinneigenden Universität Strassburg studieren lassen; er hatte es gestattet, dass sein jüngerer Sohn Johann Georg die Administratorrolle im dortigen Stifte spielte und sich mit einer Prinzessin aus dem reformierten Zweige Mömpelgard des Hauses Württemberg vermählte. Weit wichtiger war es aber, dass er im Jahre 1605 die Verlobung seines Enkels und voraussichtlichen Thronerben Georg Wilhelms mit Elisabeth Charlotte, der Schwester des späteren Pfälzer Winterkönigs zugegeben hatte. Diese Haltung des Kurfürsten erklärt es, dass man ihm nachsagte, er sei selbst zur reformierten Kirche übergetreten. Dieses leere Gerücht fand weitere Nahrung, als der Kurfürst auf Abschaffung der noch üblichen Prozessionen in Berlin drang und aus dem Domstift manches entfernen liess, was — wie Kirchenfahnen — zu deutlich an die katholische Vergangenheit erinnerte.

Johann Sigismund, der 1608 im Alter von 35 Jahren seinem Vater in der Regierung gefolgt war, stand von Anfang an auf einem von den strengen Lutheranern noch mehr abweichenden Standpunkte, wie sich schon darin zeigt, dass er zu seinen ersten Beamten Männer wählte, die der freieren, dem Kalvinismus wohlwollenden Richtung des Luthertums angehörten, wie den Geheimen Rat Thomas v. d. Knesebeck und den Vizekanzler Pruckmann, die beide auf der Universität Frankfurt die dort herrschende Duldsamkeit in sich aufgenommen hatten und sich nun bemühten, in die Beamtenstellen statt lutherischer Heisssporne Gleichgesinnte zu bringen, die wie sie selbst, die Ohrenbeichte unterliessen und verächtlich über die Konkordienformel dachten. So kam es, dass die kurfürstlichen Beamten den Berlinern längst als kalvinistisch gesinnt, verdächtig waren, und mit Recht wurde aus der Gesinnung der Beamten

---

1) Die allgemeine verbreitete Ansicht, dass der Augsburger Religionsfrieden den weltlichen Herren diese bischöflichen Rechte übertragen habe, wird widerlegt von T h u d i c h u m , „Die Einführung der Reformation und die Religionsfrieden", Tübingen 1896, S. 22.

auf die des Kurfürsten geschlossen. Ebenso war es bereits im Herbst 1613 kein Geheimnis mehr, dass die Hofprediger Fink und Füssel, die im kurfürstlichen Domstift predigten, Kalvinisten waren. Die Erregung gegen diese war so gross, dass am 13. Oktober 1613 die Absicht des Berliner Pöbels, den Hofprediger Fink nach der Predigt zu steinigen, nur durch die geschickte Intervention der Trabanten vereitelt werden konnte [1]). Nachdem bereits früher die Brüder des Kurfürsten die Markgrafen Johann Georg und Ernst, der Statthalter in dem an Brandenburg gefallenen Cleve, sich offen zur reformierten Konfession bekannt, tat der Kurfürst das Gleiche im Dezember 1613, aus innerer Ueberzeugung, nicht, wie bisweilen behauptet ist, aus Gründen der Staatskunst, die eher diesen im ganzen Lande gemissbilligten Schritt widerraten hätte.

Um die starke Erregung, die hierüber entstand, zu beruhigen, entschloss sich der Kurfürst zu einem Appell an die Oeffentlichkeit. Da erschien eine eigentümliche Volksschrift aus der Feder des kurpfälzischen Hofpredigers und Heidelberger Professors D. Abraham Scultetus „Newe Zeitung von Berlin in zweyen Christlichen gesprechen zweyer Wandersleute, Hans Knorren und Benedict Haberecht, von dem jetzigen Zustand in Berlin, Allen und jeden warhafftigen Lutheranern in der Margk Brandenburg zum unterricht gestellt durch einen vertriebenen Pfarrern Paulum Kihnstock". Dieses angeblich zu Pfirt im Elsass bei Franz Knobloch erschienene Quartheftchen enthält eine im derbsten Volkston gehaltene Unterredung zwischen einem Berliner Knorre mit einem Kalvinisten. Der Berliner klagt darüber, dass der Kurfürst und seine Räte kalvinistisch seien und dass in der Domkirche ohne Pomp und Ohrenbeichte gepredigt werde; der Kalvinist überzeugt ihn Schritt für Schritt, dass in dem vereinfachten Gottesdienste gar kein Gegensatz zur reinen lutherischen Lehre bestehe, dass vielmehr im lutherischen noch manche papistische Greuel fortdauerten. Es ist kaum anzunehmen, dass diese Volksschrift in Berlin grossen Eindruck gemacht hat, aber sie zeigt auf kalvinistischer Seite den redlichen Willen zum Entgegenkommen; ebenso wie das Edikt vom 24. Februar 1614, das der Kurfürst von allen Kanzeln verlesen liess [2]). In diesem war betont, dass keiner irgendwie im lutherischen Glauben gehindert werden sollte, dagegen ward Duldung der Kalvinisten ernst befohlen, und allen geboten, sich streng jeder Verketzerung der anderen Konfession und ihrer Anhänger zu enthalten. Wer sich dem nicht fügen wolle, solle ungehindert mit seinem Hab und Gut auswandern. In Berlin-Kölln waren besonders zwei Geistliche, die das Feuer der Erbitterung schürten, der Domprobst Gedicke, der einstige

---

1) Hering, „Historische Nachricht von dem ersten Anfang der evang. reform. Kirche in Brandenburg und Preussen" Halle 1778, S. 83.

2) „Schriften des Vereins für die Geschichte Berlins" Heft 39, S. 101 f.

Erzieher des Kurfürsten, und der Archidiakon Willich an der Petrikirche. Ersterer hatte seine masslosen Angriffe gegen die Reformation
mit Amtsentsetzung zu büssen, und Willich, der ein schlimmeres Geschick
fürchten mochte, flüchtete aus dem Lande. Aber neben dieser Strenge
gegen die schlimmsten Zeloten tat der Kurfürst alles Erdenkliche, um
eine Vereinigung zu ermöglichen. Am 28. März 1614 stellte er in einem
an die Landstände gerichteten, alsbald veröffentlichten Schreiben seinen
Standpunkt klar. Er sagt hier über die Konkordienformel, dass sie lediglich das Werk des „ehrgeizigen Pfaffen Jakob Andreae", der damit
ein lutherisches Papsttum über die Kirche Gottes hätte errichten wollen,
gewesen sei; wie denn auch Kurfürst August von Sachsen darüber ge-
klagt, dass er von den Pfaffen bei Aufrichtung derselben übel betrogen
sei. Ebenso greift er die lutherische Abendmahlslehre hart an. Aber
auch dieser Schritt, obgleich er als Angriff erscheint, sollte nur die kal-
vinistische Lehre gegen lutherische Heisssporne in Schutz nehmen, und
demselben Zwecke sollte sein im Mai 1614 veröffentlichtes Glaubensbe-
kenntnis dienen. Diese versöhnliche Haltung über den Parteien bewies
er noch deutlicher durch die im Herbst 1614 im Berliner Schlosse veranstalteten Religionsgespräche, bei denen selbst gewöhnliche Bürger Zu-
tritt erhielten [1]. Dieselben hatten indes trotz des diplomatischen Ge-
schickes eines Pruckmann keinen Erfolg, da die Berliner Geistlichen es
für eine Ehrenpflicht hielten, sich nicht daran zu beteiligen, und die Bürger bald wegblieben, da sie sich bei den gelehrten Redetournieren lang-
weilten. Damals predigten kursächsische Geistliche, so der Professor
Meisner aus Wittenberg, in Berlin, um die Stimmung der Bewohner
gegen die Duldsamkeit zu erregen; aber die Regierung hatte den grossen
Erfolg, dass der General-Superintendent Pelargus sich auf einen ver-
söhnlichen Standpunkt stellte und trotz einzelner literarischen Fehden die
lutherischen Heisssporne unter der Geistlichkeit im wesentlichen im Zügel
zu halten verstand. Aber es war auch der Kurfürst mit Rücksicht auf
die Stände, auf deren Geldhilfe er zur Behauptung der Jülichschen Erbschaft angewiesen war, zur vorsichtigen Schonung der Lutheraner gezwungen. Er stellte deshalb den Ständen am 5. Februar 1615 einen Revers aus, dass er keiner Gemeinde einen verdächtigen Prediger aufdrängen
werde; dies bedeutete, dass er selbst in solchen Fällen, in denen er zur
Ernennung von Geistlichen berechtigt war, also z. B. in Berlin und Kölln
bez. der Pröbste, den Widerspruch der Gemeinde berücksichtigen werde.
Hienach ist auch in der Folgezeit regelmässig verfahren worden.

Die Konkordienformel, auf deren Beseitigung es ursprünglich abgesehen war, blieb erhalten, und es bedeutete unter diesen Umständen nicht
viel, wenn die Regierung bisweilen verbot, den Hinweis auf sie in die

---

1) **H e r i n g** a. a. O. S. 268 ff.

Konfirmationsurkunden der Geistlichen aufzunehmen, wie dies im Jahre 1618 geschah, oder das Konsistorium im Jahre 1659 eine Konfirmation ausfertigte, in der ein Protest gegen die Konkordienformel enthalten war. Denn die Stände hatten so energisch für die Beibehaltung derselben gekämpft, dass sie bald nach 1618 wieder hatte in die Vokationen aufgenommen werden müssen, und das Konsistorium von 1659 musste eine scharfe Rüge der Regierung hinnehmen, dass sie jene Vokation mit dem Proteste ausgefertigt hatte. Denn es hatte sich um dieselbe ein heftiger Streit erhoben, der hier erwähnt zu werden verdient, da es sich dabei um den vom Köllner Rate zum Diakon an der Petrikirche vozierten Pfarrer Nikolaus Christiani gehandelt hat[1]). So erschienen denn regelmässig in diesen Konfirmationen neben der Formel, die Augsburger Konfession und die Apologie als Lehrnormen. Die einige Zeit angeordnete Weglassung der ersteren hatte allerdings den Geistlichen die Möglichkeit gewähren sollen, zur reformierten Lehre überzutreten. Aber kein Patron und keine Gemeinde hätten sich einen solchen Wechsel gefallen lassen. Immerhin war diese auf gegenseitige Duldung gerichtete Haltung der Regierung einzelnen Geistlichen so unsympathisch, dass sie die Mark verliessen, um in Kursachsen eine Stellung zu suchen, während von dort Geistliche der freieren philippinischen Richtung in die Mark übersiedelten, wo ihnen jetzt Duldung winkte; wurde doch hier von den Beamten auch kein Religionseid mehr erfordert, wie dies von T h u d i c h u m in seinem Aufsatze „Rechtgläubigkeit und Aufklärung" nachgewiesen hat.

So beruhigten sich denn die Gemüter, und auch in Berlin wäre der Konfessionswechsel des Landesherrn wohl bald, wenn nicht vergessen, so doch objektiver angesehen worden, wenn hier nicht die Geister zu heftig erhitzt gewesen wären, und einige taktlose Geistliche das Feuer geschürt hätten. Als zu Ostern 1615 der Kurfürst abwesend war, und sein Bruder Johann Georg als sein Statthalter im Berliner Schlosse residierte, liess dieser eifrig reformierte Fürst in der Domkirche, die zwar dem Kurfürsten unterstand, die bis dahin aber als lutherische Kirche galt, durch Wegreissung der Altäre und Fortnahme des reichen noch aus katholischer Zeit herrührenden Schmuckes die Ausstattung auf die Einfachheit des reformierten Kultus bringen[2]). Dieser Schritt erregte allgemeinen Unwillen, und der Diakon Stuler an der Petrikirche erklärte, dass er am nächsten Sonntage gegen diesen Schritt in der Kirche protestieren werde. Nun verbreitete sich in der Stadt das Gerücht, dass die Regierung diesem Schritte durch Verhaftung des Geistlichen zuvorkommen werde. Am

---

1) T s c h i r c h, „Tägliche Aufzeichnungen des Pfarrherrn Joachim Garcaeus" Brandenburg 1894, S. 27; Schriften des Vereins für die Geschichte Berlins, Heft 39, S. 16.

2) H e r i n g a. a. O. S. 284. Nach ihm geschah die Umwandlung der Kirche am 30. März 1615.

5. April 1615 hatten nun beim Köllner Diakon Stuler, der nebenbei einen Bierschank in der Breitenstrasse betrieb, sich verschiedene Bürger in die nötige Stimmung hineingezecht, und auf einmal erhob sich der Ruf, die reformierten Hofgeistlichen und die als Abtrünnige betrachteten Beamten zu züchtigen. Wüste Haufen drangen darauf in die Wohnungen der Bedrohten, alles wurde kurz und klein geschlagen, viel gestohlen [1]). Der Markgraf Johann Georg, der mit kurfürstlichen Trabanten zu Hilfe eilte, wurde von einem Steinwurf getroffen und musste vom Platze getragen werden. Der Bürgermeister Jahn, der Ruhe stiften wollte, wurde verhöhnt, und es bedurfte einiger Tage, ehe die Trabanten des Aufstandes Herr wurden. Trotzdem war es den am Schlimmsten dabei Kompromittierten, so auch dem Diakon Stuler gelungen, sich aus der Stadt zu flüchten, und es waren, wie gewöhnlich bei solchen Gelegenheiten — nur die minder schuldigen Mitläufer übrig geblieben. Menschenleben hatte der Aufruhr übrigens glücklicherweise nicht gekostet, auch die Verwundungen waren keine schweren gewesen, ebenso liess sich ein Teil des Gestohlenen wieder herbeischaffen. Der Kanzler Pruckmann, den der Pöbel als Reformierten ebenfalls bedroht und geplündert hatte, tat alsbald die tatkräftigsten Schritte, um eine Wiederholung derartiger Vorgänge in der Residenz unmöglich zu machen. Prozesse gegen die meist flüchtigen Anstifter wurden eingeleitet, von den Magistraten von Berlin und Kölln der Ersatz des entstandenen Schadens gefordert, da sie als Patrone ihrer Kirchen es geduldet, oder gar gern gesehen, dass ihre Geistlichen das Volk zu Ausschreitungen gegen die Reformierten verleitet. Dieses Schreiben vom 31. August 1615 ist auch deshalb bemerkenswert, weil es zum ersten Male auf landesherrlicher Seite die Patronatsstellung der beiden Magistrate ihren Kirchen gegenüber betont, während aus der Konsistorialordnung von 1573 nur gefolgert werden kann, dass die Städte damals die oben betonten allgemeinen Rechte, wie jede märkische Stadt erlangt haben [2]).

---

1) H e r i n g a. a. O., W i l k e n, „Historisch-genealogischer Kalender" . Berlin 1821, S. 13—40, H o l t z e, „Kammergericht" Bd. II, S. 133 ff. und „Schriften des Vereins für die Geschichte Berlins" Heft 39, S. 101 f. Zu den beiden letzten Arbeiten sind die im Geh. Staatsarchive befindlichen Verhandlungskonzepte des Kanzlers Pruckmann (R. 49 M. 1) benutzt worden. Auf ihnen beruht auch die folgende Darstellung.

2) Leider fehlt bis jetzt eine eingehende märkische Kirchengeschichte, da die älteren von v. M ü h l e r, M ü l l e r u.s.w. einmal auf einem zu knappen urkundlichen Material fussen, auch grossenteils veraltet sind. Die Verhältnisse in Berlin lassen sich indes aus dem umfassenden, oft zitierten Urkundenbuche, das auf Veranlassung der Stadt Berlin 1902 gedruckt ist, ziemlich genau erkennen. Der Magistrat von Berlin war hienach Patron aller Berliner Kirchen und kirchlichen Institute, ebenso der Magistrat in Kölln, dieser je-

Aber auf Pruckmanns Rat war der Kurfürst zur Abwehr ähnlicher Vorkommnisse noch weiter gegangen. Bereits Anfangs April 1615 hatte er von allen Bürgern in Berlin und Kölln gefordert, dass sie einen Revers unterzeichneten, in dem sie ihre Missbilligung des Geschehenen aussprächen und das Versprechen ablegten, eine Wiederholung in Zukunft mit allen Kräften zu verhindern. Als die Unterzeichnung, zu der selbst die Advokaten des Kammergerichts veranlasst wurden, nicht schnell genug vor sich ging, erliess der Kurfürst auf Veranlassung Pruckmanns die Drohung, er werde die Residenz an einen anderen Ort verlegen, wollten sich dann die Berlin-Köllner ein Bild ihrer Städte machen, dann möchten sie an frühere Pestzeiten sich erinnern. Er wisse genug Städte, die nach der Ehre, Residenz zu werden, begierig seien. Mit der Anspielung auf die Pestzeiten war das den meisten wohl noch in Erinnerung lebende Pestjahr 1598 gemeint, in dem der Hof und auch das Kammergericht aus Berlin, und letzteres nach Neu-Ruppin verlegt waren. Die Drohung, vielleicht nicht einmal ernstlich gemeint, erfüllte jedenfalls ihren Zweck; denn man beeilte sich jetzt, die Unterschriften zu leisten und Wohlverhalten für die Zukunft zu versprechen. Die erhaltenen Reverse sind auch insofern interessant, als man aus den den Unterschriften beigefügten Standesbezeichnungen die Zusammensetzung der damaligen Bürgerschaft erkennen kann. Es sind vorwiegend Handwerker und Fischer; an den nicht unbedeutenden Fremdenverkehr der Residenz erinnern verschiedene Garköche, Fuhrleute u. s. w. Trotzdem in Berlin — abgesehen vom Gymnasium — die Kirchschulen bei St. Nikolai und St. Marien, in Kölln die bei St. Peter bestanden, auch hin und wieder ein Privatlehrer in den Städten Unterricht erteilte, ist die Zahl der Analphabeten, die nur ihre Kreuze an Namensstatt malten, recht gross, was zum Teil daran liegen mag, dass die Gehälter der Schulmeister hier so überaus ärmliche waren, dass meist nur recht mittelmässige Kräfte eine solche Stelle annahmen, um sie möglichst schnell mit irgend einer besseren zu vertauschen.

Es ist auf diesen Konfessionswechsel hier näher eingegangen, weil er von den schwerwiegendsten Folgen begleitet gewesen ist. Obgleich einige starre Lutheraner noch am Schlusse des Jahrhunderts den Uebertritt heftig tadelten und aus ihm alle Leiden der folgenden Kriegszeiten zu erklären suchten, gewöhnte man sich doch mehr und mehr daran, Duldung zu üben und Andersgläubige zu ertragen. Gegenüber der starren religiösen Abgeschlossenheit, die im 17. Jahrhundert und noch lange her-

doch selbstredend nicht über die landesherrliche Domkirche. Da die Pröbste von Berlin und Kölln zugleich regelmässig als Superintendenten landesherrliche Aufsichtsbeamte waren, beanspruchte der Kurfürst das Ernennungsrecht, obgleich der Probst von Berlin zugleich der Pfarrer von Berlin, der von Kölln der von dieser Stadt war, und die übrigen Geistlichen nur Diakone waren.

nach in Deutschland, ja in Europa herrschte, war Berlin eine Stätte der Duldung, diesen Ruf hat Georg Wilhelm, der ein strenger Reformierter war, nicht wesentlich erschüttert und später der grosse Kurfürst durch ganz Europa verbreitet. Dass zugleich durch den Uebertritt des Herrscherhauses zum Kalvinismus Brandenburgs Fürsten in einen Gegensatz zu dem lutherischen Sachsen und in eine selbständige Stellung gedrängt wurde, mag hier nur angedeutet werden. Lange bevor die Albertiner zur katholischen Kirche zurücktraten, waren die Hohenzollern durch die geschickt gelöste Aufgabe, Schutzherrn beider evangelischen Konfessionen zu sein, zur Vorherrschaft in Deutschland prädestiniert.

Ein lebensvolles Bild vom Aussehn Berlins am Schlusse dieses Zeitabschnittes (1617) gibt der Augsburger Patrizier Philipp Hainhofer, dessen Reisebericht im 6. Bande des Archivs für die Geschichtskunde des preussischen Staates veröffentlicht ist.

2. Bis zur Vereinigung der Städte 1709.

Mit dem Tode des Kurfürsten Johann Sigismund, der nach Entsagung von der Regierung am 23. Dezember 1619 in der Wohnung seines Kammerdieners Freitag in der Poststrasse gewissermassen als Privatmann gestorben war, begann eine schwere Zeit für die beiden Städte. Schon im Frühjahr 1620 gestattete der neue Kurfürst einigen Hilfsvölkern, die König Jakob von England seinem Schwiegersohne und Schwager des Kurfürsten, dem Winterkönige von Böhmen, dorthin sandte, den Durchzug durch die Mark. In Berlin zitterte die Erregung an die Vorgänge vor fünf Jahren noch so stark nach, dass das alberne Gerücht Glauben fand, diese Truppen seien bestimmt, die Märker zur Annahme der reformierten Konfession zu zwingen. Da zogen denn Bewaffnete mit wüstem Lärm durch die Stadt, um den gefährdeten Glauben zu schützen, und die Ruhe wurde erst wiederhergestellt, als man sich überzeugte, dass die „Engländer" aus der Umgebung Berlins fortgezogen seien. Dann kamen flüchtige Söldner des bei Lutter am Barenberge geschlagenen Dänenkönigs Christians IV. in die Stadt und endlich die nach Niederdeutschland marschierenden kaiserlichen Regimenter. Am 22. Juni 1628 sahen die Bürger mit ängstlichem Staunen den berühmten und gefürchteten Herzog Wallenstein mit glänzendem Gefolge durch die Breitestrasse fahren, um der Kurfürstin auf dem Schlosse einen Besuch zu machen, deren Gemahl damals in Königsberg weilte. Der Herzog kam von Frankfurt a. O. und begab sich bereits am folgenden Tage über Angermünde zu seiner bei Stralsund versammelten Armee. In Berlin hinterliess er vom Hofe bis zum letzten Bewohner hinab ein gutes Andenken, da er gütiges Entgegenkommen gezeigt und zugleich seinen Nimbus geschickt in Kleinigkeiten zu wahren verstanden hatte. So war man in Berlin-Kölln bisher mit einem blauen

Auge davongekommen, zumal die Stadtmauern gegen die sog. Gardebrüder, d. h. entlassene Soldaten, die ein ihnen verliehenes Bettelprivileg zu Erpressungen ausnutzten, hinreichenden Schutz boten, während dieses Gesindel die Ratsdörfer arg brandschatzte. Mit diesem Stillleben war es indes vorbei, als der Schwedenkönig Gustav Adolf im Mai 1631 mit seinem Heere vor Berlin rückte, um den Kurfürsten zum Anschluss an die schwedische Politik zu nötigen. Er war den Berlinern kein Fremder, da er bei seiner Brautwerbung um Marie Eleonore, die schöne, ihm vom Kurfürsten sehr ungern gegönnte Schwester desselben, bereits in den Jahren 1618 und 1620 hier gewesen war; zudem war er als Vorkämpfer des Luthertums bei den lutherischen Berlinern beliebt, während der Katholik Wallenstein nur Bewunderung und die dem reformierten Winterkönige zuziehenden Völker Hass erregt hatten. Dies entsprach genau der damaligen Stimmung der Berliner gegen die drei Konfessionen. Aber das erzwungene Bündnis mit Schweden kam den Berlinern teuer genug zu stehen; es folgte Kontribution auf Kontribution, auch die Kaiserlichen, die bis dahin noch als Verbündete Rücksicht genommen, rüsteten sich, um nach dem Falle von Magdeburg von Cottbus her auf die Hauptstadt der jetzt feindlichen Mark zu rücken[1]). Damals verliess der Hof die Stadt, um nach Königsberg überzusiedeln, und das Kammergericht verlegte seine Sitzungen nach Bernau, der ersten Etappe auf der schwedischen Rückzugslinie, um erst beim Jahreswechsel zurückzukehren. Bereits im Jahre 1632 musste der Magistrat von Berlin sein uraltes Kämmereigut Reinikendorf für 10 000 Taler verkaufen und konnte es erst im Jahre 1680 zurückerwerben. Es folgten nun qualvolle Jahre, in denen alle Plagen, einzig die allgemeine Plünderung ausgenommen, die unglücklichen Städte heimsuchten und beide langsam aber sicher erschöpften.

Seit dem Herbst 1627 waren beide in militärische Bezirke eingeteilt, und ein strenger Wachdienst an den Toren eingerichtet, an dem auch die Exemten teilnehmen mussten. Damals hatten auch das Hofgesinde, die Advokaten und Kanzlisten des Kammergerichts, die bisher wachfrei gewesen waren, auf Wache zu ziehen; dies genügte aber so wenig, dass man sich dazu entschloss, einzelne Tore überhaupt dauernd zu sperren, was möglich war, da der Verkehr mit der Aussenwelt so gut wie ganz aufgehört hatte. Indes war das Schlimmste noch vorbehalten. In unglücklicher Stunde schloss sich der Kurfürst dem Prager Frieden an und machte sich dadurch die bisher verbündeten Schweden, deren Machtmittel er wohl unterschätzte, zu grausamen Feinden. Nach dem Siege der Schweden bei Wittstock besetzten sie im Oktober 1636 Berlin-Kölln, allerdings nur, um es im November, als sich die Annäherung der Kaiserlichen und Sachsen fühlbar machte, wieder zu verlassen. Um eine Wieder-

---

1) H o l t z e, „Kammergericht" Bd. II, S. 155 ff.

kehr einer solchen Besetzung zu vermeiden, wurde einmal hierher eine
starke Garnison gelegt, dann aber vom Grafen Schwarzenberg, der schon
als Adlatus des Statthalters Markgrafen Sigismund und seit 1637 selbständig den Kurfürsten in der Mark vertrat, der Beschluss gefasst, Berlin-
Kölln zu befestigen. Es handelte sich hierbei einmal um Anlegung von
Schanzen zur Verstärkung der noch vorhandenen Mauern, mehr aber um
Herstellung sturmfreier Wälle durch Beseitigung der Anlagen vor den
Toren. Von 1637 bis 1640 dauerte der Kampf der Magistrate mit dem
Statthalter über diese Befestigung, die allerdings notwendig war, wenn
man die Städte halten wollte, aber die Magistrate bestritten energisch,
dass dies überhaupt zweckmässig sei, meinten vielmehr, es sei passender,
wenn die Garnison sich beim Anrücken eines überlegenen Feindes ent-
fernte und dann vom Magistrate unter leidlichen Bedingungen mit diesem
eine Kapitulation abgeschlossen würde. Aber Schwarzenberg drang mit
seiner entgegengesetzten Ansicht durch, und am 13. Juni 1639 wurde die
Abschätzung der zum Abbruch beim Feindesnahen bestimmten Häuser befohlen. Der Schaden sollte nämlich — wie es in jenem Befehle heisst —
nicht von den Betroffenen allein, sondern, da er im öffentlichen Interesse
verursacht sei, von allen Bürgern, ja unter Umständen vom ganzen Lande
getragen werden, „weil dasselbe nach Berlin-Kölln wegen unseres aldort
residierenden Kammergerichts und anderer dem Lande zum Besten ange-
ordneter collegiorum recurriren muss". Trotzdem war hier die Bedeutung
der Stadt offenbar überschätzt, jedenfalls war der Gedanken, Berlin ist
die Mark, noch niemals mit dieser Schärfe bisher zum Ausdruck gekommen.
Der Magistrat setzte es durch, dass das drohende Abbrennen der Vorstädte bis zum Herannahen ernster Gefahr ausgesetzt wurde, erreichte
damit indes nur einen Aufschub bis zum Februar 1640; denn damals liess
der in Berlin kommandierende Oberst Dietrich v. Kracht beim Herannahen des schwedischen Obersten Kehrberg die Berliner Vorstädte abbrennen, worauf sich die Schweden, ohne einen Angriff zu unternehmen,
zurückzogen. Seitdem herrschte in der von Kontributionen erschöpften,
von der Pest dezimierten Stadt der äusserste Mangel und voller Ver-
zweiflung wurde ernstlich der Gedanke erwogen, die aus tausend Wunden
blutende Stadt zu verlassen und anderswo ein neues Heim zu gründen.
Nachdem dann noch um die Wende des Jahres 1640 auf der Köllner
Seite beim Anrücken des schwedischen Obersten Stahlhans Vorwerke und
Scheunen auf Kracht's Befehl in Flammen aufgegangen waren, hatte der
allerdings überaus klägliche Zustand Berlin-Köllns hier eine Unsumme
von Hass gegen die stets nur Opfer heischende, keinen genügenden Schutz
gewährende Staatsleitung bei den Bürgern hervorgerufen, und es war ein
glücklicher Zufall, dass bald nach dem Regierungswechsel auch Graf
Schwarzenberg verstarb, und nun gegen ihn und eine Anzahl von Obersten, die der junge Kurfürst ohne Bedenken opfern konnte, dieser aufge-

speicherte Hass abzulenken möglich war[1]). Dann begann auch die Sonne
des Friedens ihre vorerst noch schüchternen Strahlen zu werfen, und
man ging jetzt an die mühselige Arbeit des Wiederaufbaus des Zer-
störten. Leicht entstanden die leichten Hütten wieder, das aus Joachims-
tal nach Kölln verlegte Gymnasium des Kurfürsten Joachim Friedrich
machte sogar Neubauten am Schlosse nötig, und selbst die im Kriege
verwüsteten Meiereien und Lustgärten der Berliner entstanden aufs Neue.
Bereits wenige Jahre nach dem Frieden zu Münster war Berlin-Kölln
wieder auf den Zustand vor dem unseligen Kriege zurückgeführt, um sich
seitdem in rascher Folge zu entwickeln. Diese Entwicklung war zum
guten Teile durch das schnelle Emporsteigen des Staates unter der Leitung des genialen grossen Kurfürsten bedingt. Wenn er die Macht der
Stände brach und seit dem Frieden von Oliva souveräner Herzog von
Preussen und absoluter Herrscher in der Mark geworden war, so übte
diese Machtsteigerung nirgends einen solchen Einfluss aus, wie in der
Hauptstadt. Nicht nur, dass immer neue Behörden des vergrösserten
Staates hier ihren Sitz erhielten, dass ein bedeutender Teil des ständigen
Militärs hier in Garnison gelegt wurde, wichtiger noch war es, dass die
Hauptstadt infolge dieser Vermehrung ihrer Bedeutung derartig in ihrem
Werte gesteigert wurde, dass der Kurfürst beschloss, sie zu einer Festung
ersten Ranges umzuschaffen. Denn diese Befestigung, welche nach den
Plänen des Residenten Dögen nach niederländischer Manier ausgeführt
wurde, ist auf die bauliche Ausgestaltung von grösster Bedeutung geworden, und der damals ausgeworfene Graben im Norden Berlins ist noch
heute in seinem Laufe erkennbar, da die Berliner Stadtbahn vom Bahnhofe Jannowitz Brücke bis zum Bahnhof Börse auf dem seit 1875 zuge-
schütteten Graben entlang führt. Die Befestigung, deren Lauf auf Köllner
Seite durch den heute ebenfalls beseitigten Grünen Graben begrenzt
wurde, und an die noch die Strassennamen „Oberwallstrasse, Niederwallstrasse, Wallstrasse" erinnern, erfolgte auf kurfürstliche Kosten und
unter Zugrundelegung eines sehr einfachen Enteignungsverfahrens. Wer
nicht sehr zu bitten verstand, erhielt — da die Befestigung im allgemeinen Nutzen erfolgte — gar nichts, andere auf wiederholte Bitten,
Lehnsstrafen, Schulzenlehn, auch wohl bares Geld, und die Stadt Berlin
für eingezogenes städtisches Gelände die Befreiung von Zahlung einer
Rente von 60 Gulden, d. h. des Anteils, den sie nach dem Jurisdiktions-
vertrage von 1508 für die Ueberlassung der Gerichtsbarkeit zu zahlen
hatte[2]). Diese Befestigung war nun auch dadurch wichtig, dass einmal

---

1) Aus dem Umstande, dass die Schweden sich zurückzogen, folgerte man,
dass das Abbrennen der Vorstädte eine überflüssige und feige Handlung gewesen sei, und machte Kracht und seine Unterbefehlshaber dafür regress-
pflichtig. (H o l t z e, „Kammergericht" Bd. II, S. 173 f.)

2) Schriften des Vereins für die Geschichte Berlins, Heft 10. Wenn im

wieder das ganze umfangreiche Gelände der Festungswerke kurfürstliches Eigentum wurde, dann aber dadurch, dass seitdem auf lange Zeit militärische Gesichtspunkte auf die Stadtverwaltung mitbestimmend wurden. Kommandant und Gouverneur gewannen bald einen immer mehr steigenden Einfluss auf die Ordnung der inneren Verhältnisse; sie waren überall zu befragen, wo es sich um Strassen, Brücken u. s. w. handelte. Trotzdem hat die vom Kurfürsten aufgeführte Befestigung, so vortrefflich sie war, militärisch keine weitere Rolle gespielt, was daran lag, dass sich alsbald Vorstädte entwickelten, die eine Verteidigung der Werke zur Unmöglichkeit gemacht hätten. Das kräftige Aufblühn des Staates seit 1660 kam überraschend auch der Hauptstadt zu Gute und führte zahlreiche Ansiedler an diesen Mittelpunkt. So entstanden dann auf Berliner Terrain in der Gegend des alten Pestkirchleins St. Georgen die Berliner Vorstadt, dann auf den Köllner Wiesen und zum Teil auf dem Gebiete des Amtes Mühlenhof Neu-Kölln, ferner — weit stattlicher — auf kurfürstlichem Gebiete Friedrichswerder, Dorotheenstadt und der nördliche Teil der Friedrichstadt. Die Berliner Vorstadt wurde lediglich als Berliner, Neu-Kölln als Köllnischer Ausbau behandelt; Friedrichswerder, Dorotheenstadt und Friedrichstadt waren dagegen neue Städte mit eigener kurfürstlicher Verwaltung, eigenen Rathäusern, die allerdings für Friedrichswerder und Friedrichstadt gemeinsam waren, eigenen Kirchen, eigenen Gerichten u. s. w. Wie erwähnt, waren die Bewohner dieser Vorstädte und neuen Städte meist Zuzügler, und unter diesen sind einige Klassen hervorzuheben, die seit lange oder ganz unbekannt waren. Zu ersteren gehörten die Juden, die seit etwa 1670 nach fast hundertjähriger Unterbrechung sich wieder unter gewissen Beschränkungen in Berlin niederlassen durften. Schon 1653 hatte der Kurfürst einem Juden Israel Aron den Aufenthalt in Berlin gestattet und ihm aufgegeben, die Hofhaltung mit Wein und sog. Italiänerwaren zu versorgen, aber erst 17 Jahre später siedelten sich seine Glaubensgenossen zahlreicher in Berlin an [1]).

Es waren Geldwechsler, Edelsteinhändler, meist wohlhabende Männer, die zunächst als Pioniere ihres Stammes hier auftraten; trotz der ihnen von allen Seiten her entgegengebrachten Missstimmung und Abneigung gelang ihnen doch der Erwerb von Grundbesitz, zunächst im Zentrum Berlins, allerdings zu hohen Preisen, da nur wenige ihnen Grundbesitz

---

Jahre 1639 ausgesprochen war, dass der im öffentlichen Interesse verursachte Schaden vom ganzen Lande zu tragen sei, hat dieser richtige Grundsatz bei der Befestigung Berlins praktisch nicht volle Betätigung gefunden. Jedenfalls erfolgte eine Entschädigung nur im Verwaltungswege, und Prozesse über die Höhe derselben waren ausgeschlossen.

1) Schriften des Vereins für die Geschichte Berlins, Heft 39, S. 10 ff. und ebenda Heft 1 — Notate seit 1673. Die spätere Geschichte der Berliner Juden gibt G e i g e r „Geschichte der Juden in Berlin" Berlin 1871.

überlassen wollten. Diese ersten Juden waren nicht die besten ihres
Stammes, und der Hausvogt, dem sie als kurfürstliche Schutzbefohlene
vorerst unterstellt blieben, bis 1708 eine besondere Judenkommission gebildet wurde, hatte viel mit ihnen zu tun bekommen. Sie erbauten sich
demnächst eine Synagoge in der Heidereutergasse, die, als die Zahl der
Schutzjuden immer grösser wurde, auch räumlich den Mittelpunkt ihrer
Niederlassungen bildete, da die ärmeren die Rosengasse, die wohlhabenderen die Gegend der heutigen Börse bevorzugten. Vielfach überschätzt
wird dagegen oft der Einfluss, den die schon vor und besonders nach
Aufhebung des Ediktes von Nantes (1685) immer zahlreicher in Berlin
angesiedelten französischen Glaubensflüchtlinge auf die Entwicklung der
Stadt ausgeübt haben sollen [1]). Sie wurden mit der verschwenderischsten
Grossmut aufgenommen, aus dem Adel wurden glänzende Reiterregimenter
gebildet, aber die Gärtner und Handwerker, die den Hauptbestandteil
der Einwanderer bildeten, auch bisweilen etwas Geld in die Mark ge-
rettet haben mochten, haben immerhin einigen Einfluss auf die Entwicklung der feineren Gewerbe in Berlin gehabt. Für die Gartenkultur
hatten bereits die vom Kurfürsten aus den Niederlanden herangezogenen
Gärtner das Tüchtigste geleistet, zum Beispiel die Anpflanzung der Kar-
toffel vorbereitet, und die den feineren Genüssen des Lebens dienende
Industrie pflegt sich überall da einzustellen, wo bei grösserem Wohlstand
Sinn für dieselbe und Mittel zu ihrer Befriedigung vorhanden sind. Aber
sie haben doch in mancher Beziehung auf diese Entwicklung vorteilhaft
eingewirkt. Sie waren dazu um so mehr im Stande, als sie einen starken
Prozentsatz der Bevölkerung bildeten. So befanden sich in Berlin nach
amtlicher Zählung am 31. Dezember 1699: 139 Familien mit 522 Seelen,
in Kölln 432 mit 311, in Friedrichswerder 194 mit 657, in der Dorotheenstadt 747 mit 1817 und in der Friedrichstadt 216 mit 710, wozu
noch 465 Personen traten. Die Gesamtzahl der französischen Einwanderer betrug mithin 5682 Seelen, von denen die wenigsten auf die alten,
weitaus die meisten auf die drei neuen Städte entfielen, nämlich 2219 zu
3463. Nimmt man die damalige Bevölkerung der fünf Städte auf etwa
25000 Seelen an, so war mithin damals unter 5 Berlinern ein geborener
Franzose. Auf Grund der gemeinsamen Sprache und des gleichen Glaubens hielten sich zu diesen Einwanderern die in den Jahren 1698 und
1699 hier einwandernden Wallonen und Schweizer, sowie die 1600 Oran-
geois, die im Jahre 1704 mit ihrer ganzen Regierungsmaschine nach

---

1) Zur Geschichte der französischen Kolonie vergleiche: „Memoires pour
servir à l'histoire des réfugiés françois dans les Etats du roi" par Erman et
Reclam, 9 Bde., Berlin 1782 ff.; Muret „Geschichte der französischen Kolonie in Brandenburg-Preussen" Berlin 1885; Béringuier „Die Stamm-
bäume der Mitglieder der französischen Kolonie in Berlin", Berlin 1887 und
von demselben: „Die Kolonieliste von 1699", Berlin 1888.

Berlin kamen, um als Reformierte bei König Friedrich Schutz zu suchen, auf den sie als Bewohner des aus der oranischen Erbschaft dem Könige zugefallenen Fürstentums Orange einen besonderen Anspruch hatten. Während die seit 1727 in Berlin einwandernden Böhmen nur zu erwähnen sind, um die schnelle Bevölkerungszunahme zu erklären, bildeten die Einwanderer französischer Zunge eine Stadt in der Stadt.

Sie selbst und ihre Grundstücke waren von jeder städtischen Gerichtsbarkeit eximiert, vielmehr einem eigenen Richter unterstellt, an dessen Stelle dann, als sich die Einwanderer immer stärker vermehrten, ein französisches Untergericht für die niedere und ein französisches Obergericht für die höhere Instanz traten [1]). Ja die Einwanderer aus Orange behielten sogar unter dem Namen des Oranischen Tribunals, allerdings nur aus Wohltätigkeitsgründen, um den vielen Beamten eine entsprechende Tätigkeit und Gehalt geben zu können, auf einige Jahre das kollegiale Gericht ihrer Heimat [2]). Auch in Bezug auf die Verwaltung waren die Einwanderer eximiert, sie bildeten besondere Kompagnien in der Bürgerwehr, die noch immer, namentlich bei Abwesenheit des Militärs und bei Volksfesten und Hinrichtungen gewisse Wachdienste zu leisten hatte. Ein eigenes Konsistorium war für sie im Jahre 1684, also ehe der Hauptzuzug begonnen, bereits zur Regelung der kirchlichen Einrichtungen eingesetzt und mit Franzosen besetzt worden. Es sollte aus einigen von den Gemeinderäten gewählten Personen unter dem Vorsitze des Geistlichen bestehen. Damals gab es nur einen, der zuerst in einem Saale des Marstalles, dann in der Schlosskapelle den Gottesdienst seiner Landsleute zu versehen hatte.

Diese bescheidenen Zustände änderten sich bald. Schon unter der Regierung Friedrichs I. besassen sie in jeder der fünf Städte eine eigene Kirche, nur die französische Kirche in der Berliner Klosterstrasse ward erst unter der folgenden Regierung (1726) gegründet. In Berlin und Kölln waren die Kirchen nur klein, stattlich war die in der Friedrichstadt, in den beiden anderen Städten hatten die Franzosen das erst im 19. Jahrhundert abgelöste Mitbenutzungsrecht an der dortigen Stadtkirche. Diese Kirchen standen nicht unter städtischem Patronat, sondern wurden nach dem kalvinistischen Gemeindeprinzip verwaltet. Der Gottesdienst wurde zunächst nur französisch, seit der zweiten Hälfte des 18. Jahrhunderts abwechselnd deutsch und französisch, jetzt ausschliesslich in deutscher Sprache gehalten. Dazu besassen die Franzosen eigene Schulen und eine sehr wohl eingerichtete Armenpflege unter eigener Verwaltung.

Hat die französische Kolonie auch erst unter Friedrich I. ihre volle

---

1) „Schriften des Vereins für die Geschichte Berlins" Heft 29, S. 29 ff., S. 66.

2) Ebenda S. 26 ff.

Entfaltung gefunden, so hatten doch schon ihre ersten Ansiedler unter
dem grossen Kurfürsten der von seiner zweiten Gemahlin Dorothea begründeten Dorotheenstadt ein charakteristisches Gepräge verliehen, und
auf dem Kirchhofe dieser Stadt ruhten die ersten Ansiedler. Rechnet
man hierzu, dass die neuen Städte samt der Befestigung überhaupt erst
ihm ihre Entstehung verdankten, so ist nicht zu bestreiten, dass er das
Bild der Hauptstadt, wie keiner vor ihm, gewandelt hat. Aber auch im
einzelnen war sie unter seiner Regierung, namentlich seit 1660 mächtig
fortgeschritten. Er war ein Sammler von Gemälden, Münzen und Büchern
gewesen und hatte seit 1661 letztere zu einer öffentlichen Bibliothek in
einigen Sälen des Schlosses vereinigt, auch durch Pflichtexemplare vermehrt, welche die Buchdrucker bei Erlangung des Vertriebsmonopols im
Staate an die Lehnskanzlei einzuliefern hatten[1]). Seit 1659 blühte die
im Kriege zugrunde gegangene Buchdruckerei in Berlin wieder auf; das
verödete Schloss hatte er restaurieren lassen und die öde Fläche hinter
demselben in einen prächtigen Ziergarten mit einer Orangerie und Sta-
tuen umgewandelt. Alles war unter ihm neu geworden.

Wenn man die 1690 gefertigten Skizzen des jüngeren Striedbeck, auf
welchen Berliner Ansichten gegeben sind, betrachtet, wird man dies bestätigt finden[2]). Wie weniges, etwa die Klosterstrasse und die Spandauerstrasse nebst einigen Teilen des Schlosses, zeigen das ältere Berlin, alles
übrige das in den letzten Jahrzehnten aus Sumpf und Sand geschaffene:
das Leipziger Tor mit seiner stattlichen Front, der Lustgarten, die neuen
öffentlichen Gebäude in Friedrichswerder und Dorotheenstadt, das Jäger-
haus, das stattliche Vorwerk Meindershagen, die umgebaute alte Petrikirche in Kölln, die Linden, alles beweist das neue mit tausend Trieben
aufspriessende Leben.

Und gesund im Kerne war diese Entwicklung: Zur Hebung des Handels trug die Verbindung des die Spree mit der Oder verbindenden Müllroser oder Friedrich Wilhelms Kanals bei, und seit dem August 1668 sahen
die Berliner auf der Spree die hierher aus der Oder gelangten Kähne.
Die Gewerbe blühten auf, namentlich die Mühlenindustrie, wie sich auch
aus der interessanten Beschreibung ergibt, die der Maltheserritter Alessan-
dro Bichi Ruspoli über einen im Mai 1696 zu Berlin abgestatteten länge-
ren Besuch gibt[3]). Daneben wollte es wenig besagen, wenn in den Innungen noch mancher alte Rest mittelalterlicher Abschliessung fortbe-

---

1) W i l k e n, „Geschichte der königl. Bibliothek in Berlin", Berlin 1828.

2) E r m a n, „Berlin im Jahre 1690". Hier werden in vortrefflichen Reproduktionen die 21 Stiche des jüngeren S t r i e d b e c k mit eingehenden Er-
läuterungen und der Nachbildung eines gleichzeitigen Stadtplanes von La
Vigne gegeben.

3) S e i d e l, „Berlin und sein Hof im Jahre 1696" in der Zeitschrift „Der
Bär" Jahrgang 17, S. 96 ff., 115 ff., 130 ff., 142 ff. und 154 ff.

stand, und diese sich noch im 17. Jahrhundert die Bestimmung konfirmieren liessen, das nur Söhne deutscher Eltern als Lehrlinge aufgenommen werden dürften. Denn diese Erinnerung an die Statuten des 13. Jahrhunderts war belanglos, da durch Beschluss der Innung davon abgewichen werden konnte. Zur Hebung der Bautätigkeit trug die vom Kurfürsten im Jahre 1686 eingesetzte Berliner Baukommission das ihre bei, welche in allen Baustreitigkeiten, namentlich in Fragen des Nachbarrechts entscheiden sollte. Die Einsetzung dieser Kommission war allerdings ein Eingriff in die städtische Gerichtsbarkeit, wenn man aber bedenkt, dass die drei neuen Städte kurfürstlich waren, so war es ein grosser Vorteil, wenn auf diese Weise die Bildung besonderer Bauobservanzen für jede einzelne Stadt abgeschnitten wurde, und sich auf einem wichtigen Rechtsgebiete einheitliche Bauobservanzen für den Umfang der fünf Städte bilden konnten [1]). Durch die Anlegung sorgfältig geführter Hypothekenbücher wurde einmal die Bautätigkeit gefördert, dann aber auch den Gläubigern völlige Sicherheit geboten, so dass sich der Kredit hob und die Zinsen für Baugelder bis auf 6 % zurückgingen. So verlor denn Berlin immer mehr den in den ältesten Teilen früher vorhandenen rustikalen Anstrich, und Scheunen und Viehställe zogen sich an die Peripherie zurück, namentlich in die Vorstädte im Norden und Osten.

Wenn der Kurfürst, von der Baukommission abgesehen, die städtische Gerichtsbarkeit unangetastet liess, so war er doch andererseits nicht gewillt, irgend einen Abbruch seiner Stellung als oberster Bischof zu dulden, und diese feste Haltung führte in den sechziger Jahren, als der reformierte Hofprediger und Konsistorialrat Stosch im Konsistorium die leitende Stellung erobert hatte, zu Konflikten mit der lutherischen Geistlichkeit. In dieser hatte sich wieder die starre Richtung geltend gemacht, die Andersgläubige verfluchte, Ohrenbeichte vor Erteilung des Abendmahls verlangte und selbst gegen den Kurfürsten trotzig genug opponierte.

An diese Konflikte, denen manche Berliner Geistliche und Beamte, die sich nicht fügen mochten, zum Opfer fielen [2]), ist hier deshalb erinnert, weil 1665 auch der bekannte Dichter des unsterblichen „Befiehl du deine Wege" auf sein Amt als Diakon an der Berliner Nikolaikirche verzichten musste. Dass er aber damals auf der Flucht nach Lübben jenen Choral gedichtet, ist ebenso eine Legende, wie die, dass die der deutschen Sprache kaum mächtige Kurfürstin Luise Henriette als Dichterin von „Jesus meine Zuversicht" anzusprechen sei; denn Gerhardt lebte als Pri-

---

1) M a t t h i s, „Allgemeine juristische Monatsschrift für die preussischen Staaten" Bd. XI, S. 357 ff. und H o l t z e „Kammergericht" Bd. III, S. 444 ff.

2) Vergleiche die Aufsätze von L a n d w e h r in „Forschungen zur Brandenburgischen und Preussischen Geschichte" Bd. I, S. 181 ff., Bd. II, S. 600 ff., Bd. VI, S. 91 ff. und das Werk desselben Verfassers „Kirchenpolitik des grossen Kurfürsten", Berlin 1893.

vatmann nach seiner Amtsentsetzung noch einige Zeit in Berlin und ging erst 1669 als Superintendent in das damals sächsische Lübben.

Die strenge Haltung des Kurfürsten auf Duldung war auch mit Rücksicht auf die Einwohnerschaft dringend geboten, und dass sie streng geschützt wurde, war vielleicht der Hauptmagnet, der auf die Fremden ausgeübt wurde und sie zur Ansiedlung bewog: die Kirchen in Berlin und Kölln nebst den Kirchlein in ihren Vorstädten waren lutherisch; die Kirchen in den neuen Städten dienten sowohl dem lutherischen wie dem reformierten Gottesdienste, letzterem ausschliesslich seit 1623 der Dom auf dem Schlossplatze. Hierzu kamen die französischen Kirchen, die Synagoge und der Betsaal im Hause des kaiserlichen Gesandten, in dem die Katholiken willkommen waren, wenn der Geistliche desselben dort Messe las. Die Stadt hatte somit in dieser Vielseitigkeit einen internationalen Anstrich, der noch vermehrt wurde, seitdem infolge der steigenden Bedeutung des Staates alle europäischen Mächte begannen, hier Gesandte oder Residenten zur Vertretung ihrer Interessen zu unterhalten.

So war es denn auch ganz sachgemäss, dass der Kurfürst, als er um Bestätigung des nach altem Turnus gewählten Rates von Berlin im Jahre 1661 angegangen wurde, die Verordnung erliess, dass in Zukunft auch Reformierte in denselben gewählt werden sollten [1]). Wenn auch diese Verordnung weder befolgt, noch vom Kurfürsten auf die Befolgung besonderer Nachdruck gelegt wurde, so ist sie doch äusserst bezeichnend. Jedenfalls merkten die alten Berliner, dass eine neue Zeit vor den Toren stehe, und es mit dem alten eng abgeschlossenen Berlin vorbei sei. Deshalb enthalten die Einlagen in die Turmknöpfe, bei denen man, da sie für die Nachwelt bestimmt waren, offenherzig genug war, manche Klage darüber, dass alles so neu geworden und kurfürstliche Beamte auf den Erbgütern der Bürger ihre Häuser hätten. Auch der Kurfürst selbst, der diese Stimmung der Berliner, die sich namentlich gegen seine Gemahlin Dorothea richtete, durchfühlte, zog sich aus der Residenz in das seit 1660 aufgeführte Schloss in Potsdam zurück, um hier fast ausschliesslich die letzten 10 Jahre seines tatenreichen Lebens bis zu seinem am 29. April 1688 daselbst erfolgten Tode zu verbringen. Seitdem hat Potsdam sich neben Berlin eine Stelle als landesherrliche Residenz zu bewahren verstanden.

Auf dem so geschaffenen Boden wurde seitdem rüstig fortgearbeitet. Kurfürst Friedrich III. fand in dem berühmten Schlüter einen geistvollen Interpreten seiner Gedanken; das grossartige neue Schloss mit den Fronten gegen den Lustgarten und gegen den Schlossplatz, dem sein Rivale Eosander v. Goethe später das prachtvolle Portal an der Schlossfreiheit hinzufügte; die Masken sterbender Krieger am Zeughause und vor allem

1) Küster, „Altes und neues Berlin" I, S. 261.

das eherne Denkmal des grossen Kurfürsten auf der prächtigen Langen-
Brücke erhalten noch heute seinen Ruhm in Berlin, während manche zier-
liche Privatbauten nach seinen Plänen inzwischen Neuerem haben weichen
müssen [1]). Sein Genie zeigte er auch bei der Ausschmückung Berlins, als
Friedrich als König hier seinen glänzenden Einzug hielt, wobei sich auch
mehrere, allerdings recht bescheidene Musen hören liessen [2]). Einen Mittelpunkt gewann die Berliner Wissenschaft in der alsbald unter der Aegide
eines Leibnitz gegründeten Akademie der Wissenschaften und die Berliner
Kunst, zu der auch die feineren Gewerbe gerechnet wurden, in der Akademie der Künste, die beide am Eingange der Linden ihr Domizil erhielten neben dem stattlichen Zeughause, in dem der tüchtige Erzgiesser
Johann Jakobi seine kostbaren, allerdings zwecklosen Prunkgeschütze
aufstellte. So war Berlin um einige noch heute bewunderte Sehenswürdig-
keiten reicher geworden, aber auch räumlich dehnte es sich immer weiter
aus. Da entstanden neue Strassenblöcke in der Friedrichstadt, die damals eine französische und eine deutsche paritätische Kirche neben der
älteren Jerusalemer Kirche erhielt [3]); bei der Meierei, dem späteren
Monbijou, erhob sich eine neue Berliner Vorstadt, die, ohne kommunale
Selbständigkeit, demnächst den Namen Sophienstadt zu Ehren der dritten
Gemahlin Friedrichs I. empfing und später auch eine eigene Kirche aus freiwilligen Beiträgen der Bewohner und einer stattlichen Spende der Königin.

Glänzende Tage sah damals Berlin; auf das feierliche Leichenbegängnis der Königin Sophie Charlotte waren bald die pomphaften Ver-
mählungsfeierlichkeiten des Kronprinzen und des Königs gefolgt, dann die
mit Festen aller Art ausgestattete Zusammenkunft des Königs mit den
Königen von Dänemark und Polen, während der auch die Taufe der bekannten Markgräfin Wilhelmine von Bayreuth fiel. Aber eigenartig war
es, wenn man erfährt, dass bei solchen Gelegenheiten jede der fünf Städte
sich selbständig beteiligte, der König mithin nicht eigentlich eine Residenz an der Spree, sondern deren eine ganze Zahl hatte [4]). Es war daher

---

1) So das einstige Palais Wartenberg in der Burgstrasse, Ecke der Königstrasse, das Palais v. Kamecke, spätere Loge Royal York in der Dorotheenstrasse. Die marmorne Kanzel in der Marienkirche und das Männlich-
sche Grabmal in der Nikolaikirche sind noch erhalten.

2) Es sei hier auch an des derben N i k o l a u s P e u k e r „Wohlklingende
Pauke" und an den Dichter v. C a n i t z gedacht, die beide heute vergessen sind.

3) K a d e, „Geschichte der Friedrichstadt" in Küster, Collectio opuscu-
lorum historiam Marchicam illustrantium, 5, 8—9 Stück (Berlin 1730). Die
sehr interessante, durchaus zuverlässige Schrift, die K ü s t e r hier abdruckt, erschien i. J. 1713.

4) v. B e s s e r „Preussische Krönungs-Geschichte". Vom Verein für die
Geschichte Berlins i. J. 1901 in dem Berlin behandelnden Teile neugedruckt.
Schriften desselben Vereins Heft 41, S. 54—62.

aus den verschiedensten Gründen geboten, diesen Zustand zu beseitigen,
zumal die Verhältnisse zwischen den einzelnen Städten äusserst verwickelt
waren, da die Friedrichstadt zum Teil auf Köllner Gebiet, Neu-Kölln zum
Teil auf Geländen des Amtes Mühlenhof erbaut war, auch Friedrichs-Werder
mit Friedrichstadt in einer bisher noch nicht gelösten Verbindung standen.
Da war es ein in jeder Beziehung vorteilhafter Schritt der Regierung,
dass sie vom 1. Januar 1710 ab die fünf Städte samt den Vorstädten zu
einer Gesamtstadt Berlin vereinte, bei der jeder Stadt ihre Privilegien
und Rechte vorbehalten blieben, was indes nur die Folge hatte, dass Berlin
die Rechte in Anspruch nahm, die etwa eine von ihnen bisher besessen
hatte[1]). So kam es, dass seitdem die bisher noch von Kölln auf Grund
des Vertrages von 1508 gezahlte Gerichtsrente wegfiel. Der König bestimmte das Rathaus in Kölln zum gemeinsamen Rathause, ernannte einen
Bürgermeister in der Person des Kammergerichtsrats Ludwig Senning
und verordnete, dass von den 10 Magistratsmitgliedern je fünf der lutherischen und ebensoviel der reformierten Konfession angehören sollten, was
namentlich für die Uebergangszeit zweckmässig war, da die alten beiden
Städte bisher regelmässig von Lutheranern, die drei neuen von Reformierten geleitet gewesen waren. Die Parität war auch deshalb geboten,
weil der König den Magistrat der Gesamtstadt nunmehr als Patron aller
lutherischen und paritätischen Kirchen in der Gesamtstadt anerkannte.
Mit den Kirchen traten damals auch alle mit ihnen in engerer oder loserer
Verbindung stehenden Schulen und Wohltätigkeitsanstalten unter das
Patronat der Gesamtstadt. Dies bezog sich aber nicht auf die königlichen Institute, das Joachimsthalsche Gymnasium und das während der
ersten Regierungszeit des Königs entstandene Grosse Friedrichs-Waisenhaus
und das Krankenhaus in der Spandauer Vorstadt, die zunächst zum Pest-
lazaret bestimmt gewesene Charité. Diese Institute waren ganz auf
landesherrliche Kosten gegründet worden und wurden auf solche auch
erhalten, sodass hier die Uebernahme durch die Gesamtstadt diese über-
mässig belastet hätte. Ebenso blieb der reformierte Dom unter königlichem Patronat und die aus Mitteln der Berliner reformierten Gemeinde
gestiftete reformierte Parochial-Kirche wie bisher unter dem Patronat dieser Gemeinde[2]). An der selbständigen Verfassung der französischen Kirchen ward ebenfalls nichts verändert; wie denn die Neu-
einrichtung alle besonderen Rechte der Exemten und die Jurisdiktion des
Amtes Mühlenhof, des Hausvogts und der französischen Gerichte unberührt

---

1) H o l t z e , „Kammergericht“ Bd. III, S. 75 ff., Schriften des Vereins
für die Geschichte Berlins, Heft 29, S. 37 ff.

2) Der Grundstein zu dieser von N e h r i n g erbauten Kirche war am
15. August 1695 gelegt worden. Sie erhielt später die in Holland gefertigte,
ursprünglich für den beabsichtigten Münzturm am Schlosse bestimmte Spieluhr.

liess. Für die fünf Städte ward dagegen an Stelle der vorhandenen fünf ein gemeinsames Stadtgericht „Berlin" eingesetzt, während die bisherigen Gerichte als Bagatell-Kommissionen unter einem Einzelrichter zunächst erhalten blieben. Am Widerspruche von Alt-Berlin scheiterte der zweckmässige königliche Gedanke, das Köllner Rathaus in der Breitenstrasse zum Mittelpunkt der Gesamtstadt zu machen, als solcher ward vielmehr das Berliner in der alten Georgen- jetzigen Königstrasse bestimmt, wo auch das neue Stadtgericht seine Sitzungsräume angewiesen erhielt. Die Kommissionen benutzten die bisherigen Rathäuser in Friedrichs-Werder, Dorotheenstadt, Kölln und Mietsräume an der Jerusalemer Kirche (Friedrichstadt) und bei der Georgen-Kirche (Berliner Vorstädte). Noch heute kann man den Bezirk dieser Kommissionen und damit den Umfang der bis 1709 selbständigen Städte an den Kirchspielgrenzen im Zentrum erkennen. Denn die damals erfolgte Vereinigung, welche ohne jeden Präcedenzfall in der Mark war, hatte nicht zu einer Verschmelzung der einzelnen Kirchenkassen geführt, obgleich dies der Konsistorialordnung von 1573 entsprochen haben würde.

Die einzelnen Kommissionen hatten mit der freiwilligen Gerichtsbarkeit nichts zu tun, auch nicht das Stadtgericht, sondern der Magistrat oder dessen Delegierte hatten dieselbe zu versehen, wie dies von jeher Brauch gewesen war.

Die von der Akademie der Wissenschaften herausgegebenen, seit 1704 in regelmässiger Folge erscheinenden Adress-Kalender von Berlin geben ein vortreffliches Bild über die hier zu jener Zeit vereinten Behörden, zu denen vor allen seit 1703 auch das in Räumen des Marstalls in der Breitenstrasse untergebrachte Ober-Appellations-Gericht, die höchste richterliche Behörde für die nichtmärkischen deutschen Gebietsteile des Königs gekommen war, während Kammergericht, Konsistorium und einige kleinere mit ihnen im Zusammenhange stehende Behörden seit dem Neubau des Schlosses in das Kollegienhaus am Schlossplatze, das ehemalige Palais des Grafen Schwarzenberg, übergesiedelt waren. Seitdem der König infolge des Aussterbens der Oranier einzelne Teile ihres Besitzes, darunter auch das von den Franzosen besetzte, meist von Reformierten bevölkerte Fürstentum Orange an der Rhone geerbt hatte, war ein grosser Teil der dortigen Bevölkerung mit der fast vollständigen Regierungs-Maschine nach Berlin ausgewandert, wo sie mit allen möglichen Gunstbezeugungen aufgenommen waren. Um die Beamten unter diesen Einwanderern zu beschäftigen, wurde aus ihnen das Oranische Tribunal gebildet, dem indes keine lange Dauer beschieden war.

Neben diesen königlichen Gerichten standen die königlichen Verwaltungsbehörden, darunter manche wunderliche Augenblicks-Geburten, wie ein recht zahlreich zusammengesetztes Ober-Heroldsamt, und verschiedene Steuerbehörden (Marinekasse, Chargenkasse, Perückensteuerkasse u. s. w. u. s. w.). Nicht sehr zahlreich war die militärische Besatzung, die sich aus einzelnen Schweizergarden, Grands Mousquetaires, weniger Artillerie und zwei Infanterie-Regimentern zusammensetzte, die vorwiegend in Bürger-Quartieren lagen. Dagegen war das Hofpersonal überaus zahlreich und nach dem Muster Louis XIV. von Frankreich derart gegliedert, dass oft eine recht geringfügige Dienstleistung durch eine besondere Person wahrgenommen werden musste. Gegenüber diesen staatlichen und höfischen Behörden traten die städtischen sehr in den Hintergrund. Sie bestanden aus dem Magistrate, der für einzelne Geschäftszweige besondere Deputationen oder Kommissare bildete, dem kollegialen Stadtgerichte und den schon erwähnten Bagatell-Kommissionen. Trotz der Vereinigung der Städte zu einer Gesamtstadt, was auch dahin zum Ausdruck kam, dass die Kabinetts-Ordres nicht mehr vom Schlosse zu Kölln an der Spree, sondern aus Berlin datiert wurden, blieb die frühere Selbständigkeit doch in kirchlicher Beziehung gewahrt. Die Kirchen in Berlin, die in Kölln und die in den neuen Städten hatten je ein Pfarrsystem mit je einer Kirchenkasse gebildet; trotzdem jetzt der Magistrat Patron sämtlicher lutherischen und paritätischen Kirchen geworden war, blieb dies erhalten. Die neue lutherische Kirche in der Sophienstadt trat indes, da sie erst 1712 fertiggestellt war, nicht der Vereinigungs-Verordnung von 1709 gemäss unter städtisches Patronat, sondern der König überliess hier auf Bitten der Sophienstädter, aus deren Kollekten die Kirche gebaut und dotiert war, das Patronat der Königin, die dazu ebenfalls einen Beitrag geleistet hatte [1]. Abgesehen von den zahlreichen Beamten, Militärs und Geistlichen, welche mannigfach eine exzeptionelle Stellung einnahmen, von den Juden und französischen Einwanderern, die ebenfalls nur mittelbar dem Magistrate unterworfen waren, setzte sich die unmittelbar ihm unterstellte Bevölkerung zur Zeit der Vereinigung auf kaum 25000 Seelen zusammen, die neben wenigen Kaufleuten meist Gewerbe der verschiedensten Art trieben, darin aber noch ihren alten Vorgängern glichen, dass namentlich die Schuhfabrikation in hoher Blüte stand. Zahlreich für die geringe Zahl der Einwohner ist die der Apotheken, wobei indes zu berücksichtigen ist, dass bisher jede einzelne der Städte eine solche besessen hatte, aus diesen auch in weitem Umkreise die Landbevölkerung versorgt wurde, in ihnen auch manches (z. B. Gewürze, Weine u. s. w.) feilgehalten wurde, was man heute nicht daselbst finden würde. Druckerei und Buchhandel hatten einen erfreulichen Aufschwung genommen, wozu allerdings die Regierungsaufträge das Beste beigetragen hatten, da — etwa von den Geistlichen abgesehen, die zahlreich ihre Predigten drucken liessen — die literarische Produktion der Berliner

---

1) Die Kirche diente einem Gebiete, das zum Teil unter königlicher Gerichtsbarkeit stand, zum Teil unter städtischer.

keine sehr rege war. Unter den Geistlichen, von denen damals die Be-
deutenderen dem vom Probst an St. Nikolai Jakob Philipp Spener nach
Berlin gebrachten Pietismus huldigten, bestand noch immer, wenn auch
abgeblasst, der alte Gegensatz zwischen Lutheranern und Reformierten,
ohne indes noch beim Volke irgend einen nennenswerten Anklang zu
finden. Der beste Beweis hierfür ist die Tatsache, dass die königliche
Bestimmung über die paritätische Besetzung des Magistrats bald genug
durch Nichtgebrauch ausser Uebung geriet. Die Kunst blühte eigentlich
nur soweit die Huldsonne des Hofes strahlte[1]); eine Art Oper, die in der
Poststrasse 5 zu Berlin eingerichtet war, starb sofort ab, seitdem der
König sich nicht mehr um sie bekümmerte; von dichterischen Erzeugnissen
sind ausser den mehr drolligen, als irgendwie bemerkenswerten Stümpereien
bei festlichen Gelegenheiten oder bei Hinrichtungen höchstens die Tände-
leien des Herrn von Canitz zu erwähnen. Dagegen übte das Beispiel
eines Schlüters und vieler begabten Jüngeren auf Baukunst und Bild-
hauerei manchen guten Einfluss, auch die Malerei hatte manchen trefflichen Vertreter. Grossen Segen aber stiftete die Akademie der Künste
auf die Bildung eines tüchtigen Nachwuchses auf den Gebieten der bildenden Künste und des Kunstgewerbes.

Aber alles hatte doch einen ungemein bescheidenen Zuschnitt, wie
am leichtesten daraus zu entnehmen, dass abgesehen von einigen königlichen Bauten (Schloss, Zeughaus, Kurfürsten-Denkmal) eigentlich nichts
mehr vorhanden ist, was in der Zeit von 1448—1709 entstanden wäre,
denn die Kirchen waren mit Ausnahme der Parochialkirche so dürftig,
dass sie längst Neubauten weichen mussten, und die Privathäuser waren
auch nicht auf Jahrhunderte berechnet. Besser noch erinnern die Strassenzüge in den älteren Stadtteilen an jene Zeit, doch hat auch die vor einigen
Jahren erfolgte Anlage der Kaiser Wilhelmstrasse gerade im ältesten
Teile der Stadt manche allerdings mehr charakteristischen als zeitent-
sprechenden Strassenzüge beseitigt und das Bild des Viertels bei der Marienkirche völlig verändert, nachdem bereits ein Menschenalter früher infolge
des Neubaus des Rathauses ein Teil des uralten Nikolaiviertels gefallen war.

---

1) W e d d i g e n, „Geschichte der Theater Deutschlands" S. 128 ff.; dazu die älteren Werke von P l ü m i k e, S c h n e i d e r und B r a c h v o g e l.
Die Stadt gab bisweilen das Rathaus zu Aufführungen durch Wandertruppen
her, bis es der Kurfürst Georg Wilhelm untersagte. Seinerseits unterstützte
der Hof später einige Schauspiel-Unternehmer; ein nachhaltiges Interesse ist
aber vor 1740 nicht erkennbar; sondern es kam mehr darauf an, bei Hoffest-
lichkeiten und fürstlichen Besuchen auch Opern und Ballet zu bieten. Eine
Abbildung des am Widerstande der Geistlichkeit gescheiterten ältesten Opern-
Unternehmens in der Poststrasse gibt W e d d i g e n a. a. O. S. 222.

III. Die königliche Residenz.

1. Von 1709—1797.

Das prachtvolle Leichenbegängnis, das König Friedrich Wilhelm I.
am 2. Mai 1713 seinem am 25. Februar desselben Jahres verstorbenen
Vater ausrichtete und das an Glanz ähnliche Feierlichkeiten der vorigen
Regierung womöglich übertraf, war zugleich das letzte Hoffest nach dem
alten Brauche. Der junge König liebte dergleichen Schaustellungen
wenig, und war alles lieber, Militär, Jäger, Landwirt, Familienvater als

der Mittelpunkt zeremoniellen Hoflebens. Was ihn am meisten an Berlin
fesselte, waren die stattlichen Regimenter, die hier in Garnison lagen,
die Infanterieregimenter Löben, Forcade, Wartensleben, zu denen bald
noch Döhnhoff trat, das glänzende Kürassier-Regiment der Gensdarmen,
bald auch sechs Schwadronen Husaren und Artillerie. Niemals fehlte
der König bei den Musterungen, Manövern und Paraden, welche jährlich

im Mai und Juni auf dem Tempelhofer Felde, oft unter Zuziehung anderer
märkischer Truppen stattfanden, ja er liebte es, die Hochzeiten seiner
Familienmitglieder in diese Monate zu verlegen, um den Gästen dabei
auch militärische Schauspiele im grösseren Massstabe bieten zu können.
Nach zwei Richtungen hin hat der König nun die militärischen Verhältnisse der Berliner geregelt, einmal bez. der Pflicht zum Militärdienste,
dann bez. der Unterhaltung des in Berlin liegenden Militärs. Schon
König Friedrich I. hatte im Jahre 1703 von den Magistraten der Residenzstädte die Stellung von Rekruten gefordert, sich dann aber damit
begnügt, als ihm die Städte dafür Geld anboten, um dafür selbst Truppen zu werben. Als Friedrich Wilhelm I. nun unmittelbar bei Beginn
seiner Regierung starke Werbungen zur Vermehrung seines Heeres an-
stellte, hatten seine Werbeoffiziere mit allen Listen auch Bewohner von
Berlin, namentlich Gesellen geworben und einkleiden lassen. Es war
wohl sehr übertrieben, wenn die Handwerksmeister der Residenz am
4. Mai 1714 beim Könige klagten, dass infolgedessen die Schuhmacher-
gesellen, die vor einigen Jahren noch 430 betrugen jetzt auf 140 und
die Gesellen bei den anderen Handwerken auf die Hälfte herabgemindert
seien. Denn so gross wird weder der Bedarf an Rekruten, noch die
Furcht vor unfreiwilliger Anwerbung gewesen sein. Aber, war der Uebel-
stand auch übertrieben, so war die Gefahr für die Berliner Industrie
doch dringend genug, und der König verbot deshalb am 7. Mai 1714
jede Werbung in Berlin, was indes von den Offizieren nicht immer ganz
genau befolgt zu sein scheint, da sich von Zeit zu Zeit Wiederholungen
jenes Verbotes finden. Da die Residenz die nach ihrer Einwohnerzahl
auf sie entfallende Zahl von Rekruten durch Geld ablöste, so genoss sie
selbstredend der Befreiung vom Kanton, hatte also keine Rekruten zu
gestellen. Diese Kantonsfreiheit, verbunden mit dem Werbeverbote haben
das ihrige zur Hebung der Berliner Industrie beigetragen, da die Berliner selbst von dem damals ziemlich verachteten Militärdienst befreit
und die fremden Gesellen hier von der oft recht unfreiwilligen Anwerbung nichts zu fürchten hatten. Die Teilnahme an der Bürgerwehr, die
neben dem Militär weiterbestand, stellte aber an die Leistungsfähigkeit
der Bewohner keine grossen Anforderungen, gab vielmehr bei Festlichkeiten, Einzügen und Hinrichtungen gute Plätze. Eine namentlich für
die Folgezeit sehr wertvolle Aenderung war die vom Könige in den
Jahren 1721 bis 1725 durchgesetzte Neuordnung des Serviswesens. In
Berlin bestand, wie in jeder Stadt, die Verpflichtung, dass die Bürger,
soweit sie nicht Befreiung von der Einquartierung, wie die Freihausbe-
sitzer genossen, einen oder einige Soldaten bei sich in Quartier nehmen
mussten. Diese in Natura geleistete Wohnung, an die in alten Häusern
der Vorstädte wohl noch die „Soldatenkammer" erinnert, war beim
Steigen der Mietswerte jetzt besser zu verwerten, und so hatten die ein-

zelnen Städte, die Franzosen, die Bewohner des Amtes Mühlenhof Servis-
kassen gebildet, an die das Geld von denen eingezahlt wurde, die das
Quartier nicht in Natura leisten wollten. Die Soldaten empfingen dann
statt der Wohnung Geld und mieteten sich an der Peripherie eine billige
Wohnung, in die sie dann Frau und Kinder mitnehmen konnten. Friedrich Wilhelm hat nun in der gedachten Zeit in bewunderungswerter, das
Bedürfnis des Militärs und die Leistungsfähigkeit der Berliner gleichmässig berücksichtigenden Weise dies geordnet. Streng hielt er darauf, dass
dabei nicht zum Schaden der kleinen Leute die „grossen Hansen durch-
liefen", verwarf deshalb die ihm vorgeschlagene Konsumtionssteuer, beschränkte alle angemassten Exemtionen, zog die bisher befreiten Beamten
heran. Durch Verordnung vom 2. September 1723 setzte er das Servis
auf jährlich 35 511 Taler fest, von denen 1999 Taler von den Exemten
zu zahlen waren. Es entfiel somit auf den Kopf der Bevölkerung 1 Taler
und etwa 10 Taler Servis auf jeden Soldaten, da Berlin nur für 3 In-
fanterie-Regimenter und die Artillerie Servis zu leisten hatte[1]). Mit dem
Servis konnte viel erreicht werden, da man an den damals noch vorhandenen Wällen Häuser billig kaufte und mietete, in denen ganze Abteilungen untergebracht werden konnten. So kam man dem Kasernierungs-
system in Berlin einen gewaltigen Schritt näher, das bisher nur für die
Reiterei üblich gewesen war.

In den staatsrechtlichen Lehrbüchern findet man regelmässig den
Satz, dass unter Friedrich Wilhelm I. die Städte jede Selbständigkeit
eingebüsst und nur noch unselbständige Glieder des grösseren Verwal-
tungskörpers, des Staates, geworden seien. Wenn man einzelne Aeusserungen und Anordnungen des Königs betrachtet, ist diese Meinung auch
wohl begründet. Dennoch greift sie in dieser Allgemeinheit viel zu weit;
denn in den grösseren Städten des Landes, vorab in Berlin traf der landesherrliche Absolutismus immer auf eine nachhaltige städtische Unter-
strömung, und es hat in Berlin niemals das Stadtvermögen als Staats-
vermögen gegolten, selbst der König hat diese Folgerung aus seiner absoluten Stellung nicht gezogen, jedenfalls, wenn er sie theoretisch für
richtig hielt, praktisch nicht zur Anwendung gebracht. Eine alte Anekdote erzählt, dass Friedrich Wilhelm I. einst einen Berliner Buchbinder,
der über den Magistrat geschimpft, diesem als Ratsherrn oktroyiert und
seinen Schützling verpflichtet habe, ihm alle Unregelmässigkeiten anzuzeigen. Als er darauf in Jahr und Tag keinen solchen Bericht empfangen, habe er den ratsherrlichen Buchbinder nach dem Grunde gefragt

---

1) W i l k e n, „Historisch-generalogischer Kalender für 1823" S. 183 bis
194, nach den Generalakten des Berliner Magistrates betr. die Untersuchung
und bessere Einrichtung des Berliner Servis- und Einquartierungswesens von
1722—1725.

und die Antwort erhalten, dass er jetzt als Ratsherr nicht mit dem Könige unter einer Decke stecken, sondern für das Wohl der Stadt sorgen
müsse. Diese Anekdote zeigt klar und scharf die damals miteinander
ringenden Gegensätze, auf der einen Seite den für das Staatswohl sor-
genden Monarchen, auf der andern den die alten Rechte der Stadt ver-
teidigenden Magistrat. Wenn nun auch König Friedrich Wilhelm das
ihm zustehende Bestätigungsrecht der Magistrats-Mitglieder dahin aus-
legte, dass er auch die Bestätigten wieder entlassen könne, diese Auslegung auch in Berlin zur Anwendung brachte, so verfehlte er doch den
damit verbundenen Zweck, denn die Neuernannten dachten ebensowenig,
wie ihre entsetzten Vorgänger daran, sich blind dem Willen des Königs
zu unterwerfen [1]).

Die schon am Ende des 16. Jahrhunderts von märkischen Juristen,
so vom älteren Köppen und von Pruckmann verteidigte Ansicht, dass der
Landesherr in der Auferlegung von Steuern unbeschränkt sei, war in Berlin
während des dreissigjährigen Krieges praktisch geworden, und als dann
bald nach demselben die märkischen Stände einflusslos geworden waren,
lag die Handhabung der Steuerschraube bald fast ganz in den Händen
der Regierung. Aber, wenn der König auch die von seinem Grossvater
eingeführte Accise seit dem Beginn seiner Regierung in den märkischen
Städten allgemein durchsetzte und immer weiter ausbaute, so wurde doch
— und das war der Segen — das reichlich, namentlich in Berlin ein-
kommende Geld nicht verschwendet, sondern regelmässig nach einem
sorgfältig ausgearbeiteten Etat in strengster Wirtschaftlichkeit zum allgemeinen Nutzen verwendet. Denn auch der Berliner Hof hatte seit dem
Regierungsantritte Friedrich Wilhelms I. viel von dem steifen Glanze, den
er in den letzten Jahrzehnten an sich getragen hatte, verloren [2]); auch
die Pflege der Kunst wurde weniger begünstigt, wenn auch der junge
König die angefangenen Bauten seines Vaters — Schloss und Zeughaus —

---

1) Es ist auch zu berücksichtigen, dass in Berlin ganze Personenkreise
und Grundstückskomplexe dem Magistrate gar nicht unterstanden, so dass
auch hierdurch die Zuständigkeit im einzelnen eine oft recht verwickelte war.
Charakteristisch ist immer, dass der Magistrat davon überzeugt blieb, dass
die Stadt eigene Rechte habe und eigenes Vermögen besitze.

2) Ueber die erste Regierungszeit Friedrich Wilhelms orientiert vortrefflich K r a u s k e, „Aus einer geschriebenen Berliner Zeitung vom Jahre 1713"
in Schriften des Vereins für die Geschichte Berlins Heft 30, ferner bieten die
von F r i e d l ä n d e r in Heft 38 a. a. O. veröffentlichten Berliner geschriebenen Zeitungen aus den Jahren 1713—1717 eine reiche Fundgrube zur Berliner Geschichte. Sie sind unendlich viel inhaltreicher als das, was sich an
gedruckten Schriften aus jener Zeit über Berlin findet, da die Schreiber einmal sehr wohl unterrichtet waren, andererseits sich keinerlei Rücksichten
aufzulegen hatten.

fertig stellen liess und unter ihm Pesne seine trefflichen Bildnisse der
königlichen Familie verfertigte. Aber statt der gelegentlichen Opern-
aufführungen, die König Friedrich I. mit grossen Kosten sich und den
Berlinern geschaffen hatte, traten jetzt die plumpen Hanswurstiaden des
starken Mannes Eckenberg, welche dem Geschmacke des Königs und mehr
dem der damaligen Berliner vollauf genügten [1]). Ueberall war an die
Stelle des schimmernden Scheins die kalte Nüchternheit und die strenge
Kontrolle getreten, die sich um das Kleinste bekümmerte. Lediglich von
dem an sich gewiss richtigen Gedanken geleitet, dass auf den Berliner
Schützenplätzen, die zu Vogelwiesen geworden waren, Zeit und Geld un-
nütz verschwendet wurde, verbot er trotz aller Bitten die fernere Ver-
anstaltung dieser Feste, worauf sich die Gilden, unter denen sogar eine
aus französischen Einwanderern bestand, auflösten und die Schützenplätze
verkauft wurden. Noch heute erinnern die alte Schützenstrasse an den
damals beseitigten Berliner und die Schützenstrasse an den gleichzeitig
aufgehobenen Köllner Schützenplatz, der sich von dort bis über die heutige Lindenstrasse erstreckt hatte. Waren bei dieser Gelegenheit die
Bitten des Magistrates fruchtlos geblieben, so griff der König auch sonst
in die Verwaltung der Stadt Berlin bisweilen rücksichtslos ein; er entzog
einen grossen Teil der Strassenpolizei der Stadt und überwies ihn dem
Gouvernement, das er jetzt zur höchsten Instanz in Bausachen machte, was
sich ja auch damit rechtfertigen liess, dass Berlin noch immer theoretisch
als Festung betrachtet wurde. Auch in die Gerichtsbarkeit der Stadt
griff er ein; als ihm 1728 das Stadtgericht bei der beabsichtigten Einführung des schleunigen vom Fiskal Camman vorgeschlagenen, höchst
unpraktischen Prozesses Schwierigkeiten machte, hob er es einfach auf
und ernannte ein neues an dessen Stelle, das indes auch mit jenem Prozesse nicht zustande kam [2]). Bis in das Einzelnste kümmerte er sich
um den Stadthaushalt, den er durch königliche Kommissare prüfen und
genehmigen liess, um die Kräfte der Stadt derart verwenden zu lassen,
dass auch möglichst viel für allgemeine Zwecke übrig blieb. Aus diesen
Ueberschüssen musste denn auf seinen Befehl die Stadt Kosten für das
in Berlin garnisonierende Militär aufbringen, dies oder jenes Grundstück
kaufen, Gebäude aufführen, Berliner Kirchtürme bauen, ja auch — was

---

1) Der starke Mann hatte auf dem Neuen Markte, dann in einer Bude
auf dem Döhnhoffsplatze, in seinem eigenen Hause Zimmerstrasse 25 und
endlich auf dem Berliner Rathause gespielt. Daneben war er Entrepreneur
für die Spielgesellschaften des Hofes gewesen, wozu ihm der König das Für-
stenhaus und freie Beleuchtung überlassen hatte. Diese Assembleen, bei denen
nur Getränke gereicht wurden, fanden zweimal in der Woche statt, wer sie
besuchen wollte, zahlte Entree und Kartengeld, konnte jedoch sich für 30
Taler auf das ganze Jahr abonnieren.

2) H o l t z e, „Kammergericht" Bd. III, S. 105 ff.

mit Berliner Interessen nichts mehr zu tun hatte — stattliche Summen hergeben, um der Lieblingsresidenz des Königs, dem von ihm zur Immediatstadt erhobenen Potsdam eigenes Kämmereivermögen zu verschaffen [1]). So lästig dies im einzelnen auch war und von der städtischen Selbstverwaltung wenig mehr übrig gelassen wurde, hatte die Stadt doch den höchsten Segen von dieser eingehenden Beaufsichtigung, denn sie wurde nicht — wie anderswo in Deutschland — von Willkür und Laune, sondern von dem staatsklugen, wenn auch in den Mitteln der Betätigung nicht immer wählerischen Gedanken, für das Beste des Ganzen zu sorgen, getragen. An öffentlichen Bauten hatte ihm Berlin viel zu danken: Bald nach seiner Thronbesteigung begründete er im Hetzgarten an der Kontreskarpe, einem von seinem Vater beabsichtigten, aber in den Anfängen stecken gebliebenen zoologischen Garten, eine Pflanzschule für das Offizierkorps seiner Armee das Kadettenkorps [2]) und liess einige Jahre später für die Berliner Garnison eine neue Kirche und Schule errichten [3]). War auch sein Gedanken, die berühmte grosse Garde der langen Kerle nach Berlin zu verlegen, am mangelnden Entgegenkommen der Stadt gescheitert, so legte er doch andere Regimenter Fussvolk in die Stadt und ebenso die von ihm errichteten Husaren. Der Wunsch, neue Hauswirte für das vermehrte Militär, neue Gewerbetreibende und eine stattlichere Residenz zu erhalten, bewog den König auch zu einem das damalige Bedürfnis weit übersteigenden Ausbau der Friedrichstadt, die er bis an die heutige Königgrätzerstrasse hinausschob, ohne indes damals eine intensive Bebauung und Besiedelung mit Bewohnern erreichen zu können. Unter dem General-Adjutanten Obersten v. Derschau als Vorsitzenden hatte eine besondere Deputation diesen Anbau zu leiten, und nach seinen Vorschlägen befahl der König dieser oder jener Behörde, Korporation oder Privaten den Bau eines Hauses, zu dem er gewöhnlich den Grund und Boden, bisweilen auch die Baumaterialien schenkte. Da bauten denn auf Grund solcher Nötigung der Johanniter-Orden als Ordens-Palais das heute dem Prinzen Friedrich Leopold gehörige Gebäude am Wilhelmsplatze, die Berliner Gewerke Innungshäuser am Rondel (dem heutigen Belle-Alliance-Platze) und der Baron v. Vernezobre erkaufte durch den Bau das heute dem Prinzen Albrecht gehörigen Palais in der Wilhelmstrasse seiner

---

1) Schriften des Vereins für die Geschichte Berlins, Heft 39.

2) v. C r o u s a z, „Geschichte des Kadetten-Korps". Die Errichtungs-Urkunde ist nicht vorhanden, wahrscheinlich ist es im September 1717 begründet worden.

3) Friedrich I. hatte bald nach seiner Thronbesteigung am Spandauer Tore in der heutigen neuen Friedrichstrasse eine Garnisonkirche und Schule errichten lassen; die indes durch das Auffliegen eines benachbarten Pulverturmes am 12. August 1720 zu Grunde gegangen waren und nun stattlicher wieder aufgebaut wurden.

Tochter die Erlaubnis, an Stelle eines ihr vom Könige zugedachten Ehe-
herrn einen Gatten eigener Wahl heiraten zu dürfen[1]). Die neuen
Bauten fanden zunächst wenig Mieter, da die natürliche Zunahme der
Bevölkerung keine derartige war, um das Entstehen eines so grossen
Stadtteils zu rechtfertigen. Auch der Zuzug war zunächst nicht bedeutend genug, um die neuen Häuser zu füllen. Allerdings gab sich Friedrich Wilhelm die grösste Mühe, Berlin zu bevölkern und er hatte damit
auch manchen Erfolg. Hauptsächlich sorgte er für die Hebung der
Tuchindustrie in der Hauptstadt, die nicht nur für sein Militär die er-
forderlichen Tuche herstellen, sondern auch Absatzgebiete im Osten er-
ringen sollte[2]). Die von ihm im Lagerhause zu Berlin, dem ehemaligen
Besitztume des Ministers v. Kraut eingerichtete Musteranstalt und die
Gründung der nach Russland und Polen handelnden russischen Handelskompagnie (1725) und das mit allen möglichen Vorteilen unterstützte
Heranziehen von Wollarbeitern in die Hauptstadt[3]). Diese Vorteile (Freiheit auf mehrere Jahre von allen staatlichen Abgaben, Unterstützung beim
Hausbau u. s. w.) kamen namentlich den seit 1732 immer zahlreicher nach
Berlin und Umgegend (Rixdorf) einwandernden böhmischen Webern zu
gute, die von der kaiserlichen Regierung wegen ihres Glaubens verfolgt
wurden[4]). Der König schenkte ihnen sogar eine eigene Kirche, die 1737
eröffnete Bethlehemkirche in der Mauerstrasse; aber sie erhielten nicht
— wie einst die Franzosen — eine selbständige Verwaltung, sondern
wurden dem Berliner Magistrate unterstellt. Diese böhmischen Weber
siedelten sich im Südwesten der Stadt, namentlich in der Friedrich- und
der Wilhelmstrasse von der Kochstrasse bis zum Rondel, dem späteren
Belle-Allianceplatze an.

Ferner gründete der König, um die Friedrichstadt zu heben, die

---

1) Schriften des Vereins für die Geschichte Berlins, Heft 4.

2) Aus den bahnbrechenden Arbeiten S c h m o l l e r s lässt sich erkennen,
wie Berlin seit der Zeit Friedrich Wilhelms I. aus einer Ackerstadt nach und
nach zu einer Industriestadt wurde. Immerhin kam 1729 ein Gewerbetrei-
bender auf 9,6 Bewohner, aber bereits 1801 auf 4,1 Bewohner. (Vergleiche
„Forschungen zur Brandenburgischen und Preussischen Geschichte" Bd. I,
S. 57—109, S. 325—383, a. a. O. Bd. X, S. 376—377.)

3) S c h m o l l e r , „Die russische Handelskompagnie" in der Zeitschrift
für preussische Geschichte und Landeskunde, Bd. XX, S. 71.

4) Die ebenfalls wegen ihres Glaubens verfolgten und vom Könige in
seine Staaten aufgenommenen Salzburger haben dagegen Berlin nur auf ihrer
Reise nach Litthauen, wo sie angesiedelt wurden, berührt. Sie sind vom Könige
und der Geistlichkeit feierlich empfangen und von den Berlinern reich be-
schenkt worden. Ein solcher Empfang vom 30. April 1732 ist in einem Berliner Kupferstich dargestellt und in den Kunstbeilagen zur Berlinischen Chronik des Vereins für Geschichte Berlins unter Nr. 17 reproduziert worden.

paritätische Dreifaltigkeitskirche, deren Patronat er als Stifter übernahm, und so den Bewohnern der angrenzenden Strassen den Besuch des Gotteshauses erleichterte; dann aber — und das war ein sehr geschickter Gedanke — verlegte er fast alle königlichen Gerichtsbehörden, das Ober-Appellationsgericht, Kammergericht, Konsistorium und einige kleinere in das 1733 begonnene, im Frühjahr 1735 fertig gestellte Kollegienhaus in der Lindenstrasse, das noch heute dem Kammergerichte zur Gerichtsstätte dient [1]). Durch dieses recht einfache Mittel waren über hundert, meist wohlhabende Familien zum Umzug in die Friedrichstadt genötigt, da der damalige fast völlige Mangel an öffentlichen Verkehrsmitteln in Berlin jeden Beamten dazu zwang, möglichst in der Nähe seiner Amtsstätte zu wohnen. Das zahlreiche Abströmen der Beamtenfamilien in den neuen Stadtteil veranlasste dann selbstredend auch viele Gewerbetreibende dazu, hier ihren Wohnsitz zu nehmen. Trotzdem blieb zunächst in dieser regelmässig und schön ausgebauten Gegend die Bevölkerung dünn gesäet, die Mietspreise und die Grundstückswerte niedrig.

Friedrich Wilhelm glich in dieser Baulust seinem Vater, und, wie dieser, hatte er auch eine ganz besondere Neigung, hohe Türme zu errichten, wobei beide von dem an sich ganz richtigen Gedanken geleitet wurden, dass die Macht ihres Staates zum Teil von dem Eindrucke abhängig sei, den die Hauptstädte auf fremde Besucher hervorriefen. Da empfahl es denn, wenn den Reisenden schon meilenweit hohe Türme entgegenwinkten. Friedrich I. hatte deshalb nur hochgetürmte Kirchen in Berlin entstehen lassen, und der geniale Schlüter war zum Teil deshalb in Ungnade gefallen, weil er nicht vermocht hatte, die alte Münze beim Schlosse mit einem himmelragenden Turme zu versehen. Sein Nachfolger plante jetzt, dem uralten Bau der Petrikirche einen Turm von 400 Fuss anzufügen, erreichte auch seinen Willen, aber am Pfingstmontage 1730 traf ein Blitzstrahl den noch mit den Gerüsten umgebenen Turm und setzte ihn in Flammen [2]). Dieses Brandunglück ist aus doppeltem Grunde bemerkenswert: Einmal vernichtete der Brand nicht nur die uralte, voller interessanter Denkmäler befindliche Kirche, sondern auch ganze Strassenzüge bis zum Wasser, so dass Berlin — wenn man vom Brande von 1380 absieht, über den die Ueberlieferung nicht ganz sicher ist — hier das grösste Brandunglück in seiner Geschichte erlebt hat. Dann aber verwandte der König die Bautrümmer, welche die Bürger nebst den

---

1) Holtze, „Lokalgeschichte des Kgl. Kammergerichts" S. 8 und 16 ff. und „Kammergericht" Bd. III, S. 122 ff. Die umfangreichen Böden des Gebäudes haben bis in das 19. Jahrhundert als Montierungskammern gedient, weshalb das Gerichtsgebäude auch militärische Bewachung hatte.

2) Reinbeck, „Umständliche Nachricht vom Brande der Petrikirche i. J. 1730". Berlin 1730. Namentlich die beigegebenen Kupfertafeln sind für die Topographie Berlins sehr belehrend.

Exemten auf seinen Befehl abfahren lassen mussten, dazu, um Berlin rings mit einer Mauer zu umgeben. Diese Mauer, deren Lauf durch die heutige Königgrätzerstrasse, den Unterbaum, Invalidenstrasse, Hannoverschestrasse, Elsässerstrasse, Lothringerstrasse, Friedenstrasse, Memelerstrasse, Oberbaum, Skalitzerstrasse und Gitschinerstrasse angedeutet wird, konnte einem Feinde keinen bedeutenden Widerstand leisten; sie war auch darauf nicht berechnet, sondern sollte dazu dienen, die Einfuhr accisepflichtiger Gegenstände (Getreide und Vieh) zu beaufsichtigen, weshalb an jedem der sehr einfachen Tore neben einem Wachkommando aus der Garnison auch eine Hebestelle vorgesehen war. Die Mauer, welche ein rüstiger Fussgänger kaum in vier Stunden umschritten haben würde, war nur an wenigen Stellen bis zu ihrer Peripherie bebaut, umfasste vielmehr weite Flächen von Ackerland, Wiesen und Gärten. Diese Mauer aber bildete auf hundert Jahre die Grenze, in der sich die weitere Entwicklung Berlins bewegen sollte, erst sehr spät und zunächst im Westen hat der städtische Anbau diese Marke überschritten [1]. Sie ist auch heute noch praktisch von Bedeutung, denn die Gültigkeit der schon erwähnten eigenartigen Berliner Bau-Observanzen bezieht sich nur auf Berlin, soweit es innerhalb dieser ehemaligen Stadtmauer liegt. Ebenso ist es bezeichnend, dass für Kirchen in diesem ummauerten Teile so reichlich gesorgt war, dass über hundert Jahre trotz des erheblichen Anwachsens der Bevölkerung und der Zunahme des Anbaues keine neue Kirche erforderlich geworden ist. Die Vorfahren hatten dem Nachwuchse vortrefflich vorgearbeitet.

Wenn man gleichzeitige chronistische Aufzeichnungen aus Berlin aus jener Regierungszeit liest, so könnte man meinen, dass man nur für Hoffeste, namentlich aber für Kriminalprozesse Interesse gehabt habe, und in manchen Werken über die Berliner Geschichte jener Zeit werden deshalb jene Kriminalfälle eingehend geschildert. Da wurde 1717 ein Kürschnergeselle hingerichtet, der auf Anstiften seiner Meisterin seinen Meister ermordet hatte, woran sich ein literarischer Kampf zwischen Berliner Geistlichen knüpfte, ob ein in der Beichte abgegebenes Geständnis kundgegeben werden durfte. Im folgenden Jahre wurden zwei Schlossdiebe gerädert, und da der eine reformierter, der andere lutherischer Konfession war, knüpften sich daran wieder theologische Kämpfe über die Präde-

---

1) Dies zeigt deutlich der vortreffliche S c h m e t t a u'sche Plan von Berlin (1756). Für die Entwicklung der Stadt war das Vorhandensein der Befestigungswerke des grossen Kurfürsten namentlich im Westen ein grosses Hindernis. Die letzten Spuren derselben, nämlich der grüne Graben, sind erst seit 1878 beseitigt worden. Auch die Verbindung der französischen und der Taubenstrasse mit dem Zentrum gehört erst der zweiten Hälfte des vorigen Jahrhunderts an. (Vergleiche: H o l t z e , „Geschichte der Befestigung von Berlin“, Schriften des Vereins für die Geschichte Berlins, Heft 10.)

stinationslehre der Reformierten. Im Jahre 1720 beschritt mit einigen Helfershelfern der berüchtigte Abenteurer Jakob Clement das Hochgericht, der dem Könige die unglaublichsten Anschläge seitens des Kaisers, Sachsens und Hannovers vorgeschwindelt hatte, und so bot fast jedes Jahr eine neue aufregende Kriminalsache, die dann literarisch ausgiebig verwertet wurde [1]. Die vor dem damaligen Spandauertore stattfindenden Hinrichtungen waren Volksfeste geworden, und der Schauplatz derselben wurde sogar in den dreissiger Jahren in die Stadt verlegt, als der König, um den Hausdiebstahl zu verhindern, das Aufhängen solcher Hausdiebe vor dem Orte ihrer Tat anordnete. Es sind indes nur zwei solcher Hinrichtungen bekannt geworden, da die Häuser dabei als „Galgenhäuser" in Misskredit kamen und von keinem mehr bewohnt werden wollten. Um den Eigentümer des so entwerteten Galgenhauses in der Brüderstrasse schadlos zu halten, befahl der König, dass der Magistrat es zur Köllner Probstei ankaufe, was denn auch geschehen ist.

Es liegt auf der Hand, dass eine solche, auch sonst nachweisbare königliche Verfügung über städtische Mittel nur beim Fehlen konstitutioneller Schranken in Staat und Stadt möglich war. Wer wollte dies aber beklagen, wenn man erwägt, dass Friedrich Wilhelm mit seinem starken autokratischen Willen, der von Willkür weit entfernt war, die Verwaltung des Staates und seine Wehrkraft auf so feste Grundlagen gestellt hat, dass sein grosser Sohn das Land, das bisher den Namen eines Königreichs nur als einen Schmuck geführt hatte, zu einer in ganz Europa geachteten und gefürchteten Grossmacht erheben konnte.

Am 31. Mai 1740 beschloss Friedrich Wilhelm I. sein Leben in seiner Lieblingsresidenz Potsdam, und sein Nachfolger Friedrich II., übrigens der bedeutendste Mann, der je in Berlin das Licht der Welt erblickte, begann seine Regierung damit, dass er einen Teil des Glanzes, der unter seinem Grossvater über der Residenz gestrahlt, neu erstehen liess. Zu seinen ersten Handlungen gehörte der Bau und die fürstliche Ausstattung des Opernhauses, zu dem sein Jugendfreund v. Knobelsdorff die Risse geliefert hatte. Aber dasselbe kam doch nur dem Hofe, dem Adel und den Beamten zu gute, die Bürger hatten kaum Gelegenheit, kaum auch Interesse daran, die Kastraten der italienischen Oper und die Pas der berühmten

---

1) H o l t z e, „Strafrechtspflege unter König Friedrich Wilhelm I." Berlin 1894. Hier sei noch erwähnt, dass bei Hinrichtungen durch die Stadt noch alle Formalitäten des endlichen Gerichtstages vor dem Berliner Rathause mit Gerichtshegung, Stabzerbrechen u. s. w. gewahrt wurden, während bei den Hinrichtungen, die von königlichen Behörden vollstreckt wurden, dieser sinnlos gewordene Brauch weggefallen war. Vergl. auch N e l s o n, „Die Strafvollstreckung zu Berlin im Jahrhundert der Aufklärung" in der Festschrift des deutschen Anwaltstages von 1896, S. 50—69.

Tänzerin Barbarina zu bewundern [1]). Aber keiner hat wie Friedrich auf die geistige Entwicklung der Berliner belebenden Einfluss ausgeübt. Seine ruhmgekrönten schlesischen Kriege, in denen Berlin selbst Teile des heroischen Dramas als Zuschauer erlebte, weckten den Sinn der Bevölkerung aus dem verdummenden Leben des Alltags, in dem höchstens Hoffeste, Mordtaten, Unglücksfälle aller Art und Missgeburten einige Abwechslung geschaffen hatten, zu einem würdigeren Dasein. Bezeichnend hiefür sind die chronistischen Aufzeichnungen eines Berliner Kaufmanns von 1705 bis 1760 [2]), man erkennt aus ihnen deutlich den gewaltigen Aufschwung, den die Bevölkerung genommen, die jetzt in Friedrich ihren Helden gewonnen, der mittelbar und unmittelbar auch dem Leben der Geringeren und Geringsten neuen besseren Inhalt verlieh. Die ersten beiden schlesischen Kriege hatten nur Siegesfeiern und festliche Einzüge gebracht, und der vom Könige bescheiden vermiedene Triumphzug nach dem Dresdener Frieden gab ihm in einer spontanen Aeusserung der begeisterten Berliner den Beinamen des Grossen, der ihm seitdem verblieben ist.

Unmittelbar nach jenem Friedensschlusse, der dem Könige auch die oberste Gerichtsbarkeit in allen seinen Landgebieten gab, begann auch die coccejanische Justizreform, die dann auch eine Neugestaltung des Berliner Magistrates, der ja in Berlin die erste Instanz zu verwalten hatte, im Gefolge hatte, wie sie v. Cocceji schon unter Friedrich Wilhelm I. bei seinen damals gescheiterten Versuchen geplant hatte. Jetzt erschien das rathäusliche, vom König erlassene Reglement vom 21. Februar 1747, in dessen Vorrede die bessere Ordnung der Justiz als erster Grund des Erlasses aufgeführt wird. Der Magistrat sollte hiernach aus einem vom Könige ernannten Stadtpräsidenten, vier Bürgermeistern, zwei Syndici, einem Oekonomiedirektor, einem Kämmerer und 12 Ratmännern bestehen, von denen die Hälfte studierte Leute sein mussten, die auch Bezahlung erhielten. Dieser Magistrat bildete ein Plenum und vier Departements, nämlich je eins für die Justiz, Polizei, Oekonomie und Kämmerei. Das Plenum übte die Aufsicht über die Departements, wählte die Bürgermeister, Ratmannen, Stadtrichter und sonst alle städtischen Beamten, beaufsichtigte die Gewerke, nahm die städtischen Patronatsrechte wahr und verwaltete die freiwillige Gerichtsbarkeit. Von einer Mitwirkung der Bürgerschaft an der Stadtregierung oder einer Kontrolle durch dieselbe ist keine Rede mehr; ja der ganze Rat ist wieder eine sich durch eigene Wahl kooptierende Behörde. Aber nach oben hin ist die Beschränkung desto fühlbarer: Bürgermeister, Ratmannen und Stadtrichter bedurften der königlichen Bestätigung, für Unterbeamte wurde verlangt, dass sie möglichst

---

1) S c h n e i d e r, „Geschichte der Oper" Berlin 1840.
2) Abgedruckt mit Noten in Heft 36 der Schriften des Vereins für die Geschichte Berlins.

aus Kriegsinvaliden genommen würden, das Polizei-Departement hatte
jeder Weisung der Regierung zu gehorchen und im wesentlichen deren
Befehle zu vollziehen, und die Kämmerei unterstand der sehr genauen
Kontrolle durch die General-Rechenkammer, deren Monita genau ebenso
wie von jeder fiskalischen Station erledigt werden mussten. Am wenigsten erkennbar zeigt sich der staatliche Einfluss auf die Justiz, wobei
indes zu berücksichtigen ist, dass das Stadtgericht als Gericht erster
Instanz unter der Aufsicht des Kammergerichts stand, das Revisionen
anstellen konnte und sollte. War aber so von einer städtischen Selbständigkeit kaum die Rede, so behielt die Stadt doch in ihrem Besitze,
der durch eine ausgezeichnete Verwaltung stetig im Werte gesteigert
wurde, dasjenige Moment, durch das sie befähigt wurde, jeden Augenblick
wieder ein eigenes Leben zu beginnen. Andererseits erhielt der Umstand,
dass jeder selbständige Bewohner — wenn er nicht zu den Exemten gehörte — im Bürgereide der Stadt zur Treue verpflichtet war, in den
besseren Kreisen der Bevölkerung das Gefühl der Zusammengehörigkeit
mit der Stadt und die Teilnahme an ihre Geschicke rege.

Auch in den Innungen war noch viel Bürgersinn lebendig, und dieses
Gefühl war in einer Zeit doppelt erfreulich, in der der Bürgerschaft eigentlich nur Pflichten ohne Rechte auferlegt waren, denn die alten Holz- und
Weiderechte waren damals bereits abgelöst, oder auf einzelne Grundstücke verteilt.

Dieser Zusammenschluss der Bürger festigte sich noch, als bald
hernach die Gewitter des dritten schlesischen Krieges ausbrachen. Mit
Begeisterung vernahmen die Berliner, dass es gerade das in Berlin garnisonierende Regiment Itzenplitz gewesen, das den Sieg bei Lobositz entschieden hatte. Aber nach dem Prager Siege wandte sich das Kriegs-
glück, und bald nach dem Kolliner Tage drang der kühne Reiterführer
Graf Hadik mit wenigen Regimentern auf die Hauptstadt[1]). Den ersten
Angriff wehrten allerdings die Berliner Schlächter, die sich beritten gemacht, mutig genug ab, aber, als Hadik sein Gros herangezogen, war
Widerstand unmöglich. Der Hof flüchtete in das feste Spandau, und der
Berliner Magistrat einte sich mit dem tapfern General über eine Abfin-
dungssumme, die dieser sehr bescheiden ansetzte, da ihm der Boden um
Berlin zu heiss zu werden anfing, seitdem sich ihm der von Friedrich
schnell hierher gesandte Entsatz bemerkbar machte. Die von Hadik er-

---

1) An Memoirenliteratur jener Zeit sei erwähnt: die Erinnerungen des
„Armen Mannes in Tockenburg (Ulrich Bräcker) herausgegeben von F ü s s l i
Zürich, 1789, 1792, die Selbstbiographie von G o t z k o w s k y , Berlin 1768
in 2. Aufl., seitdem wieder abgedruckt in Heft 7 der Schriften des Vereins
für die Geschichte Berlins, die oben bereits gedachten chronistischen Aufzeichnungen eines Berliners.

zwungene Brandschatzung wurde damals auf die einzelnen Häuser repartiert, aber Staatsgebäude mit der Begründung verschont, dass sie im Falle der Zerstörung nicht von den Bewohnern, sondern vom Staate wiederhergestellt werden müssten. Allerdings hätte man hieraus gerade den entgegengesetzten Schluss ziehen müssen; wie dies 1806 auch geschehen ist.

Es war ein Meisterstück Hadiks, dass er den Verfolgern entging, und sich in Wien rühmen konnte, der erste gewesen zu sein, der seit Jahrhunderten Berlin als siegreicher Feind betreten hatte. Drei Jahre später fand er jedoch schon glückliche Nachfolger im russischen General Tottleben und dem österreichischen General Lascy, die von Osten und Süden her auf Berlin vorrückend der Stadt schwere Stunden bereiteten. Zuerst kam Tottleben; „Berlin ward Sparta" und widerstand mit der unzureichenden Besatzung den von Köpenick her andrängenden Feinden; vom Tempelhofer Berge warf der russische Oberst Gleboff seine Bomben in die Friedrichstadt, von denen einige auf dem Kellerhalse des Eckhauses an der Linden- und Markgrafenstrasse sich noch heute befinden. Da nahte Lascy; die Garnison gab jetzt den Widerstand auf und zog sich von den Kosaken verfolgt und der Trains beraubt nach Spandau zurück, worauf der Berliner Magistrat, von zwei Uebeln das kleinere wählend, eine Kapitulation mit Tottleben abschloss, der vielleicht mit Rücksicht auf den Thronfolger Peter, vielleicht, um den Oesterreichern zuvorzukommen, vielleicht aus geringfügigeren, von dem in den Kreisen seines Gefolges bekannten Kaufmann Gotzkowsky geschickt genährten Beweggründen, der Stadt eine auffallend günstige Kapitulation bewilligte und deren Befolgung kraftvoll in Schutz nahm[1]). Die Oesterreicher mussten sich mit der Besetzung der Friedrichstadt genügen lassen, wo sie ihren gezähmten Unwillen wenigstens dadurch betätigten, dass sie alle Bildnisse von Mitgliedern der königlichen Familie aus den Fenstern warfen. Desto barbarischer hausten sie in den durch die Kapitulation nicht gedeckten Orten der Umgebung, wo die Schlösser von Charlottenburg und Schönhausen von ihnen geplündert und das Nichtmitnehmbare zerstört wurde. Berlin kam dagegen mit der Kontribution, für welche die Kaufmannschaft meist Wechsel auf Hamburg ausstellte, der Einquartierung und einigen mehr zum Schein veranstalteten Abschreckungsszenen davon. Die Gefahr verzog sich, da Friedrich bald Ersatztruppen sandte, bei deren fühlbar werdenden Annäherung die Russen in die Neumark und die Oesterreicher in die Lausitz zurückgingen. Ja Berlin wurde noch im selben Jahre Badestadt, da auf Pankower Gelände der Friedrichs-Gesundbrunnen angelegt wurde, der bis 1780 viel besucht, dann einging, um im Jahre 1809

---

1) N a u d é, „Die Einnahme von Berlin durch die Oesterreicher" in den märkischen Forschungen, Bd. XX, S. 149—170.

als Luisenbad durch den Apotheker Flittner zu neuem Leben zu erstehen [1]).

Bedenkt man, dass sich seit der Kunersdorfer Schlacht der Hof im festen Magdeburg aufhielt, so muss man gestehen, dass seit dem Abzuge der Garnison die Stadt kraftvoll und geschickt ihre Interessen zu wahren verstanden hat, ohne jede sklavische Unterwerfung, vielmehr in den schwersten Stunden durch das Vertrauen auf ihren grossen Herrscher aufrecht erhalten und seiner würdig. In jenen Tagen ist der Kaufmann Gotzkowsky oft als geschickter Vermittler zwischen der Stadt und dem russischen Hauptquartier aufgetreten; mit dem Namen dieses Mannes ist auch die Erinnerung an die Anfänge der Berliner Grossindustrie unauflösbar verbunden. Friedrich war schon frühzeitig auf den gewandten Kaufmann aufmerksam geworden, hatte ihm vielfach gewinnreiche Aufträge zugewandt und ihn dabei unterstützt, als er mit der erheirateten Blumeschen Seidenhandlung eine umfangreiche Seidenindustrie ins Leben rief [2]). Mit königlicher Unterstützung wurden geschickte Seidenwirker nach Berlin gezogen, die Produktion und Ausfuhr durch Prämien des Königs gehoben, die Einfuhr erschwert, und bald genug war die Berliner Seide ein konkurrenzfähiger Ausfuhrartikel geworden. Namentlich in der südlichen Friedrichstadt liessen sich diese Meister nieder, die für Gotzkowsky mit einigen, meist drei Gesellen arbeiteten. Sie empfingen den Rohstoff und lieferten ihn bearbeitet gegen feste Bezahlung wieder ab; hatten also keinerlei Anteil an den Konjunkturen des Marktes. Hierdurch unterschieden sie sich von den älteren Handwerkern, auf welche die gut bezahlten Seidenwirker übrigens mit einer gewissen Verachtung herabschauten. Aber sie waren eigentlich trotz ihrer günstigen Vermögenslage nur Arbeiter im Solde eines Unternehmers, der oft genug ihnen auch die Stühle stellte, und man kann sie mit gewissem Rechte als die Pioniere der heutigen Berliner Arbeiterbevölkerung betrachten.

Desselben Gotzkowsky bediente sich der König, um seinen Gedanken, die Porzellan-Manufaktur von Meissen nach Berlin zu übertragen, in Wirklichkeit zu übersetzen [3]). In Berlin hatte man immer die Blüte von Meissen als einen Raub erachtet; da Böttcher, der als Geselle in der Zornschen Apotheke in Berlin bereits Gold erfunden haben sollte, demnächst in Dresden festgehalten und trotz preussischer Reklamationen als goldene Eier legende Henne nicht losgelassen worden war. Jetzt wurden

---

1) An dieses Bad erinnert der Name Gesundbrunnen des nördlichen Berliner Stadtteils.

2) Acta Borussica I., „Die preussische Seidenindustrie des 18. Jahrhunderts", I.—III. herausgegeben von Schmoller und Hintze; vergl. auch „Forschungen zur Brandenburgischen und Preussischen Geschichte" Bd. VII, S. 265—270.

3) Kolbe, „Geschichte der Kgl. Porzellan-Manufaktur zu Berlin" Berlin 1863.

die infolge der preussischen Besetzung Sachsens brotlos gewordenen Künstler und Arbeiter der Meissener Manufaktur zahlreich zur Uebersiedlung nach Berlin veranlasst, und auf dem Grundstücke des Gotzkowsky in der Leipzigerstrasse 2 die Porzellan-Manufaktur eingerichtet, die zuerst mit allerhand wunderlichen Mitteln unterstützt (so mussten z. B. die Juden in Berlin vor ihrer Verheiratung den Ankauf solchen Porzellans nachweisen), bald zur hohen Blüte gedieh und den Namen Berlins weit in die Ferne trug. Der Krieg hatte diese Anfänge Berliner Industrie geschädigt, doch nicht allzusehr; aber nach dem Frieden hatten die allgemeinen Finanzschwierigkeiten in Mitteleuropa den Zusammenbruch manches alten Hauses zur Folge, und die Bankerotte in Amsterdam und Hamburg machten sich auch in Berlin geltend. Allerdings ernannte der König eine Finanzkommission, die sich damit zu beschäftigen hatte, ob mit königlichen Darlehnen, Zwangsmoratorien und Vergleichen den notleidenden Berliner Kaufleuten zu helfen sei; aber dem Kaufmann Gotzkowsky, der sich auf zu vieles eingelassen hatte, war nicht zu helfen. Um seine Gläubiger möglichst zu befriedigen und sein Unternehmen zu erhalten, übernahm deshalb der König die Porzellan-Manufaktur auf eigene Rechnung, und Gotzkowsky verschwand in der Dunkelheit. Nachdem die gefährliche Handelskrisis von 1764 überwunden war, verbesserten sich die Verhältnisse mit langsamer Stetigkeit, wie denn die Berliner Grundstückswerte, die 1764 um $1/5$ zurückgegangen waren, bald erheblich stiegen, so dass von der langwierigen Kriegszeit bald nur noch die ruhmvolle Erinnerung übrig blieb. Im Aeusseren hatte sich die Stadt in jener Zeit verschönernd verändert: das Arbeitshaus an der Kontreskarpe, dem späteren Alexanderplatze, war 1742 vom König gegründet, um arbeitsscheues Gesindel unterzubringen, es war dann der Bau des Palais des Prinzen Heinrich, der heutigen Universität, gefolgt und ebenso derjenige der Bibliothek und der katholischen Hedwigskirche, die einen glänzenden Ersatz für die seit 1720 in der Krausenstrasse befindlich gewesene katholische Kapelle bildete. Unter dem stolzen Motto „Laeso et invicto militi" wurde unmittelbar vor der Stadtmauer das Invalidenhaus gegründet, und an Stelle der Bürgerquartiere seit 1763 in allen Vierteln der Stadt Kasernen für die stark vermehrte Besatzung; auch das Kadettenkorps erhielt ein vergrössertes Heim. Waren diese Militärbauten auch meist sehr einfache Gebäude, so füllten sie doch bis dahin unbebaut gewesenes Gelände namentlich am Oranienburger Tor, wo die Artillerie untergebracht wurde, und waren zugleich den Bürgern genehm, die bei den steigenden Mietspreisen sehr gern die oft recht minderwertigen Söldner aus ihren Häusern los wurden. Gegen Ende seiner Regierung (1780) liess Friedrich nach Gontards Rissen die stattlichen Türme [1]) auf dem Gens-

---

1) Dieselben waren nicht Teile der Kirche, wie denn der Turm an der

darmenmarkte aufführen, wodurch eine Verlegung der dortigen Kirchhöfe vor die Tore notwendig wurde. Baulichkeiten auf dem Molkenmarkte wurden ferner durch die seit 1765 durchgeführte Neuordnung der
Accise nach französischem Muster erforderlich, die sog. Regie, zu der
später noch die Uebernahme des Herstellungsmonopols für Tabak und
eine hohe Kaffeesteuer trat. Alles dies war von dem nämlichen Gedanken
geleitet, den Friedrich Wilhelm I. bei der Ordnung des Berliner Serviswesens gehabt hatte, nämlich es zu verhindern, dass die „grossen Hansen“
bei der Besteuerung durchschlüpften; Tabak und Kaffee hielt Friedrich
aber für Luxusartikel.

Jedenfalls erhielt damals durch die Geschäftsräume für diese neuen
Steuern der Molkenmarkt ein verändertes Aussehen. Die private Bautätigkeit entfaltete sich namentlich in der westlichen Friedrichstadt, wo
sich in der Wilhelmstrasse, Unter den Linden u. s. w. manche stattliche
Palais erhoben, von denen einige noch heute jener bevorzugten Gegend
zur Zierde gereichen. Die immer steigende Bebauung bisher exemter,
d. h. dem Kammergericht unterstellter Grundstücke führte damals zu
fortwährenden Streitigkeiten, die erst durch den Vergleich vom 28. Juli
1787 ihr Ende erreichten[1]).

Die Einwohnerschaft erhielt einen neuen Zuwachs von Ausländern
durch zahlreiche Ansiedler aus dem Vogtlande, die vorwiegend wegen
wirtschaftlicher Notstände in ihrer Heimat diese verlassen hatten und
nach Berlin gezogen waren, wo ihnen Arbeit und Duldung winkte. Sie
siedelten sich meist im Norden Berlins vor dem Hamburger Tore an, wo
noch lange hernach das von ihnen bewohnte Viertel als „Vogtland“ bezeichnet wurde. So verstärkte sich immer mehr die internationale Mischung der Bevölkerung.

Für das Geistesleben bildete der Frieden von Hubertusburg einen
gewaltigen Abschnitt, vor ihm hatten die französischen Dichterfreunde
Friedrichs, vor allem Voltaire, hier ihre Rolle gespielt und auf dem Gensdarmenmarkte hatte Friedrich die Spottschrift seines gelehrten Freundes
auf Maupertuis, den docteur Akakia durch den Henker als Pasquill ver-
brennen lassen. Nach dem Frieden schlug hier langsam heimische Dichtkunst Wurzel; hier entwarf Lessing seine Minna von Barnhelm, sang
Ramler seine Oden und selbst die „Sappho“ Karsch reimte wenigstens in
deutscher Sprache, der Buchhändler Nikolai bildete den Mittelpunkt eines
literarischen Kreises, dem Lessing und der Philosoph Moses Mendelsohn
Leben und Inhalt gaben, und es war erfreulich, dass der grosse König
sich diesen Bestrebungen gegenüber kalt verhielt, da diese Gleichgültigkeit der selbständigen Entwicklung nur förderlich war. Hierfür ist fol-

---

neuen Kirche noch jetzt dem Staate gehört, der ihn indes dauernd der Stadt
zur Benutzung überlassen hat.

1) H o l t z e , „Kammergericht“ Bd. III, S. 438 ff.

gendes bezeichnend: Friedrich hat während seiner ganzen Regierungszeit mit geringen Unterbrechungen eine französische Schauspielergesellschaft in Berlin unterstützt, für sie auch 1775 ein Komödienhaus auf dem Gensdarmenmarkte erbauen lassen. Seit 1767 hatte daneben Karl Theophil Döbbelin nach einigen Vorgängern (Schönemann, Schuch) das Privileg zu deutschen Theateraufführungen in Berlin erlangt. Er spielte in der Behrenstrasse auf einem kleinen Theater, das auf dem Hofe errichtet war. Hier kamen zuerst in Berlin die Meisterwerke von Shakespeare, Lessing, Goethe und Schiller zur Darstellung.

Diese Aufführungen erfreuten sich einer immer mehr steigenden Teilnahme der Berliner, während das französische Komödienhaus verödete.

Auf dem Gebiete der Musik ragten Quanz, Benda, Graun, Fasch hervor und dessen Schüler Zelter begann seine Tätigkeit mit einer Trauerkantate auf Friedrichs Tod. Auch hier ehrliches Streben, eine eigene von Italienern und Franzosen unabhängige Kunst zu schaffen. Auf dem Gebiete der Plastik waren es vorwiegend französische Künstler, vor allem Tassaert, den Friedrich beschäftigte, aber in seiner Werkstatt machte sich bereits der junge Johann Gottfried Schadow bemerkbar, der dazu bestimmt war, ein Hauptbahnbrecher für die Loslösung der Kunst aus den Banden des Zopftums zu werden; die Malerei feierte damals in Berlin keine besonderen Triumphe; die Gemälde Hubers und auch Rodes sind keine Meisterwerke, aber der peintre graveur Chodowieky hob die Kunst der Radierung auf eine bisher ungeahnte Stufe, und seine charakteristischen Zeichnungen geben ein Bild des ganzen Zeitalters und des damaligen Berliner Lebens, das unübertrefflich ist.

Die rasche Entwicklung der Stadt hat es veranlasst, dass sich der Wunsch nach einer ausführlichen Darstellung der Stadtgeschichte immer rege erhielt, für das siebzehnte Jahrhundert konnte sie, da der raschere Fluss erst am Schlusse desselben eintrat, nicht erheblich sein, aber für das achtzehnte besitzen wir vortreffliche Werke. Rühmend hervorzuheben ist hier das kurz vor Ausbruch des siebenjährigen Krieges von Küster und Müller edierte Werk „Altes und neues Berlin", das alle einzelnen Institute der Stadt auf Grund der vorhandenen Akten und Denkmäler eingehend schildert, sowie das im Todesjahre Friedrichs von Nicolai zusammengestellte stattliche Buch „Die königliche Residenz Berlin", das von den berufensten Kennern in den einzelnen Abschnitten verfasst, noch heute eine Fundgrube bildet.

In einem Anhange gibt Nicolai auch ein Verzeichnis derjenigen Künstler, die in Berlin bis zum Beginn des 18. Jahrhunderts gewirkt haben. Auch aus ihm erkennt man, dass es fast ausschliesslich der Hof war, der diese Künstler nach Berlin gezogen und hier beschäftigt hatte.

Aus Nicolais Werk erhält man, da die einzelnen Teile von den berufensten Federn, die juristischen z. B. von Suarez abgefasst sind, ein vortreffliches Bild von der städtischen Verfassung beim Tode Friedrichs. Der Magistrat ist nach Massgabe des Reglements von 1747 kombiniert; der Stadtpräsident Philippi war zugleich Polizeidirektor von Berlin; zwei Bürgermeister fungieren als erster und zweiter Justizbürgermeister und als erster und zweiter Direktor des Pupillenkollegii in Berlin, ein dritter ist zugleich Direktor des Stadtgerichts. Der Magistrat versammelte sich Dienstags, Donnerstags und Sonnabends, das Stadtgericht Montags und Freitags. Letzteres hatte die Zahl der Stadtrichter, die Friedrich Wilhelm I. im Jahre 1728 auf drei gemindert hatte, wieder auf sieben vermehrt, wozu indes noch fünf Assessoren und sechs Referendare kamen, die nach damaliger Gerichtsverfassung, da das Stadtgericht Untergericht war, zur Rechtsprechung bei demselben durchaus befähigt waren. Ebenso wurden auch einige Referendare im Justizdepartement des Magistrats, also in Sachen der freiwilligen Gerichtsbarkeit beschäftigt. Rechnet man die damals zur Zuständigkeit des Stadtgerichts gehörende Bevölkerung auf 100000 Seelen, so entfiel also lediglich für die streitige Gerichtsbarkeit auf diese eine Zahl von 19 Richtern, also kam ein Richter auf wenig mehr als 5000 Seelen. Diese grosse Zahl erklärt sich zum Teil aus den fortwährenden Zuständigkeitsstreitigkeiten mit den anderen Gerichten erster Instanz und dem Kammergerichte, das ja auch für den höhergestellten Teil der Exemten erste Instanz war. War doch sogar für die Beamten und Arbeiter der königlichen Porzellanmanufaktur, weil sie als Exemte galten, ein besonderes Manufakturgericht eingesetzt worden, das auch über die Bewahrung der Fabrikationsgeheimnisse zu wachen hatte.

Höchst verwickelt war die Polizeiverwaltung; im allgemeinen erscheint allerdings der Stadtpräsident in seiner Stellung als Polizeidirektor ausschliesslich als königlicher Beamter, und die Ratmänner, die mit ihm das Polizeidepartement besorgten, als königliche Behörde, und das Gleiche lässt sich vom Armendirektorium sagen, das an jedem 15. des Monats oder dem darauf folgenden Mittwoch auf dem Rathause tagte. Denn in dieser Behörde, welche gleichzeitig die Armenpolizei und die Armenpflege besorgte, die Fortschaffung der Bettler von der Strasse in das Arbeitshaus und die Unterstützung der Hausarmen zu überwachen hatte, setzte sich unter dem Vorsitz eines Bürgermeisters aus einigen Ratmännern, Aerzten und den Spitzen der Geistlichkeit aller Konfessionen zusammen. Fast die nämlichen Personen bildeten zugleich das Direktorium des grossen Krankenhauses der Charité, des Friedrichshospitals mit dem Waisenhause in der Stralauerstrasse und des Arbeitshauses und des Irrenhauses. Die Armenkasse war zum guten Teile auf freiwillige Gaben, namentlich die regelmässigen reichen Geschenke des Königs und seiner Familie, auf Strafgelder u. s. w. angewiesen, während die gedachten Krankenhäuser und Hospitäler einiges eigenes Vermögen besassen. Im grossen und ganzen war die Armenpflege, bei der auch die einzelnen Kirchengemeinden mit ihren Hospitälern und Stiftungen konkurrierten, verwickelt, und zum Teil deshalb einer der wundesten Punkte in der Verwaltung.

Die wenigen Jahre der Regierung Friedrich Wilhelms II. sind für Berlin insofern von Bedeutung, als der etwas französische Anstrich, den die Stadt in mancher Beziehung getragen, jetzt zu gunsten des Deutschtums abgestreift wurde. Da verschwanden mit der Regie die vielen französischen Beamten derselben, dann das französische Schauspiel. Döbbelin, dessen Bühne jetzt zum National-Theater erhoben wurde, erhielt das Komödienhaus auf dem Gensdarmen-Markte bereits im Herbst 1786 vom Könige angewiesen, und als er bald darauf in Vermögensschwierigkeiten verfiel, kam sein Theater unter königliche Verwaltung[1]). So war das Samenkorn an der Stelle versenkt, an der sich die erste Schaubühne Deutschlands entwickeln sollte.

Ein Protest gegen das Franzosentum war auch die Erbauung des stattlichen Brandenburger Tors (von Langhaus) mit der 1793 enthüllten von Jury gegossenen Quadriga der Siegesgöttin, denn diese sollte die preussischen Siege gegen die Heere des revolutionären Frankreichs bei Pirmasens und bei Kaiserslautern verherrlichen[2]). Künstlerisch viel wertvoller als diese Viktoria waren das aus Schadows Meisterhand hervorgegangene Denkmal des Grafen v. d. Mark in der Dorotheenkirche und die Bildsäule des Generals v. Zieten auf dem Wilhelmsplatze[3]). Selbst die Karsch, die etwas bettelhafte „deutsche Sappho" erhielt als königliches Gnadengeschenk ein für sie erbautes Haus an der Neuen Promenade.

Aber trotz dieser Betonung deutscher Eigenart gegenüber dem bisher in den tonangebenden Kreisen herrschend gewesenen Franzosentum machte dieses gerade damals in Berlin moralische Eroberungen. Seit der Berufung der Generalstände und der Verkündung des Grundsatzes von der Freiheit, Gleichheit und Brüderlichkeit sah man in den Franzosen nicht mehr das von Intendanten zu gunsten einzelner privilegierten Kasten ausgesogene Volk, sondern die Bahnbrecher neuer Gedanken und eines Fortschritts der Menschheit. So zeigte sich denn in Berlin ein gewisses Kokettieren mit der Revolution, ja bisweilen eine Art von Sympathie; hatten doch viele Lafayette und Mirabeau, die kurz vor dem Ausbruche der Bewegung in

---

1) W e d d i g e n, „Geschichte der Theater Deutschlands" S. 150 ff.

2) Aus diesem Grunde, nicht um ein mittelmässiges Kunstwerk zu erwerben, befahl später Napoleon die Fortführung dieser Viktoria nach Paris.

3) Sie war aus Marmor und wurde später wie die fünf anderen (Fürst v. Dessau, Generale Keith, Winterfeld, Schwerin und Seidlitz) durch eherne ersetzt, während die Originale dem Kadetten-Korps überwiesen wurden und sich heute im Vestibül der Haupt-Kadetten-Anstalt zu Gross-Lichterfelde befinden. Schwerin und Winterfeld waren ursprünglich in römischer Tracht, wie man sich diese damals vorstellte, abgebildet und erhielten erst bei jener Ersetzung durch eherne Bildnisse das zeitgenössische Kostüm.

Frankreich nach einander in Berlin geweilt hatten, gesehen, oder gar gesprochen. Nicht als ob die Königstreue der Berliner irgendwie gewankt
hätte, im Gegenteil: Friedrich Wilhelm II. war weit beliebter als sein
grosser Onkel; er hatte die Regie abgeschafft und hatte an Stelle der
Abgeschlossenheit desselben das leutselige Wesen des sich im Kreise seiner
Landeskinder wohl fühlenden Landesvaters gesetzt. Man übersah seine
bedenklichen Schwächen, und die Feste in seinem Hause, namentlich die
Vermählungsfeiern seiner beiden ältesten Söhne, des Kronprinzen und des
Prinzen Ludwig mit den Strelitzer Prinzessinnen Luise und Friederike
wurden unter allgemeiner herzlicher Teilnahme der Berliner begangen.
Aber, wenn die königliche Familie auch die landesväterliche Stellung
stark betonte, so erkannte die Regierung doch frühzeitig die von der Revolution geweckten zerstörenden Kräfte, und sie rüstete sich deshalb zur
Abwehr. Leider bediente sie sich dabei des allgemein verachteten Ministers Wöllner, der durch sein berüchtigtes Religionsedikt und sein Zensur-
edikt in den weitesten Kreisen Berlins Missstimmung erweckte. Da regten
sich dann allerdings unter dem Banner der Aufklärung gerade in Berlin
gewichtige Stimmen gegen die Knechtung des Gedankens, und die hier
verhandelten Prozesse gegen den Buchdrucker Unger und vor allem gegen
den Zopfschulzen waren schwere moralische Niederlagen Wöllners. Eine
Folge des Prozesses gegen den Zopfschulzen war auch die, dass nunmehr
die von den Berliner Juristen genährte Absicht, das damals vollendete
allgemeine Landrecht zu einer Art Verfassungsurkunde für den Staat aus-
zugestalten, zu Grabe getragen wurde. „Die Berliner Juristen fangen an,
sich als Parlament aufzuspielen, da werde ich ihnen auf die Finger
klopfen" schrieb der König an den Grosskanzler v. Carmer, und das Ge-
setzbuch ward suspendiert und revidiert, um dann erst mit Kraft vom
1. Juni 1794 eingeführt zu werden. Dieser Zeitpunkt ist für das Berliner
Rechtsleben insofern bemerkenswert, als damit die Zeit für die Bildung
der Berliner Bauobservanzen abgelaufen war; diese beziehen sich nur auf
die damalige Stadt, also den Raum, der von der Stadtmauer umschlossen
gewesen ist.

Eine weitere Folge des dramatischen, bald tragischen Fortschreitens
der Revolution war das in gebildeten Kreisen immer mehr zunehmende
Bedürfnis nach geselligem Gedankenaustausch und zur Lektüre der auf
gemeinsame Kosten beschafften Zeitungen. So stand das Kränzchen-
wesen in vollster Blüte, und hatte insofern einen demokratischen Charakter,
als sich in ihnen Mitglieder aller Stände, jeden Geschlechts und jeder
Religion vereinten. Prinzen, namentlich der geistreiche Prinz Ludwig,
ein Neffe des Königs, Geistliche wie Schleiermacher, besuchten die Zirkel
geistreicher Jüdinnen, wie der Henriette Hertz oder der Rahel Lewin;
manche dieser Zirkel haben sich auch durch gedruckte Produktionen betätigt,
die allerdings meist mehr langweilig als sonst irgend etwas waren und heute

nur einen Wert als Kuriositäten beanspruchen können. Verkehrt ist es aber, wenn man — wie oft geschieht — aus einzelnen literarischen Erzeugnissen jener Zeit, oder aus dem Vorhandensein mancher Freudenhäuser, von denen die der Schubitz und der Bernard weitbekannt waren, den Schluss ziehen will, als sei damals Berlin eine sittenlose Stadt gewesen. Denn diese Häuser waren schon unter Friedrich, der in dieser Beziehung sehr duldsam war, vorhanden gewesen; sie waren auch vorwiegend auf die fremden Besucher berechnet, die dann in ihrer Heimat den Ruf von der Sittenlosigkeit Berlins verbreiteten, weil sie selbst in Berlin sittenlos gewesen waren. Auch die Verfechter der Aufklärung waren nicht nur in deistischen Ansichten irrlichternde Geistliche, sondern auch wahrhafte und religiös gesinnte Männer. Die Masse der Berliner Bevölkerung hatte hierfür aber überhaupt noch gar kein Verständnis, also auch kein Interesse, sondern war froh, wenn sie nach des Tages Last am Abend eine Tabagie oder die Gartenlokale in den Zelten oder im Tiergarten (Hofjäger u. s. w.) zu bescheidenen Genüssen besuchen und hier die elegantere Welt mehr ehrerbietig als neidisch beobachten konnte. Auch mit Charlottenburg war Berlin seit 1792 durch eine Chaussee verbunden. Suchte damals doch auch der Hof und die von ihm abhängenden Kreise eine wohlwollende Teilnahme an den Freuden des kleinen Mannes zu zeigen. Da kaufte wohl ein Prinz auf dem in der Umgegend des Schlosses stattfindenden Weihnachtsmarkte etwas Spielzeug, um es den staunend diese Herablassung begaffenden Kindern zu schenken, oder der Hof des alten Prinzen Ferdinand, der den Sommer in Friedrichsfelde verlebte, nahm in angemessener Entfernung in geschmückten Barken an der Feier des Stralauer Fischzuges am 24. August teil und brachte dadurch dieses uralte Berliner Volksfest in eine neue Aufnahme.

Einen bedeutenden Aufschwung nahmen damals die Naturwissenschaften, deren neuesten Triumpf, die Mongolfiere, die Berliner am 27. September 1788 anstaunen konnten, als der Luftschiffer Blanchard hier mit ihr eine Fahrt unternahm. Schon früher hatte in Berlin eine naturwissenschaftliche Gesellschaft bestanden, Friedrich Wilhelm schenkte ihr jetzt ein Haus in der Französischen Strasse und gab ihr damit die feste Grundlage für ihre Fortdauer. Ihr Mitglied, der bekannte Achard hatte mit Marggraf den Zucker in den Rüben ermittelt und geschieden, sodass diese Berliner die Begründer der blühenden Rübenzucker-Industrie geworden sind. Zur Ausbildung von Militärärzten, die bisher meist sehr minderwertig gewesen, gründete Friedrich Wilhelm die Pepiniere, die bald in eine gewisse Verbindung zur königlichen Charité gesetzt wurde. Seitdem haben in Berlin immer Aerzte von mehr als heimischer Berühmtheit gewirkt, und man könnte als ihre Pioniere Männer wie Hufeland, Heim und Mursinna nennen. Unter den Berliner Botanikern war Pallas weltberühmt, den botanischen Garten auf Schöneberger Gelände hat indes erst Willdenow (1801—1812) zu einer für die damalige Zeit ansehnlichen Bedeutung gebracht[1]).

Wie seine beiden Vorfahren auf dem Throne ist Friedrich Wilhelm II. nicht in Berlin, sondern nur 53 Jahre alt in Potsdam verstorben; er fand indes seine letzte Ruhestätte im Berliner Dome, während jene in der Garnisonkirche zu Potsdam ruhen. Ihm folgte sein ältester Sohn Friedrich Wilhelm III. im Alter von 27 Jahren.

2. Bis zur Revolution vom 18. März 1848.

Der Thronwechsel übte in Berlin keinen besonderen Einfluss aus, und die oft gehörte Meinung, es habe jetzt an Stelle von Verschwendung und Leichtsinn Sparsamkeit und Familienleben seinen Einzug gehalten, ist verkehrt. Erstens war die Verschwendung keine arge gewesen, und das innige Familienleben des jungen Königspaares übte höchstens den Einfluss, dass die Sittenlosigkeit, wo sie etwa vorhanden war, sich noch stärker im Verborgenen hielt, was immerhin ein Vorteil war. Dass sie aber nicht verschwunden, zeigten mehrere entsetzliche Giftmordprozesse in den ersten Jahren der neuen Regierung, bei denen die Verbrecher den besten Gesellschaftskreisen der Residenz angehört hatten. Die folgenden neun Jahre bis zum Zusammenbruche des alten Staates waren eigenartig genug. Berlin hatte damals viele Aussicht, zu einem Musenhofe zu werden, denn die deutschen Dichter zweiter Klasse: Tieck, Novalis, die beiden Schlegel, selbst Kotzebue nahten sich huldigend dem Throne, namentlich der liebenswürdigen jungen Königin, die auch gerne einen Medizäer Hof in Berlin geführt hätte. Aber ihr Gemahl, der schon bei der Berliner Huldigungsfeier am 6. Juli 1798 alle festlichen Veranstaltungen untersagt hatte, trat in dieser Beziehung den Hoffnungen der Dichter und den Wünschen seiner Gemahlin entgegen, und so sah Berlin jene Dichter nur vorübergehend in seinen Mauern. Da der Geschmack der Königin bis auf Einzelheiten ihrer Toilette von den Berlinern und den Berlinerinnen nachgeahmt wurde, so wurden auch die Werke ihrer Lieblingsschriftsteller, des sentimentalen Lafontaine und des humoristischen Jean Paul Richter in Berlin verschlungen, und letzterem wurde bei seinem Besuche in Berlin (1802) ein so masslos übertriebener Empfang bereitet, wie noch nie vor ihm einem Dichter, ja kaum einem Besucher Berlins. Die Uebertreibung hatte denn auch zu einer, vom Könige selbst ausgehenden Reaktion geführt, die dann Schiller, als er ein Jahr vor seinem Tode Berlin besuchte, zu empfinden hatte. Iffland führte ihm zu Ehren auf dem Nationaltheater den Wallenstein auf, die Königin empfing ihn huldvoll, aber nur kleine

---

1) Die trefflichen von J. Rosenberg gezeichneten und in Kupfer gestochenen Berliner Ansichten, die öfter reproduziert sind, geben ein vortreffliches Bild vom Aussehen Berlins am Ende des 18. Jahrhunderts.

Kreise der Gebildeten nahmen vom ersten Dramatiker Deutschlands Notiz[1]), und der Wunsch, den Dichter an Berlin zu fesseln, würde sich kaum verwirklicht haben, auch wenn Schiller länger gelebt hätte.

So wurde auch die Begeisterung, die Zacharias Werner „Weihe der Kraft" im Nationaltheater erregt hatte, alsbald von den Garde-Offizieren durch eine possenhafte Schlittenfahrt, persiffliert. Jedenfalls ersieht man, wie mächtig sich überall der kritische Geist zu regen begann, der einst zu einer hervorstehenden Eigentümlichkeit der Berliner werden sollte. Uebrigens war es auch die Aufregung jener politisch hochbewegten Zeit, die in irgend einer Form nach einer Betätigung strebte. Man war zu lange im Welttheater an eine grössere Rolle gewöhnt, um sich jetzt mit der eines Zuschauers zu begnügen. Man hatte den Kaiser Alexander von Russland bei seinem berühmten Besuche jubelnd begrüsst[2]), da man jetzt an einem Wendepunkt zur Initiative zu stehen gedachte, dann die 1805 ins Feld rückende Berliner Garnison mit Siegeshoffnungen entlassen, um schnell wieder nach baldiger Abrüstung in den früheren Zustand, als unbefugter Dritter bei dem Spiele anderer zu gelten, zurückzufallen. Als dann sich doch der Frieden nur noch auf Monate aufrecht erhalten liess, war in Berlin der Rausch der vorjährigen Begeisterung bereits verflogen, und man blickte, wenn auch nicht entmutigt, so doch ohne besondere Begeisterung in die Zukunft. Schon kurz vor dem Ausmarsche mussten nämlich die Berliner erkennen, dass manches in der vielbewunderten Armee nicht so stand, wie es hätte stehen sollen. Man musste mit einem Winterfeldzuge rechnen, und es stellte sich dabei heraus, dass für die Kleidung der Soldaten, namentlich der Reiterei, ungenügend Fürsorge getroffen war. Auf Veranlassung der Regierung wurde daher in Berlin eine Kollekte zur Beschaffung von wollenen Leibbinden für die Truppen veranstaltet; deren guter Erfolg zwar für den patriotischen Sinn der Berliner, deren Notwendigkeit in letzter Stunde aber ebenso für die Mangelhaftigkeit der Rüstung zu einem Kriege mit dem siegreichen Eroberer der halben Welt beredtes Zeugnis ablegt. Trotzdem war im Oktober 1806 niemand in Berlin auf eine vernichtende Niederlage vorbereitet; man war vielmehr durch falsche Siegesnachrichten getäuscht, als sich in der Nacht zum 16. Oktober 1806 die Nachricht von der Katastrophe bei Jena und Auerstedt verbreitete, die staatlichen Verwaltungsbehörden den Befehl erhielten, sich über die Oder zu retten, und bald darauf die Königin von Thüringen in ihr Palais kam, um sofort mit ihren Kindern ebenfalls nach der Oder die Flucht fortzusetzen[3]).

---

1) P i c k , „Schiller in Berlin" in Schriften des Vereins für die Geschichte Berlins, Heft 40.

2) Damals erhielten ihm zu Ehren die Kaiserstrasse und die Alexanderstrasse ihren Namen, ebenso der Alexanderplatz.

3) Das beste Material zur Geschichte Berlins in dieser Zeit enthält v.

Bekannt ist aus diesen Tagen die Benachrichtigung des Gouverneurs Grafen v. d. Schulenburg-Kehnert, in der er den Berlinern die Niederlage anzeigte, um mit der Mahnung „Ruhe ist die erste Bürgerpflicht" zu schliessen.

Diese Bitte war überflüssig, da niemand an Ruhestörungen dachte; man handelte vielmehr trotz der begreiflichen Verwirrung, welche diese Kunde verursachte, recht verständig. Man bestärkte den Grafen Schulenburg in der Absicht, die Reste der Berliner Garnison über die Oder zu ziehen, da sie unmöglich die Stadt hätten verteidigen können, ihr vielmehr nur ganz nutzlos Kriegsgräuel bereiten mussten. Dass diese Truppen wenige Tage darauf mit der Kapitulation von Stettin dem Staate verloren gehen würde, konnte kein Verständiger ahnen. Gleichzeitig erbaten die städtischen Behörden den Schwiegersohn des Grafen, den Fürsten Hatzfeld als eine Art Zivil-Gouverneur, was der König, mit dem man sich noch in letzter Stunde in Verbindung gesetzt hatte, genehmigte. Es kam zunächst darauf an, für die von allen Seiten her auf die Hauptstadt andringenden französischen Korps das Quartier und den Unterhalt zu besorgen. Zu diesem Zwecke entsandte Fürst Hatzfeld eine Kommission den anrückenden Franzosen entgegen, die den Marschall Lannes bei Belitz erreichte. Dieser nahm die Abgesandten sehr freundlich auf, versprach die beste Manneszucht der zum Einrücken in Berlin bestimmten Truppen und gab ihnen deren Stärke und Marschrouten an, damit sich die Hauptstadt auf ihre Unterkunft einrichten könne. Die Kommission teilte dies Ergebnis dem Fürsten mit, der so unvorsichtig war, es dem Könige in einem Berichte anzuzeigen, der den Franzosen in die Hände fiel und an Napoleon überbracht wurde. Dieser war äusserst erbittert auf den Fürsten, da er unter der Maske, Gnade zu suchen, Spionierversuche gemacht hätte [1]). Jedenfalls hat diese Episode die Lage der Berliner erschwert, und es war für sie, wie im siebenjährigen Kriege wieder die Selbsthilfe geboten, da mit Hatzfeld, den Napoleon zuerst mit dem Tode bestrafen wollte, dann aber nach einer theatralischen, mit der Fürstin unmittelbar nach seinem Einzuge aufgeführten Szene begnadigte und auf seine Güter verwies, die letzte staatliche Autorität in Wegfall gekommen war, denn was etwa noch an Ministern und Behörden in Berlin geblieben war, hatte keine Vollmacht, mit den Franzosen zu verhandeln. Dem wegen des Auerstedter Sieges zum Herzoge erhobenen Marschall Davoust hatte Napoleon die Ehre des ersten Einzuges in Berlin über-

---

Bassewitz „Die Churmark Brandenburg i. J. 1806"; Einzelheiten geben die Lebenserinnerungen Berliner Augenzeugen jener Tage, so von Gubitz, Kloeden, Zelter, Gräfin Sophie Schwerin, endlich die Schrift von Pufahl, „Berliner Patrioten während der Franzosenzeit von 1806—1808", wissenschaftliche Beilage zum Jahresbericht der Dorotheenschule zu Berlin. Ostern 1896.

1) Holtze, „Kammergericht" Bd. IV, S. 37 ff.

lassen, der indes die vom Magistrate ihm am Halleschen Tore überreichten Schlüssel der Stadt ablehnte und ihn anwies, sie dem Kaiser zu übergeben. Napoleon hielt darauf am folgenden Tage unter dem Geläute aller Glocken durch das Brandenburger Tor seinen Einzug, um alsbald an der Lustgartenseite des Schlosses Wohnung zu nehmen. Die törichte Fabel, dass er dabei von den Vive l'empereur Rufen der Berliner begrüsst worden sei, ist längst als solche erwiesen worden, obgleich sie noch heute Nachsprecher findet. Sieht man von einzelnen Lumpen ab, die sich zu Reklamemachern, Spionen und Lobhudlern des Kaisers hergaben, hat die Bevölkerung neben einer seltenen Treue für das Herrscherhaus einen überraschend hohen Grad von Verstand bewiesen und sich in das Unabwendbare klug, männlich und geschickt gefügt. Charakteristisch für die Napoleonische Auffassung und auch für seine organisatorische Gaben war es, dass er sofort neue Behörden und Institute einsetzte. Die zum Wachtdienst in Ausnahmefällen bestimmte, aus den kläglichsten Vertretern der Bürger zusammengesetzte viel verspottete Bürgerwehr ersetzte er durch eine glänzend uniformierte National-Garde; zur Regelung der von der Armee gestellten mannigfachen Forderungen an Kontribution, Kost, Wohnung u. s. w. liess er aus Berliner Bürgern ein comité administratif wählen, das allerdings von seinen Beamten abhängig, doch eine den Berlinern bisher nicht bekannte Selbständigkeit besass; dann aber mussten alle Staatsbeamten und Stadtbeamten ihm im Berliner Schlosse einen Eid leisten, von dessen Leistung ihr Verbleiben im Amte abhängig gemacht wurde. Wenn man nun auch durchaus zugeben kann, dass sowohl Napoleon, wie seine höheren Offiziere und Beamten im allgemeinen sich keineswegs grausam oder hartherzig gegen die Berliner gezeigt, so waren doch die folgenden Zeiten bis zum Frieden von Tilsit und dann bis zur Evakution der Stadt von französischen Truppen (Herbst 1808) wohl die leidvollsten, die Berlin jemals erlebt hat.

Das schönste Beispiel für die würdige Haltung der Berliner ist die Tatsache, dass ein elender Braunschweiger Jude, der alsbald im französischen Solde ein von Schmähungen gegen die preussische Regierung strotzendes Schandblatt, den Telegraphen, herausgab, der allgemeinsten Verachtung bis zu dem Masse anheimfiel, dass er sich trotz des Schutzes der französischen Gendarmerie kaum auf die Strasse wagte. Ueberall machte sich die Last der Kriegszeit geltend: Manche Kirche war damals zu Fouragemagazinen oder zu Stallungen eingerichtet und man berechnete die Kosten, die allein Berlin zum Unterhalte der französischen Truppen von 1806—1808 getragen, auf $8^{3}/_{4}$ Millionen Taler. Zu den furchtbaren materiellen Verlusten gesellte sich der Uebermut der Sieger, die sich in vielen kleinlichen Chikanen äusserte, und die im Frühjahre 1807 erfolgte Wegführung der Viktoria des Brandenburger Tores nach Paris wurde allgemein als Beleidigung empfunden, obgleich das Verhalten der

Franzosen gerade in diesem Falle ein nicht unberechtigtes war, da sie
Siege über Frankreich verherrlichen sollte. Mancher Grundbesitzer vermochte nicht mehr die Lasten der Einquartierung zu tragen und verzichtete auf dasselbe; furchtbar litt die ärmere Bevölkerung, und der
Wohltätigkeitssinn der besser Gestellten trat glänzend zu Tage, als der
Kammergerichts-Präsident v. Kircheisen mit vielen Gleichgestellten eine
Suppenküche errichtete, von der gegen Zahlung von einem Groschen ein
reichliches Mittagsmahl gegeben wurde. Es waren dies die ersten Berliner Volksküchen. Nach dem Abmarsche der Franzosen war die Besserung der Verhältnisse nur eine sehr langsame, auch der Hof blieb noch
ein volles Jahr im entfernten Königsberg, um bei seiner Rückkehr (Weihnachten 1809) mit einer Begeisterung der Berliner begrüsst zu werden,
welche schon durch die Hoffnung besserer Tage belebt wurde. Inzwischen
hatte sich nämlich ein Ereignis vollzogen, das ebenfalls die Aussicht auf
eine günstigere Wendung der traurigen Geschicke mächtig belebt hatte,
nämlich die Einführung der städtischen Selbstverwaltung in Ausführung
der sog. Stein-Hardenbergschen Gesetzgebung. Es ist oben bereits ausgeführt, dass Berlin selbst unter der selbstherrlichen Regierung Friedrich Wilhelms I. starke Reste der alten Selbstverwaltung, namentlich
Kämmereivermögen und Bürgersinn sich bewahrt hatte. So war die
Stadtverwaltung davor bewahrt worden, zur fiskalischen Station zu werden, und, als in schweren Zeiten, wie 1760 und dann noch mehr 1806
bis 1808 die Staatsgewalt machtlos geworden, hatte es seine Reife, die
inneren Verhältnisse selbständig zu ordnen, deutlich bewiesen. Die Bedingungen waren mithin gegeben, und es kam nur darauf an, die Organe
für das selbständige Regiment zu finden und den Umfang desselben zu
bestimmen. Ersteres war deshalb schwierig, weil die Städteordnung die
Regierung dem Magistrate und Stadtverordneten übertrug, von denen
letztere aus den Wahlen der Bürger hervorgehen sollten, und ersterer
von den Stadtverordneten zu wählen war. Es gab nun aber in Berlin
nichts, was den gedachten Repräsentanten der Bürgerschaft entsprochen
hätte, da die ehemaligen Verordneten zu bedeutungslosen Hilfsorganen
des Magistrates herabgemindert waren. Nachdem nun dem Berliner Magistrate die Städteordnung am 26. Januar 1809 mit dem Befehl, sie bis
zum 1. April in Kraft zu setzen, zugegangen war, wurde die Stadt in
102 Bezirke geteilt, von denen jeder einen Stadtverordneten zu wählen
hatte. Da gleichzeitig alle Vorrechte der französischen Kolonie mit Ausnahme ihrer kirchlichen Selbständigkeit aufgehoben waren, nahmen auch
die Mitglieder der Kolonie an diesen Wahlen teil, zu denen aktiv und
passiv nur die Inhaber der Bürgerrechte in Berlin berechtigt waren.
Diese 102 Stadtverordneten, den verschiedensten Klassen angehörend,
konstituierten sich im April und wählten alsbald einen Magistrat, der in
der Zusammensetzung dem alten ganz genau entsprach, jedoch mit dem

Unterschiede, dass an der Spitze desselben ein Ober-Bürgermeister und als dessen Vertreter ein Bürgermeister traten und die Ratmannen den Titel Stadtrat erhielten. Sämtliche Magistratspersonen wurden dem Könige zur Bestätigung vorgelegt, beim Ober-Bürgermeister hatten die Stadtverordneten nur drei Personen vorzuschlagen, aus denen dann der König einen auswählte. Der Magistrat war Vollstreckungsbehörde und Verwaltungsbehörde, die Kontrolle lag der Stadtverordneten-Versammlung ob; bei Sachen, die eine fortlaufende Kontrolle erforderlich machte, sollten gemischte Deputationen, bestehend aus Magistratspersonen und Stadtverordneten eingesetzt werden. Der Magistrat als vollstreckende Behörde sollte gesetzwidrige Beschlüsse der Stadtverordneten nicht zur Ausführung bringen, war mithin nur durch das Gesetz, nicht mehr durch den königlichen Willen beschränkt. In einem absoluten Staate bedeutete dies indes nicht viel, da hier der königliche Wille Gesetz ist; als man die neue Städteordnung erliess, hat man dies sicherlich nicht übersehen, aber damals offenbar an die Einführung konstitutioneller Schranken für die absolute Regierung gedacht, ohne welche die freisinnige Städteordnung immer nur ein Torso bleiben musste. Als diese Schranken demnächst aus sehr gewichtigen Gründen nicht eingeführt wurden, verkümmerte auch die mit grossen Erwartungen begrüsste Städteordnung, und von den Wünschen, die am 6. Juli 1809 bei der feierlichen Einführung des neugewählten Magistrats ausgesprochen wurden, blieb das meiste zunächst unerfüllt. Die Magistratspersonen sollten eine sechsjährige, die Stadtverordneten eine dreijährige Amtsdauer haben; es sollte damit die Gelegenheit geboten werden, immer die am meisten im Vertrauen der Bürgerschaft stehenden Personen in das Stadtregiment zu bringen. Aber das Interesse verschwand schnell, und die einmal Gewählten wurden regelmässig bis zu ihrem Tode oder bis zu ihrem Verzichte wiedergewählt, und Wahlkämpfe kamen kaum vor.

Die Städteordnung hatte aber der Stadt die Gerichtsverwaltung und die Polizeiverwaltung entzogen und diese Zweige königlichen Behörden anvertraut. Die Regierung ernannte und besoldete seitdem die Richter und sonstigen Beamten und zog die Gerichtskosten ein, während die Stadt die sächlichen Kosten bestritt, namentlich also die Gerichtsgebäude vorhielt und die sonstigen Gerichtseinnahmen einzog. Damals wurde diese Trennung zwischen städtischer Verwaltung und Gerichtsbarkeit auch äusserlich dadurch kenntlich, dass die Gerichtsräume — von denen der freiwilligen Gerichtsbarkeit abgesehen — aus dem Berliner Rathause in das Haus Königstrasse 19 an der Ecke der Jüdenstrasse verlegt wurden. Im Jahre 1811 wurden auch die Gerichte der französischen Kolonie aufgelöst, so dass die Gerichtsbarkeit des französischen Untergerichts an das Berliner Stadtgericht, die des Obergerichts an das Kammergericht überging. Hiermit waren die Aenderungen infolge Einführung der Städteordnung abgeschlossen.

Unendlich schwierig war die Grenzscheidung zwischen der jetzt königlichen, einem Polizei-Präsidenten unterstellten Polizei-Verwaltung und der städtischen, und die Sachlage wurde dadurch nicht gerade vereinfacht, dass die Regierung in jedem Einzelfalle in der Lage war, ihren Willen und ihre Ansicht über die Zuständigkeit durchzusetzen. Besondere Schwierigkeiten zeigten sich namentlich auf dem Gebiete des Armenwesens, wo diese Institute unter staatlicher, jene unter städtischer Verwaltung standen. Da von ihnen manche teils aus fiskalischen, teils aus städtischen Mitteln errichtet waren und gleichzeitig dem öffentlichen Interesse wie der Bürgerschaft zu dienen bestimmt waren, so haben diese Institute, namentlich die Charité, seitdem zu den schwierigsten Prozessen zwischen Staat und Stadt die Veranlassung gegeben.

Bald nach der Einführung der Städteordnung, der eine die Monopole der Innungen beseitigende Gewerbefreiheit am 2. November 1810 folgte, ward Berlin auch Universitätsstadt, und zwar die einzige in der Mark, da gleichzeitig die von Frankfurt mit der in Breslau vereinigt wurde. Zum Gebäude erhielt die alsbald kräftig aufblühende Hochschule, an die Theologen wie Schleiermacher, Philosophen wie Fichte, Philologen wie Wolf, Juristen wie Savigny und Mediziner wie Hufeland berufen wurden, das Palais des 1802 verstorbenen Prinzen Heinrich am Eingange der Linden angewiesen.

Auch sonst war damals Aufregung genug. Am 28. April 1809 war ein Teil der Garnison unter dem heldenhaften Major v. Schill heimlich aus Berlin gerückt, um auf eigene Hand gegen Napoleon zu Felde zu ziehen. Dann war zu Weihnachten 1809 die königliche Familie aus Ostpreussen nach Berlin zurückgekehrt, und es begann wieder ein bescheidenes Hofleben, das aber bereits am 19. Juli 1810 durch den Tod der Königin seines Mittelpunktes beraubt wurde. Dann wurde im Frühjahr 1812 Berlin abermals von französischen Truppen besetzt, die diesmal als Verbündete kamen, da Preussen sich mit Frankreich gegen Russland hatte vereinen müssen, um die eigene Existenz zu retten. Meist lagen Rheinbundtruppen in Berlin, und Marschall Augereau hielt auf dem Lustgarten Paraden mit dem weissgekleideten Würzburger Kontingente. Aber während dieser Anwesenheit französischer Truppen und trotz der Spionierkunst französischer Gendarmen hielt der Turnvater Jahn auf dem damals von ihm errichteten Turnplatze in der Hasenhaide mit der Jugend körperliche Uebungen und entflammte ihren schon reichlich vorhandenen Hass gegen die Franzosen. Trotz aller Künste der Zensur

---

1) Eine Zusammenstellung der zeitgenössischen Berichte über die Zustände in Berlin während dieser Zeit hat A d a m i in seinem Buche „Berlin im Jahre 1813" Berlin 1863 gegeben. Man vergleiche hierzu die oben zitierte Memoirenliteratur.

wusste man bald, dass Napoleon seit der Besetzung Moskaus auf dem Rückzuge sei, und in den ersten Tagen des neuen Jahres 1813 fühlte ganz Berlin, dass mit der Trennung Yorks vom Korps des Marschalls Macdonald das französische Bündnis zu Ende sei und eine neue Zeit beginne. Ende Februar sprengten bereits einzelne Kosaken von der Tettenbornschen Vorhut durch die Berliner Strassen, jubelnd von den Berlinern begrüsst und vor den verfolgenden Franzosen verborgen. Dann begannen die Franzosen ihren Rückzug aus Berlin, wobei es zu einzelnen, von den Offizieren ignorierten Ausschreitungen der Bevölkerung kam, die den Beweis lieferten, dass es mit dem Nimbus dieser Feinde vorbei sei. Bald genug trat die Regierung offen gegen Napoleon auf, schloss zu Kalisch das Bündnis mit Russland und nun begann wieder eine heroische Zeit für Berlin. Selbst der in keiner Weise preussische Sympathien hegende, namentlich gegen Berlin erbitterte Dichter August v. Platen kann nicht umhin, hier die Grösse Berlins anzuerkennen in den Strophen seiner verhängnisvollen Gabel:

„Dort lehre man uns, wie man Sprache verdirbt,
Mit Schrauben sie foltert und radbricht:
Was geschmacklos ist, maniriert und gesucht, das ging vom süssen Berlin aus,
Beduinische Kunst, kritisierende blos, kommt fort im dasigen Klima,
Und gesellt ist ihr in Geschwisterlichkeit feigherzige, feile Scholastik,
Doch werd' auch diese soldatische Stadt durch Lob und Gesänge verherrlicht,
Denn des Volks Aufschwung, in heroischer Zeit, der ging vom grossen Berlin aus!"

Dies Lob ist vollverdient, denn im Frühjahr 1813 hat Berlin in voller Kenntnis der drohenden Gefahr, ohne die Sicherheit, die damals Ostpreussen genoss, das Blut der ältesten und jüngsten Bewohner und das Gut der Reichsten und Aermsten geopfert, um entweder das Vaterland zu befreien, oder mit ihm zugrunde zu gehen. Dies beweisen die Quittungen über die Liebesgaben in den damaligen Zeitungen, die Ehrentafeln der Gefallenen in den Berliner Schulen und Kirchen. Man wollte die eigene Ehre retten und die von Napoleon 1807 nach Paris geführte Siegesgöttin zurückgewinnen, aber der blindwütige Hass, wie er in dem berüchtigten Landsturm-Gesetz hervortritt, war den nüchternen Berlinern fremd, bei denen auch nie der in Heimlichkeiten sich gefallende ostpreussische Tugendbund irgend welchen Anklang gefunden hatte. Allerdings hatte seit dem Winter 1812 auch in Berlin ein sog. deutscher Bund bestanden, bei dem der Turnvater Jahn eine bedeutende Rolle gespielt, aber offen vor den Augen der Franzosen, die kaum etwas dagegen haben konnten, wenn die Jugend sich durch Leibesübungen in der Hasenhaide stählte, und die Aelteren hernach ihre Gedanken über die Zukunft Deutschlands austauschten. Was die Berliner Begeisterung von 1813 auszeichnete, war nicht ihr glänzendes Aufleuchten, sondern ihre nachhaltige Kraft,

die durch die ersten Misserfolge des Krieges keinen Abgang erfuhr und
nur zu erlahmen schien, als mit Napoleon Waffenstillstand geschlossen
wurde. Der Wiederausbruch der Feindseligkeiten wirkte daher eher er-
lösend, und mit rührendem Eifer begannen wieder die Uebungen des
militärisch recht wertlosen Landsturms und die von allen Bewohnern
Berlins nach einer Verteilungsrolle vorgenommenen Schanzarbeiten an
Befestigungen, die glücklicherweise die Probe ihres Unwertes nicht zu
bestehen brauchten. Aber die Aufführung dieser Schanzen, für die sich
namentlich der Kronprinz von Schweden, der Feldherr der Nordarmee,
interessierte, und deren Spuren noch lange im Südosten Berlins sichtbar
waren, hat den Berlinern doch, indem sie eine Tätigkeit gewährte, über
manche schwere Stunde hinweggeholfen. Daneben übte fleissig der Land-
sturm, der ebenfalls glücklicherweise seinen guten Willen nicht im Ernst-
falle zu betätigen brauchte. Erhebend war es doch, wie Berlin, das sich
bisher der Kantonsfreiheit erfreut hatte, jetzt nicht nur dieses Vorrecht
bei Einführung der allgemeinen Wehrpflicht willig hingab, sondern, wie
sogar Greise und Krüppel, denen selbst der Tyrtaeus jener Tage, Theodor
Körner, keinen Vorwurf gemacht hätte, wenn sie hinter dem Ofen sitzen
geblieben wären, zu Waffen griffen, die schon im Bauernkriege als veraltet gegolten hätten, und unter Leitung eines pensionierten Unteroffiziers
sich in militärischen Wendungen zu üben begannen.

Dann kam der Tag von Grossbeeren mit dem legendären Kraftwort
des Generals v. Bülow „Unsere Knochen sollen vor und nicht hinter Berlin
bleichen", dann Dennewitz, jene glänzenden Siege, die beide den französischen Heeren den Zug nach Berlin verwehrten, und wieder wusste sich
der dankbare Opfersinn der Berliner in Ehrungen für die Sieger und in
Fürsorge für die Verwundeten und für die Truppen nicht genug zu tun.
Dann konnte Berlin den von Postillonen begleiteten Siegeskurier der
Leipziger Schlacht begrüssen, und die Kriegswolken verzogen sich über
den Rhein. Im folgenden Jahre sah dann Berlin abermals, diesmal den
Grafen Schwerin, als Siegesboten der Einnahme von Paris durch das Leipziger Tor, die Wilhelmstrasse und die Linden zum Schlosse reiten, und
dann die zahlreichen Feste, die im Anfang August den errungenen Frieden
feierten. Da wurde die Siegesgöttin auf dem Brandenburger Tore wieder
aufgestellt, da zogen die siegreichen Truppen ein, da wurde den heimkehrenden russischen Garden ein Festmahl unter den Linden gegeben, und
mit Recht fühlte jeder einzelne Berliner, dass er sein Scherflein zu dem
Schatze des ruhmvoll Erworbenen beigetragen habe. Einen rasch ver-
ziehenden Schatten warf das Wiedererscheinen Napoleons in die gehobene
Stimmung, da man mit Recht annahm, dass bei geschickterer Staatskunst
diese neuen Opfer hätten erspart werden können, aber der schnelle Sieg
liess die Missstimmung bald verfliegen, die sich lediglich gegen die Diplo-
maten des Wiener Kongresses gerichtet und bei dem in Berlin äusserst

volkstümlichen Fürsten Blücher den unverhohlensten Anklang gefunden hatte. Neue rauschende Feste folgten, das am 22. Oktober 1815 gefeierte vierhundertjährige Jubiläum der Erwerbung der Mark durch die Hohenzollern, einige Tage später grosse Illumination der Stadt zur Feier der Verlobung der Prinzessin Charlotte mit dem Grossfürsten Nikolaus von Russland, und zu Weihnachten bewunderten die Berliner die von Gropius ausgestellten zum Teil beweglichen Bilder der sieben Wunder der Welt und das der Insel Helena, die nach Vorlagen Schinkels hergestellt waren.

Von grösserer Bedeutung war die im Oktober 1817 erfolgte Union der lutherischen und reformierten Konfession. Bereits am 13. März 1817 hatte der König sich bemüht, durch die damals angeordnete Bildung von Presbyterien in jedem Kirchspiele, von Kreissynoden in jedem Superintendentur-Sprengel und von Provinzial-Synoden das Leben in der Kirche zu wecken und auch die Laien mehr als bisher zur Teilnahme heranzuziehen. Alle fünf Jahre sollte eine General-Synode aus Vertretern der Provinzial-Synoden in Berlin zusammentreten. Am 27. September 1817 richtete der König an alle Konsistorien, Synoden und Superintendenten der Monarchie das Ansuchen, dass sie auf eine Vereinigung der beiden Konfessionen ohne Aufgabe der unterscheidenden Merkmale hinarbeiten möchten, und teilte ihnen gleichzeitig mit, dass er am 30. Oktober 1817 zur Feier des Dreihundertjahrfestes der Reformation das Abendmahl in der Garnisonkirche zu Potsdam, deren lutherische und reformierte Gemeinde zu einer evangelischen verbunden würden, feiern werde. Auf diese Aufforderung trat die Geistlichkeit beider Konfessionen in Berlin — mit Ausschluss der Prediger an den französischen Kirchen — zu einer Synode am 1. Oktober zusammen und beschloss die Vereinigung, sowie die Feier derselben durch gemeinsamen Genuss des Abendmahls nach der alten Spendeformel. In aller Eile wurden die Kirchen würdig restauriert, und am 30. Oktober 1817 nahmen 63 Berliner Geistliche, verschiedene Universitäts-Professoren, die Mitglieder des Konsistoriums, die Direktoren und Lehrer der Gymnasien, Magistrat und Stadtverordnete in feierlichster Form gemeinsam das Abendmahl. Seitdem gab es — ohne dass in der Verfassung der einzelnen Gemeinden etwas geändert wurde — nur unierte deutsche Kirchen in Berlin, denn die Bevölkerung folgte dem Beispiel der Regierung und ihrer Geistlichen, da jedes Interesse für die einst so hart verfochtenen Unterscheidungs-Merkmale beider Konfessionen verloren gegangen war. Ein dauernder Frieden innerhalb der evangelischen Kirche wurde indes dadurch nicht in Berlin hergestellt, da sich alsbald die Richtungen der Orthodoxen und der Liberalen schärfer herausbildeten und sich zu befehden begannen.

Von diesen Fehden war unmittelbar nach der Union nicht viel in Berlin zu spüren; aber Missstimmung war im übrigen genug vorhanden. Sie trat namentlich hervor, als die Regierung es bald hernach für angezeigt erachtete, gegen die besten Vorkämpfer der Bewegung gegen Napoleon in Berlin einzuschreiten. Diese hatten selbstredend vor dem Kriege, während desselben und nachher auch ihre Gedanken über die Weiterentwickelung des Vaterlandes ausgetauscht und für dieselben Stimmung zu machen gesucht, so namentlich Jahn in seinen im Winter 1818 im Diorama gehaltenen öffentlichen Vorträgen. Diese Gedanken wurden indes von der Regierung gemissbilligt, enthielten auch viel des Unreifen, so dass auch Unbeteiligte, wie der durch seine Stiftung eines Waisenhauses und sein Berliner Wochenblatt bekannte Professor am Kadettenkorps Wadzeck, sich durch die masslosen Uebertreibungen der Jahnschen Anhängerschaft abgestossen fühlten und zu eigenem Schaden dagegen Protest einlegten. Da fiel im fernen Mannheim Kotzebue durch Sands Meuchelmord, und seitdem waren alle Turner, Deutschtümler und Studenten der Regierung verdächtig. Es gereicht ihr dabei zur Entschuldigung, dass auf dem Wartburgfeste der damals in Berlin einflussreiche v. Kamptz neben Kotzebue verspottet und als „verächtliche Tyrannenknechte" dem allgemeinen Unwillen preisgegeben waren, und dass selbst auf der Berliner Universität der elende Meuchelmörder Sand im Professor de Wette einen Lobredner gefunden hatte. Wie immer wurde die Gefahr, die aus solchen Aeusserungen hätte entstehen können, gewaltig übertrieben, und deshalb der volle Regierungsapparat gegen die Turner und Studenten, von denen man das Aergste erwarten zu müssen meinte, in Bewegung gesetzt. Da wurde denn der Berliner Turnplatz geschlossen, Jahn wegen eines angeblich von ihm beabsichtigten Mordattentates gegen den Minister v. Kamptz und einiger anderer Verbrechen, die auf gleich schwacher Grundlage beruhten, unter Anklage gestellt, die sich dann Jahre lang hinschleppte und schliesslich das Ergebnis hatte, dass Jahn jede Tätigkeit in Berlin aufgab und seitdem fast nur noch ein Schatten seines früheren Wesens war [1]). Weit schlimmer noch erging es den Studenten, die jetzt unter der Anklage, an hochverräterischen Unternehmungen und verbotenen Verbindungen teilgenommen zu haben, harte Jahre auf der Berliner Hausvogtei und dann auf den Festungen des Staates zu verleben hatten. Aber diese Verfolgungen, so hart und bitter sie einzelne trafen, und so viel Missstimmung sie in den Kreisen der Gebildeten weckten, liessen doch die Berliner Bevölkerung im grossen und ganzen unberührt. Hier war infolge des Krieges und der später eintretenden Ueberschwemmung des Marktes, die das von der Kontinentalsperre erlöste England jetzt mit seinen aufgespeicherten Warenvorräten beging, eine solche Schwierigkeit der Lebensführung eingetreten, dass die meisten vollauf damit zu tun hatten, für sich zu sorgen und sich um das Allgemeinwohl nur herzlich wenig bekümmerten und Trost im Alkohol suchten.

---

1) H o l t z e, „Kammergericht" Bd. IV, S. 93—103.

So siechten auch einige Versuche, die Verkehrsmittel in Berlin zu verbessern, zunächst ohne rechtes Leben dahin. Man hat die damalige, allerdings ausserordentliche Notlage sehr verschieden zu erklären gesucht, ja der Berliner Stadtrat Dracke glaubte sie durch die in Gemässheit der Stein-Hardenbergschen Reformen erfolgte Einführung der Gewerbefreiheit erklären zu sollen, und es ist auch zuzugeben, dass auch diese in ihrem Uebergangsstadium störend gewirkt hat. Jedenfalls war das Elend der arbeitenden Klasse furchtbar, und es wurde 1822 als ein Segen empfunden, als ein spekulativer Kopf, v. Wülknitz, vor dem Hamburger Tore riesige Kasernen aufführen liess, in denen er je eine Stube an Familien gegen wöchentliche Mieten abgab. Die Not war so gross, dass sich bald zwei und mehr Familien mit einer Stube behalfen und in dieser durch Kreidestriche ihr Gebiet von einander schieden.

So war auch kein rechtes Bedürfnis für die Verbesserung der Verkehrsverhältnisse vorhanden; allerdings waren bereits 1812 sog. Warschauer Droschken eingeführt, die nach dem Kriege, als der Bankier Henoch sich mit Geld an diesem staatlich konzessionierten Unternehmen beteiligte, etwas mehr in Aufnahme kamen, es zunächst aber nicht über einige Dutzend brachten. Auch ein Dampfschiff fuhr bereits im Jahre 1818 auf der Spree, ohne indes irgend einen Einfluss auf den Verkehr hervorzubringen.

In dieser trüben Zeit, in der die ernste Stimmung der Kriegsjahre noch nachzitterte, war der kirchliche Sinn ein sehr reger, der Kirchenbesuch ein steigender, und die begabten Geistlichen jeder Richtung verstanden es, sowohl in Frieden mit einander zu leben, als auch den Besuchern ihrer Predigten das Beste zu bieten. Neben der Kirche übte damals das Theater einen grossen Einfluss; der wohlhabendere Berliner kannte nichts Besseres, als einen Besuch des damals mit tüchtigen Kräften, darunter einem Devrient, ausgestatteten königlichen Theaters, und trotz der finanziellen Ungunst der Zeiten konnten einige Berliner Geldleute den Versuch wagen, ein zweites Theater, das Königstädter, auf dem Alexanderplatze (1823) für das leichtere Lustspiel und das Singspiel zu eröffnen. Allerdings erschien die Spekulation zunächst als eine verfehlte, als aber im Jahre später Henriette Sontag gewonnen war und mit ihrer niedlichen, allerdings bisweilen Koloraturen nicht verschmähenden Stimme und ihrer feinberechneten Koketterie die „Italiänerin in Algier" und ähnliche Rollen verkörperte, da war das Theater zu klein, und ganz Berlin war in einem Masse begeistert, wie kaum jemals. Die Uebertreibung der Gefühle für die niedliche Sängerin rief endlich auch die Berliner Kritik in die Schranken, so die bekannte Rahel Varnhagen, den Wiener Saphir und vor allem Rellstab, den Kritiker der Vossischen Zeitung. Mit Recht, denn das nüchterne Berlin hat niemals Nichtigkeiten, wie etwa die Mischung des Badewassers einer niedlichen Sängerin, mit einer solchen Wichtigkeit wie

damals behandelt. Aber sie hatte doch manchen eine frohe Stunde bereitet, und das bedeutete damals recht viel. Die Armut ward eine immer
drückendere; die Stadt vergrösserte sich zwar, aber es waren meist Arme,
die hier den noch schlechteren Zuständen in ihrer Heimat zu entgehen
hofften, und nun wieder das Angebot der Arbeit und damit die Preise
drückten. Vorbei waren die Zeiten vom Anfange des Jahrhunderts, in
denen die Berliner Seidenwirker in eitler Renommage ihre Pfeife mit einem Fünftalerschein anzündeten, und der Bürger bei einem Glase Wein
den Tag zu beschliessen pflegte. Ueberall in Berlin entstanden — ein
trauriges Zeichen der Verarmung — zahllose Schnapsschenken, und es
gab Gegenden in Berlin, z. B. im sog. Vogtlande, wo die Armut einen
solchen Höhepunkt erreicht hatte, dass eine Steigerung kaum noch möglich erschien. Seit dem 1. Januar 1820 hatte der Staat das bisher von
ihm verwaltete Berliner Armenwesen dem Magistrate überlassen, aber
damit war nicht viel geholfen, da es zu viel der Armut gab. Immerhin
hat sich die Berliner Privatwohltätigkeit zu jener Zeit redlich bemüht;
aber ihre Tätigkeit erschien fast wie die der Danaiden. Aber es zeigten
sich schon einige Spuren der Besserung. Zwar die Seidenindustrie war
bis auf absterbende Reste verloren, auch die Wollenindustrie kämpfte
noch mit den Hungerlöhnen gegen stärkere Konkurrenz, aber das Ma-
schinengewerbe begann sich, teils durch den Unterricht des genialen Beuth[1]),
teils durch eigene Kraft langsam, aber stetig und gesund zu entwickeln.
Als Zeichen dieser neuen Zeit kann die seit 1826 von einer englischen
Gesellschaft ins Leben gerufene Gasbeleuchtung betrachtet werden[2]),
tüchtige Handwerksmeister wie Egells, Borsig, Hossauer, Heckmann wurden die Begründer stattlicher Betriebe in der Bearbeitung des Eisens,
der Edelmetalle und des Kupfers, und als 1838 die erste Eisenbahn von
Berlin nach dem benachbarten Potsdam eröffnet wurde, konnte bald genug die Berliner Eisenindustrie den Bedarf an Lokomotiven, Schienen
u. s. w. decken, so dass das von Berlin an England gezahlte Lehrgeld
ein sehr bescheidenes gewesen ist. Auch die Berliner Kunst trieb wieder
neue Blüten: In der Baukunst entwickelte Schinkel seine erstaunliche
Fähigkeit, mit den beschränktesten Mitteln das Grösste zu erreichen,
wofür seine Bauakademie, sein Umbau der Werderschen Kirche und des
Doms, sein Museum und die Wache neben der Universität glänzende
Zeugnisse ablegen. Bald war es der mittelalterliche Backsteinbau, den
sein Genius neu zu beleben schien, bald die ernst klassischen Formen grie-

---

1) Auf seine Veranlassung sind die ersten Berliner Gewerbe-Ausstellungen
veranstaltet, wie er denn unbedingt als Vater der Berliner modernen Industrie zu betrachten ist.

2) Ein treffliches Bild des Berliner Lebens um 1835 geben die Skizzen
„Berlin vor zwei Menschenaltern“ in Schriften des Vereins für die Geschichte
Berlins, Heft 36.

chischer Tempel, immer aber lag ein sittlicher Ernst in seinen Meisterwerken, der jede Spielerei und Effekthascherei vornehm verschmähte. So war er dazu befähigt, der Erzieher der jüngeren Berliner Architekten zu werden.

Auf Schinkel hatte namentlich Jakob Asmus Carstens, der selbst zeitweise in Berlin gelebt, befruchtend eingewirkt, ebenso aber auf die neueren Berliner Bildhauer. Unter ihnen erhob sich neben und bald vor dem noch im Alter rüstig fortschaffenden Schadow Christian Friedrich Rauch, dem die Schöpfung des Marmorbildes der Königin Luise im Mausoleum zu Charlottenburg einen über Berlin hinausreichenden Ruf verschafft hatte. Von ihm rühren die Denkmäler her, die Friedrich Wilhelm seinen Paladinen am Eingange der Linden errichten liess, und auch er wurde der Begründer einer in seinem Geiste fortwirkender Zahl von Künstlern, mit denen er seit 1835 an der Riesenaufgabe seines Lebens, dem gewaltigen Friedrichsdenkmale arbeitete. In der Malerei ragte neben Hensel und dem älteren Begas der in allen Satteln gerechte Krüger hervor, dessen gewaltige Schöpfungen ein treffliches Bild des damaligen Berlin gewähren. Die Musik war dagegen auf beschränkte Kreise angewiesen, wie denn Berlin niemals eine Musikstadt gewesen ist. Regelmässig versammelte sich die Singakademie, die sich seit 1835 ein stattliches Heim im Kastanienwäldchen begründet, zu ihren Uebungen und veranstaltete auch für ein grösseres Publikum von Zeit zu Zeit Konzerte. Daneben boten die Musikaufführungen, die Fanny Hensel, die begabte Schwester des berühmten Felix Mendelsohn-Bartholdy mit diesem im elterlichen Hause, Leipzigerstrasse 2, oder der auch als Komponist nicht unbegabte Fürst Anton Radziwill in seinem Palais in der Wilhelmstrasse, dem heutigen Heim des Reichskanzlers, veranstaltete, den gesellschaftlichen und musikalischen Spitzen der Residenz die Gelegenheit zu reichen Genüssen. Aber die königliche Oper beherrschte von 1820—1841 der vom Hofe begünstigte General-Musikdirektor Spontini; der Schöpfer der grossartigen Opern Cortez, Vestalin und anderer, aber zugleich der Gegner der Schöpfungen C. M. v. Webers, die er geschickt genug vom Spielplan fern zu halten wusste, da sie mehr als die seinigen dem Geschmacke der Berliner zusagten. Diese erfreuten sich daher lieber an den Spielopern des Königstädter Theaters, das grössere Opern nach Inhalt seiner Konzession nicht bringen durfte. Dazu kamen gelegentlich Orgelkonzerte in den Berliner Kirchen, namentlich in der Garnisonskirche, und Produktionen durchreisender Künstler, wobei nur an Clara Novello, Jenny Lind, Paganini und Lisszt erinnert sein mag.

Aber ein eigentliches Musikleben entwickelte sich nicht, auch die Muse der Dichtkunst schien Berlin verlassen zu haben, seitdem Heinrich v. Kleist sich am 21. November 1811 am Wannsee das Leben genommen und ihm am 25. Juni 1822 der geniale E. T. A. Hoffmann im Tode ge-

folgt war[1-2]). Jetzt rührten nur Dichter zweiten und dritten Ranges hier
die Leier, wie der liebenswürdige Chamisso (starb 1838 in der Friedrichstrasse 235), der überempfindsame Fouqué und der gleich ihm vergessene
Sänger Napoleons Franz v. Gaudy (gestorben 1840 in der Markgrafenstrasse 87). Es schien als sei die Berliner Luft zu hart für die weicheren
Töne, denn an Bildungsmitteln entwickelte sich Berlin mit Riesenschritten.
Immer neue glänzende Namen kamen zu den älteren an die Berliner Universität, deren Hörerzahl beständig stieg, trotzdem die akademische Freiheit damals auf Null gemindert war, und der Berliner Student, wenn er
etwa eine Spritze nach Freienwalde machen wollte, dazu eines gehörigen
Passes bedurfte, und alles ängstlich überwacht wurde, damit ja jeder
hochverräterische Gedanken im Keime erstickt werden könne. Von den
Berliner Gymnasien bewahrten das Berliner im Grauen Kloster und das
Joachimsthalsche den alten Ruf, daneben entwickelten sich in den früher selbständigen Stadtteilen die alten Schulen ebenfalls zu humanistischen Gymnasien, so in Kölln, Friedrichs-Werder, Dorotheenstadt, Friedrichstadt,
hier unter Leitung des bekannten Spilleke, dann Rankes. Für die späteren Praktiker wurde von der Stadt Berlin 1823 die Gewerbeschule in
der Niederwallstrasse begründet, deren erster Leiter, der als Historiker
Berlins rühmlich bekannte Karl Friedrich v. Klöden ihr einen bis zu den
Ohren Goethes reichenden Ruf verschaffte. Standen auch die mittleren
und vor allem die niederen Schulen, meist für sehr geringes Entgelt von
Privaten geleitet, nicht auf voller Höhe, so war doch hier die Konkurrenz eine so starke, das Angebot billiger Lehrkräfte ein so massenhaftes,
dass ganz schlechte Schulen zu den Ausnahmen gehörten[3]). So fehlte
denn trotz der Armut in weiten Kreisen doch die Unbildung, und so blieb
das Streben nach wirtschaftlicher Besserung ein stets reges, und verschwand daneben fast völlig dasjenige nach einer Besserung der politischen Zustände. Dies war auch sachgemäss, denn, wenn die Regierung
an letztere keine bessernde Hand legte, so tat sie doch mit Eifer alles,
um erstere zu heben. Schon machten sich die segensreichen Folgen des
Zollvereins immer mehr im aufblühenden Berliner Handel geltend, der
den Berliner Erzeugnissen immer weitere Absatzgebiete in Deutschland
eroberte, und so erklärt es sich auch, dass trotzdem die meisten klar er-

---

1) Vergleiche: R i n t e l , „Zelter" und B l u m n e r , „Geschichte der Sing-
Akademie zu Berlin. Eine Festgabe zur Säkularfeier am 24. Mai 1891" Berlin 1891.

2) H e n s e l , „Die Familie Mendelssohn 1729—1847. Nach Briefen und
Tagebüchern" Berlin 1880.

3) Einen hohen Rang unter den Privatschulen nahm das P l a m a n n -
sche Institut ein, in dem nach Pestalozzis Grundsätzen gelehrt wurde. Zu
seinen Schülern hat auch der Fürst Bismarck gehört, zu seinen Lehrern
Jahn, Friesen und Klöden.

kannten, dass man politisch rückständig geblieben sei, dies Gefühl der Königstreue in den breitesten Schichten keinen Abtrag zu tun vermochte. Der früh gealterte, wenig aus sich heraustretende Fürst war beliebt, wie keiner seiner Vorgänger; seine Festtage wurden von ganz Berlin als eigene mitgefeiert, seine Unglücksfälle wie eigene mitempfunden, ja die empfindsamen Berlinerinnen vergaben es ihm sogar, dass er 12 Jahre nach dem Tode der vielbeweinten Königin Luise ein morganatisches Ehebündnis mit der zur Fürstin Liegnitz erhobenen Gräfin Auguste Harrach eingegangen war. Von seinen Söhnen war namentlich der den Berliner Witz meisterhaft handhabende Kronprinz den Berlinern sympatisch, und die Besuche seiner an den Zaren Nikolaus I. vermählten Tochter Charlotte waren Ehrentage für ganz Berlin, zumal der Zar auf die Stadt die Sonne seiner Gunst strahlen liess. Er wurde hier Hausbesitzer (russische Botschaft unter den Linden), erwarb dazu das Bürgerrecht von Berlin, und die dafür gegebene stattliche Spende ermöglichte dem Magistrat die Gründung des Nikolaus-Bürger-Hospitals zur Aufnahme würdiger aber bedürftiger Berliner Greise. Auch seine Gemahlin kargte mit Spenden nicht, und in mancher wohltätigen Stiftung schaffen auch ihre Kapitalien noch heute Segen für Berlin, z. B. in der Gesellschaft zur Beschaffung eigener Wohnstätten für unbemittelte Bürger. Aber dieses patriarchalische Verhältnis konnte doch die Einsichtigen nicht darüber täuschen, dass es, wie bisher, kaum weiter gehen könne [1]). Dies zeigt ein Blick auf die städtische Verfassung und auf die Gerichtsbarkeit. Es war sicherlich ein Fortschritt, dass, wie die Berliner Franzosen, so seit 1829 auch die Juden der städtischen Verwaltung unterstanden, aber noch immer waren die Beamten, die Bewohner der Freihäuser, die Untertanen des Amtes Mühlenhof entweder für ihre Person, oder für ihre Grundstücke nicht der Jurisdiktion des Stadtgerichts unterworfen. Noch immer waren ganze Teile der Verwaltung der Regierung überlassen, so die Strassenpolizei, Schiffahrtspolzei, Marktpolizei, Sittenpolizei. Die Stadt hatte hier nur zu den Kosten beizutragen, wurde aber sonst nur gutachtlich gehört. Allerdings unterstand das Armenwesen jetzt städtischer Verwaltung, aber verschiedene Institute, die derselben ebenfalls zu dienen bestimmt waren, wie z. B. die Charité waren königlich geblieben, und es kam mit derselben zu fortwährenden Streitigkeiten, da das Institut doch grundsätzlich zur Pflege der Bewohner Berlins gestiftet war und diesem Zwecke vorwiegend gedient hatte. Ebenso waren die Beziehungen der Stadt zum Arbeitshause, dem sog. Ochsenkopf am Alexanderplatze nicht ganz durchsichtig, da es allen möglichen Zwecken diente, die zum Teil der städti-

---

1) Ein treffliches Bild des Berliner Lebens, namentlich von den Hofkreisen aus betrachtet, gibt Gräfin E l i s e v. B e r n s t o r f f im zweiten Bande ihrer 1899 bereits in 4. Auflage erschienenen Lebenserinnerungen.

schen Verwaltung unterlagen. Von den Kirchen standen die meisten
unter städtischem Patronat und unter städtischer Beaufsichtigung, andere
dagegen unter königlichem, oder dem ihrer Gemeinden, ähnlich verhielt
es sich mit den Schulen. Der Umfang der städtischen Verwaltung war
mithin kein an sich grosser, wurde aber im einzelnen immer wieder strei-
tig, und so rissen denn Beschwerden über die Zuständigkeit nicht ab
und lähmten Regierung und Stadt. Ausserdem war die neue Städteordnung sicherlich ein Fortschritt, aber die städtischen Organe, Magistrat
und Stadtverordnete, blieben doch völlig hinter den Koulissen, da ihre
Verhandlungen geheim waren. In kleinen Städten war dies bedeutungslos, aber in Berlin war damit, genau genommen, die Selbstverwaltung zu
einer frommen Täuschung geworden [1]). Da kam es denn vor, dass ein
an sich sehr tüchtiger Bürgermeister, wie Herr v. Bärensprung, seinen
Rückhalt gar nicht bei Magistrat und Stadtverordneten, sondern beim
Berliner Polizeipräsidenten und der Regierung suchte, und so gedeckt
völlig autokratisch schaltete und wenig nach der städtischen Verfassung
fragte. Er konnte dies, da er nur Zweckmässiges förderte, vor seinem
Gewissen vertreten, tatsächlich aber nur deshalb, weil sich das Interesse der Berliner Bürger auf die Wahl der Stadtverordneten beschränkte, sie sich aber darüber im einzelnen kaum unterrichten konnten,
wie ihre Mandatare ihr Mandat ausübten und deshalb sich dafür auch
nicht weiter interessierten. Dieser wunde Punkt der Städteordnung war
in Berlin bald erkannt worden, und deshalb bildete hier, wie in anderen
grösseren Städten des Staates die Forderung nach einer zweckmässigen
Aenderung derselben, namentlich durch Einführung der Oeffentlichkeit,
einen Hauptpunkt im Programm der Liberalen. Sie war auch ganz kor-
rekt, denn sollte die Stadt sich selbst leiten, so war dies ohne eine Kontrolle der gewählten Leiter nicht wohl angängig. Nun bestand allerdings
eine Berliner Presse, die auch manchmal durch die anonymen „Eingesandt" mit der Unterschrift, unus pro multis u. s. w. öffentliche Missstände rügte. Da aber die Censur bestand, und die Verleger für ihre
Konzession zu fürchten hatten, so beschränkten sich diese Rügen öffent-
licher Zustände in Berlin in der Regel auf die harmlosesten Nichtigkeiten,
wie etwa die mangelhafte Beleuchtung eines Durchgangs oder das schlechte
Pflaster vor dem Hause Grünstrasse 7 [2]). So konnte denn durch den

---

1) Seit 1822 tagten die Berliner Stadtverordneten im Köllner Rathause,
in dem damals auch das nur aus Unterklassen bestehende Köllnische Gymnasium untergebracht war.

2) A r e n d B u c h h o l t z, „Die Vossische Zeitung. Geschichtliche Rück-
blicke auf drei Jahrhunderte" Berlin 1904. Die seit 1721 bestehende Zeitung
erhielt unter Friedrich dem Grossen einen Nebenbuhler in der Haude-Spener-
schen Zeitung, die 1872 eingegangen ist. In diesen beiden Organen spiegelt
sich insofern das Berliner Leben vor 1848, als sie reichlich Nachrichten über

Appell an die Oeffentlichkeit natürlich auch nur Abhilfe in solchen gleichgültigen Punkten erzielt werden.

Aehnlich verhielt es sich mit der Berliner Gerichtsverfassung. Hier hatte das seit 1809 königlich gewordene Stadtgericht trotzdem nur die Zuständigkeit des früheren städtischen behalten, nur einzelne kleine Sondergerichte waren in ihm aufgegangen [1]). Aber die Rechte der Exemten waren sorgfältig geschont geblieben und das Amt Mühlenhof war ebenfalls nicht aufgehoben worden. Mit letzterem waren dann seit 1829 das Stadtgericht in Teltow, das Amt Mühlenbeck und die benachbarten Rittergüter in Teltow und Barnim zu einem Landgerichte Berlin vereinigt worden, so dass seitdem ein Stadtgericht und ein Landgericht in Berlin tätig waren, die sachlich mit der gleichen Zuständigkeit ausgestattet waren. Daneben aber bestand für den Kreis der Exemten, d. h. die königlichen Beamten, den Adel und den oben erwähnten nichtstädtischen Grundbesitz (Freihäuser u. s. w.) das Kammergericht und das Hausvogteigericht als Gerichtsstand erster Instanz. Die unzähligen Zuständigkeits-Streitigkeiten, die dies Nebeneinanderbestehen, mehrerer Gerichte mit der gleichen Kompetenz mit sich brachte, waren der Rechtspflege ebenso schädlich, wie die spätere Berechnung der zum Teil an die Stadt fallenden fructus iudicii verwickelt, unklar und zeitraubend. Ein grosser Vorteil war es, dass wenigstens am 20. Oktober 1839 durch Schaffung eines Kriminalgerichts für Berlin die gesamte Strafrechtspflege des Stadtgerichts und des Landgerichts vereinigt wurde. Dieses Gericht, dem übrigens nur eine kurze Lebensdauer beschieden war, hatte eine gewisse Selbständigkeit, da seine Urteile nur in den allerschwersten Fällen (bei Strafen des Todes, der lebenslänglichen Freiheitsstrafe und des Adelsverlustes) der ministeriellen Bestätigung bedurften und Berufungen und Beschwerden nicht an den Kriminalsenat, sondern den diesem übergeordneten Ober-Appellationssenat des Kammergerichts gingen. Hiermit war, nur wenigen erkennbar, ein bedeutender Fortschritt angebahnt, nämlich für die Residenz und ihre Umgebung das königliche Bestätigungsrecht in Strafsachen auf ein Minimum beschränkt, während im übrigen Lande jedes Strafurteil einer solchen unterlag. Aber dies fiel nicht schwer ins Gewicht, da gerade auf dem Gebiete, auf dem man am meisten eine Aenderung erstrebte, in politischen Strafsachen der in Berlin eingesetzte, mit dem Kammergerichte verbundene Staatsgerichtshof bestehen blieb,

---

Vorkommnisse in Berlin und daneben Inserate bringen, die oft noch lehrreicher als jene Nachrichten sind. Das Werk von B u c h h o l t z gibt nicht nur die Geschichte der Vossischen Zeitung, sondern zugleich eine Darstellung von der Entwicklung der Berliner Presse.

1) So z. B. das Gesinde-Amt, die Berliner Baukommission, das Porzellan-Manufaktur-Gericht, das Ober-Lotteriegericht u. s. w. Näheres bei H o l t z e, „Kammergericht“ Bd. IV, S. 58 ff.

vor dem die politischen Verbrecher aus der ganzen Monarchie zur Ab-
urteilung gelangten. Es waren somit noch manche Wünsche unerfüllt,
aber man erwartete ihre Erfüllung durch den demnächst voraussichtlich
zur Regierung kommenden Kronprinzen und war geneigt, sie bis dahin
zu vertagen[1]).

Nachdem dann Friedrich Wilhelm III. am 7. Juni 1840 aufrichtig,
aber nicht zu lange betrauert, in seinem Palais zu Berlin das Zeitliche
gesegnet, schien die Geschichte Berlins auf einem Wendepunkt zu stehen.
Bei der am 15. Oktober auf dem Lustgarten stattfindenden Erbhuldigung
war allerdings noch der ganze längst überlebte ständische Apparat in
Bewegung gesetzt worden, und die Berliner hatte es namentlich verletzt,
dass ihr Oberbürgermeister Krausnick auf der vom Lustgarten nach dem
Schlosse führenden Treppe hatte huldigen müssen, während die adeligen
Ständemitglieder im Schlosse selbst ihren Huldigungseid abgelegt hatten.
Aber dieser einzige Missklang des Tages wurde weit übertönt durch die
mächtig zündende Rede des jungen Fürsten, der sein Volk zur treuen
Mitarbeit für den Staat aufforderte und dazu ein jubelnd abgegebenes
„Ja" der Berliner empfangen hatte[2]). Aber, wenn man in dieser Rede
ein Versprechen auf Einführung der konstitutionellen Regierung gesehen
hatte, war man bald enttäuscht, denn Friedrich Wilhelm dachte gar nicht
daran, „ein Stück Papier zwischen seinem Volke und dem Herrgott im
Himmel" sich eindrängen zu lassen. Allerdings beseitigte er durch Am-
nestien, Beschränkungen der Zensur und grössere Duldung in konfessio-
nalen Angelegenheiten einige hervorgetretene Härten, aber dieses schritt-
weise Vorgehen, bei dem das Endziel überdies scharf gesteckt war, befriedigte nach dem Jubel vom 15. Oktober nicht mehr. Der Geschmack
des auf allen Gebieten sattelfesten, künstlerisch hochbegabten Königs war
von dem der Berliner allzu verschieden, trotzdem er den Berliner Witz
meisterhaft zu handhaben wusste. Wie seine Mutter dachte er daran,
Berlin zu einem Musensitze zu erheben, aber seine Bemühungen in dieser
Beziehung waren ziemlich erfolglos: Tieck der Romantiker, ein geborener
Berliner, war alt und prätentiös geworden, Rückert war kein Hofmann,
von Wilibald Alexis, dem besten Schilderer der märkischen Vergangenheit, fühlte er sich verletzt, Freiligrath, der von ihm eine Pension empfangen, verzichtete auf dieselbe und wollte nicht „Fürstendiener" sein,

---

1) Bis zum Jahre 1836 waren bereits über 200 Studierende wegen Hoch-
verrates in Berlin verurteilt worden. Interessante Einzelheiten hierüber
bringen die auch sonst sehr lesenswerten „Erinnerungen eines alten Berliners"
von E b e r t y.

2) S t r e c k f u s s, „Das Huldigungsfest der Preussen". Ueber die innige
Teilnahme der Berliner am Tode Friedrich Wilhelms III. siehe: „Aus den
Briefen des Grafen Adolf v. Königsmarck-Berlitt" S. 89—96. Acht Tage vor
seinem Tode war der Grundstein zum Denkmal Friedrichs des Grossen gelegt worden.

und Uhland verhielt sich gegenüber dem liebenswürdigen Könige übertrieben ablehnend. Zu deutlich zeigte sich auch hier das Wehen einer
neuen Zeit; Tieck, dessen vergessene Stücke der König zu beleben suchte,
war den Berlinern langweilig, und an den Sängern der neuen Zeit konnte
der König wieder keinen Geschmack finden.

Auf dem Gebiete der bildenden Künste stand es ähnlich: Schinkel
war bald nach dem Regierungsantritte Friedrich Wilhelms IV. gestorben; Rauch verwandte alle Kräfte seines zur Neige gehenden Lebens
auf das Friedrichs-Denkmal. Die Schüler beider Männer, vielleicht mit
Ausnahme Drake's, haben in jenen Jahren wenig an Gebäuden und plastischen Kunstwerken geleistet, was dem Kunstsinn des königlichen Mäcens
und dem Geschmacke der Berliner entsprochen hätte. Ein langweiliger
Bedürfnisbau war das von Stüler errichtete neue Museum, und wenn hier
auch die grossartigen Wandgemälde W. v. Kaulbachs allgemeine Bewunderung hervorriefen, liessen doch die von P. v. Cornelius geschaffenen
Kartons für das Camposanto des vom Könige beabsichtigten, nicht zur
Ausführung gelangten Domes diejenigen, die sie zu sehen bekamen, meist
desto kälter. Man hatte keine Lust, sich in die Geheimnisse der Religion
und Philosophie zu vertiefen.

König und Volk verstanden einander nicht mehr, und so nahm auch
in Berlin die Unzufriedenheit stetig zu, oder — wie es der König selbst
ausdrückte — dem Rausche war der Katzenjammer gefolgt. Noch 1841 war
das Verhältnis zwischen dem Könige und der Stadt so patriarchalisch
gewesen, dass letztere die Reste des alten Rathausturmes, die den Verkehr in der Königstrasse hinderten und dem Könige schon als Kronprinzen ärgerlich gewesen war, beseitigen liess; und der König bald darauf (1841) ein früher als Fasanerie benutztes Gelände im Tiergarten
einer Aktiengesellschaft mit der Bestimmung überliess, darauf zur Freude
und Belehrung seiner lieben Berliner einen zoologischen Garten anzulegen, was dann alsbald unter der Leitung des berühmten Zoologen Lich-
tenstein ausgeführt wurde. Aber, wie später das Patent vom 3. Februar
1847 über den vereinigten Landtag, obgleich es tatsächlich das königliche
Besteuerungsrecht aufhob, niemanden befriedigte, so verfiel schon früher
alles, was er aus eigenster Herzensneigung unternahm, dem Spotte der
Berliner, die in allem nur einen Rückschritt zu sehen glaubten. 400
Jahre waren 1843 verflossen, seitdem Kurfürst Friedrich II., der einst
nach Jerusalem gewallfahrtet, den Schwanenorden zur Belebung christlicher Liebestätigkeit gestiftet hatte, jetzt wollte Friedrich Wilhelm diesen
Orden neu beleben, und die Gründung des evangelischen Diakonissen-
hauses Bethanien, mit dem ein stattliches Krankenhaus verbunden war,
sollte die erste Lebensäusserung des Schwanenordens darstellen[1]). Sie ist

---

1) S c h u l z e, „Bethanien" Berlin 1897, S. 1—33.

aber auch seine letzte geblieben, denn trotzdem Ströme von Segen aus Bethanien seitdem über Berlin geflossen, erlagen Schwanenorden und Bistum Jerusalem dem Spott der Berliner [1]). Grosses Aergernis erregte ferner die beabsichtigte Ehegesetzgebung, die nur den Ehebruch noch als Scheidungsgrund anerkennen und den Einfluss der Geistlichen in Ehesachen bedeutend verstärken wollte, so dass hier die Regierung vor der vorwiegend von Berlin aus geleiteten öffentlichen Meinung den Rückzug antrat und sich mit einer Aenderung des Verfahrens in Ehesachen begnügte. Seitdem kamen für einige Jahre die Scheidungsklagen nicht vor den Gerichten erster Instanz, also in Berlin nicht mehr vor dem Stadtgerichte, sondern vor dem Kammergerichte als dem Appellationsgerichte, zur Verhandlung. Aber das Misstrauen war damit nicht beseitigt; jubelnd begrüssten es die Berliner, als der Ober-Appellationssenat des Kammergerichts den Verfasser der bekannten „Vier Fragen" freisprach, und der Präsident v. Grolmann war lange der volkstümlichste Mann in Berlin, zumal ihm jenes Urteil die Gnade des empörten Königs gekostet hatte [2]). Ein übles Zeichen der aufgeregten Stimmung war es auch, dass zum ersten Male auf einen preussischen König, im Schlosse seiner Residenz am 26. Juli 1844 ein Attentat verübt wurde, und der anfänglichen Freude über die Vereitelung bald genug Spottlieder und krankhafte Sentimentalität über die Hinrichtung des Mordbuben folgten. Und doch befand man sich in einer steigenden Entwicklung, was den Berlinern am wenigsten hätte verborgen bleiben können. Die viel angefeindeten Disziplinargesetze vom 29. März 1844 bedeuteten keineswegs eine Schwächung, sondern eine Stärkung der richterlichen Stellung; die Verordnung vom 1. Juni 1833, die in Abänderung der A.G.O. den summarischen, Mandats- und Bagatell-Prozess anderweit regelte, erhielt wie der ganze Zivilprozess erst Leben und Bedeutung durch die Verordnung vom 21. Juli 1846, in der kurz und scharf mit der unseligen Neuerung Carmers, der die Ermittelung der objektiven Wahrheit in Zivilprozessen gefordert hatte, gebrochen wurde, und statt dessen die altbewährte Verhandlungs- und Eventual-Maxime wieder eingeführt wurde. Der polnische Putsch vom Februar 1846 gab den Anstoss zur vollständigen Aenderung des Strafverfahrens. Um gegen das Vierteltausend dabei kompromittierten Polen überhaupt verhandeln zu können, wurde das bedeutungsreiche Gesetz vom 17. Juli 1846 erlassen, das die Staatsanwaltschaft als Anklagebehörde einführte, das die öffentliche mündliche Verhandlung an Stelle des schriftlichen Prozesses setzte und an Stelle der alten Beweisregeln die freie richterliche Ueberzeugung. Das Kriminalgericht und das ihm übergeordnete

---

1) Man vergleiche die Schriften Glassbrenners (Brennglas), des Vaters des Berliner Witzes.

2) Holtze, „Kammergericht" Bd. IV, S. 147 ff.

Kammergericht wurden als Versuchsstationen für die Brauchbarkeit des tief einschneidenden Gesetzes ausgewählt, und die Verhandlung des ungeheuren Polenprozesses, die vor dem Kammergerichte in dem soeben teilweise fertig gestellten neuen Gefängnisse nach dem Isoliersystem zu Moabit vom 2. August bis 17. November 1847 stattfanden, lieferten den alle Welt überzeugenden Beweis von der Brauchbarkeit des neuen Gesetzes, das mithin in Berlin die Feuerprobe bestanden hat [1]). Ein weiterer Fortschritt war die Verordnung vom 30. April 1847, welche die Justizkommissare, Advokaten und Notare unter einen selbstgewählten Ehrenrat stellte, sie damit — wenn auch noch nicht völlig — von der Bevormundung durch die Gerichte löste und der freien Advokatur die Wege bahnte. Seitdem empfingen nämlich, namentlich in Berlin, wo der Präsident des Kammergerichts der Verordnung die weiteste Auslegung gab, die Anwälte, obgleich sie zunächst noch den Charakter als Beamte behielten, doch eine weitaus freiere selbständigere Stellung. Es waren mithin die letzten Jahre voller Entwicklung, namentlich für das Rechtsleben in Berlin gewesen [2]).

Auch sonst hatte gerade in Berlin in den letzten Jahren der Wohlstand in erfreulicher Weise zugenommen, wenn auch stellenweise hier noch Zustände herrschten, wie sie Bettina v. Arnim in ihrer bekannten Schrift „Dies Buch gehört dem Könige" anklagend beleuchten zu müssen meinte. Immerhin zeigte die im Jahre 1844 im Berliner Zeughause veranstaltete Ausstellung deutscher Gewerbeerzeugnisse ein wesentlich schöneres Bild von der Berliner Industrie als ihre kleinen Vorläufer, und Berlin war hier zum ersten Male der Vorort für die im deutschen Zollverein verbundenen wirtschaftlichen Kräfte des ganzen Deutschlands. So war denn die Unzufriedenheit mit den bestehenden Zuständen zunächst in den Provinzen stärker als in Berlin gewesen; erst die Verhandlungen im grossen Polenprozesse hatten hier die Gemüter erregt, und die Aufregung stieg, seitdem die tumultuarischen Bewegungen in Paris und in Wien dem Publikum nicht als Tatsache, sondern in ihrer allmählichen Entwicklung als spannendes Drama von den Zeitungen vorgeführt wurden. Stetig häufte sich der Zündstoff.

Damals wimmelten die Berliner Konditoreien von gebildeteren Besuchern, die, damit jeder die neuesten Nachrichten erführe, die Zeitungsberichte sich vorlesen liessen, das Volk versammelte sich an den wunderschönen milden Märzabenden in den Zelten, um hier im grösseren das in den Konditoreien gegebene Beispiel nachzuahmen. Dem öffentlichen

---

1) Julius, „Prozess der von dem Staatsanwalte bei dem Kgl. Kammergerichte als Beteiligte bei dem Unternehmen zur Wiederherstellung eines polnischen Staates in den Grenzen von 1772 wegen Hochverrats angeklagten 234 Polen" Berlin 1848.

2) „Deutsche Juristen-Zeitung", Jahrgang 1903, S. 168 f.

Drängen nachgebend, legten bereits am 14. März 1848 der Berliner Magistrat und die Stadtverordneten in einer Audienz dem Könige eine Petition vor, die ihm die Wünsche des preussischen Volkes, nicht eigentlich der Berliner Bevölkerung an das Herz legte[1]). Schon an den folgenden Tagen kam es zu unruhigen Auftritten in der Nähe des Schlosses
und zum Einschreiten des Militärs, was dann weitere Erregung zur Folge
hatte. Nach Londoner Muster liess der Magistrat eine grosse Anzahl
von Bürgern als Ehren-Policemen einschwören, damit sie mit weissen
Stäben Ruhe stifteten; aber man war an diese „Friedensengel“ nicht ge-
wohnt, und sie erregten lediglich Heiterkeit. Immer erregter wurde die
Stimmung, Deputationen und Neugierige kamen aus den Provinzen nach
Berlin, da entschloss sich der König, den allgemeinen Wünschen nachzu-
geben und liess am Mittage des 18. März in gedruckter Proklamation
sein Einverständnis damit erklären, indem er die Absetzung des bisherigen Ministeriums, Pressfreiheit und eine demnächst zu vereinbarende Verfassung versprach, dies auch vom Balkon des Schlosses den zahllos auf
dem Schlossplatze versammelten Massen mitteilen liess, die ihm dafür
jubelnd dankten. Das Ende des absoluten Staates hatte damit geschlagen,
und eine neue Zeit sollte beginnen, so verschieden von der vergangenen,
dass man seitdem von einem vormärzlichen und einem nachmärzlichen
Berlin zu reden pflegt[2]). Genau 400 Jahre früher hatte die Stadt ihre
Selbständigkeit eingebüsst und sich seitdem vorwiegend als Residenz entwickelt und von der Krone fast jeden Anstoss in der äusseren und inneren Ausgestaltung empfangen. Jetzt begann wieder ein selbständiges
Leben sich allenthalben zu regen, und die Stadt nicht nur als Mittelpunkt des Staates Preussen, sondern weit darüber hinaus eine internationale Bedeutung zu erringen.

---

1) W o l f f, „Berliner Revolutions-Chronik“. Um Einzelheiten jener Tage,
namentlich das schwer verständliche Verhalten des Königs und seiner ersten
Ratgeber, zu erklären und aufzuhellen, hat neuerdings erst die Forschung ange-
setzt. Viele Archivalien jener Tage sind aber noch nicht der Benützung er-
schlossen.

2) Im Zeitraum von 1709—1848 hatte sich die Bevölkerung von Berlin
von etwa 50000 auf 400000 Seelen gehoben. Von den Bauten, die aus dieser
Zeit vor 1848 entstanden sind, ist heute nur ein sehr geringer Bruchteil vorhanden, und von den heutigen Berliner Bauten rührt nur etwa ein Prozent
aus der vormärzlichen Zeit her.

IV. Die Weltstadt.

Seit 1848.

Die neue Zeit begann leider mit einem Strassenkampfe, bei dem sowohl unklar bleiben wird, aus welchem Grunde er begonnen wurde, als auch, was eigentlich damit bezweckt werden sollte. Berlin war plötzlich mit Barrikaden übersäet, die indes im Zentrum und im Westen der Stadt von den Truppen bald genommen waren und sich auch im Osten nicht lange mehr hätten halten lassen[1]), als der König, der in alter patriarchalischer Weise von allen möglichen, zum Teil ganz unberufenen Beratern überlaufen wurde, den Rückzug und dann den Abzug der Truppen befahl, um jedes Missverständnis zwischen sich und seinen „lieben Berlinern" zu beseitigen. Nun wurde eine konstituierende Nationalversammlung nach Berlin einberufen, eine Bürgerwehr[2]) gebildet und aus den Beständen des Zeughauses bewaffnet, und die Hauptstadt trat jetzt auf die Dauer von 7 Monaten in das Zeichen einer gemütlichen Anarchie. Friedrich Wilhelm IV., der zuerst die Bewegung im deutschnationalen Sinne hatte ausnutzen wollen und den berühmten, in Süddeutschland ängstlich verfolgten Umzug mit den deutschen Farben durch die Berliner Strassen gemacht, zog sich bald auf eine beobachtende passive Rolle zurück; die stetig wechselnden Ministerien vermochten es nicht, irgendwie feste Fühlung mit dem Könige oder der Nationalversammlung zu gewinnen, die ihrerseits sich in endlosen Reden ohne greifbare Resultate erschöpfte, und es mit den Massen verdorben hatte, seitdem von ihr der Antrag auf Anerkennung der Verdienste der Märzkämpfer abgelehnt war[3]). Auf den

---

1) B r a s s, „Die Barrikaden von Berlin" Berlin 1848.

2) Sie sollte den Wachtdienst in der Stadt übernehmen. Die Verständigeren meinten indes bald, dass dies, wo genug Militär vorhanden sei, eine recht überflüssige Belastung der Bürgerschaft sei. Der Eifer, Bürgerwehrmann zu sein, erkaltete daher so schnell, wie er entstanden.

3) Damals wurden der Berliner Prediger Sydow und der Graf Arnim, die gegen den Antrag gestimmt, vom Pöbel insultiert und nur mit Mühe in Sicherheit gebracht.

Strassen predigten die unberufensten Volksfreunde oft des komischsten Anstrichs; die unglaublichsten Deputationen und Anträge wurden von Leuten beschlossen, die zufällig derartige Volksredner mitangehört, Katzenmusiken, kleine Putsche folgten in steter Reihe, und die „Bürgerwehr" war dabei wenig hinderlich. Hatte man früher durch ein „Eingesandt" eine bessere Beleuchtung einer Strassenecke zu erreichen gestrebt, so wurde jetzt etwas von ähnlicher Wichtigkeit, wie z. B. das Absetzen eines Stücks von der Bühne, durch eine Katzenmusik oder eine möglichst bewusst auftretende Deputation von Männern erstrebt, die gar nicht daran dachten, das Theater zu besuchen, es vielleicht niemals betreten hatten [1]). Da so der ganzen unruhigen Bewegung im Frühjahr und Sommer jedes vernünftige Ziel fehlte; das, was vernünftigerweise erbeten werden musste, längst bewilligt war, so könnte es fast scheinen, als habe die Regierung damals in aller Seelenruhe die Bewegung sich ausleben lassen, um dann mit einem Schlage ihrer Herr zu werden. Das tat sie denn auch in den ersten Novembertagen mit Kraft und Besonnenheit. Die Nationalversammlung ward nach Brandenburg verlegt, und als sie sich weigerte, umzuziehn, aufgelöst; ihr Steuerverweigerungs-Beschluss machte nicht den mindesten Eindruck; die Bürgerwehr ward entwaffnet und gab ihre Waffen fast bis auf das letzte Stück vollständig ab; die Truppen kehrten zum Teil mit Freuden begrüsst wieder zurück; die schwarzrotgoldenen Farben verschwanden, und Berlin erhielt Mitte November sein Aussehen in früheren Zeiten zurück. Aber die Grundform des alten patriarchalischen Staates kehrte nicht wieder; denn, als die nach Brandenburg verlegte Nationalversammlung ihre Teilnahme versagte, oktroyierte die Regierung, in der Graf Brandenburg und Freiherr v. Manteuffel jetzt hervortraten, am 5. Dezember 1848 eine Verfassung, die dem am Mittage des 18. März 1848 Versprochenen völlig gerecht wurde, und die auszubauen jetzt Sache der zu wählenden Kammern war.

In Berlin spottete man, dass der einzige Erfolg der Bewegung die Freiheit gewesen sei, von nun ab in den Berliner Strassen rauchen zu dürfen, was früher verboten gewesen war, sich aber seit dem 18. März von selbst eingeführt hatte und auch bestehen geblieben ist; aber dies eine Zeichen ist symptomatisch. Man hatte doch jetzt an Stelle des patriarchalischen Polizeistaates den Rechtsstaat erhalten, man war aus Untertanen verschiedenster Klasse zu Staatsbürgern mit vielfachen Rechten geworden, und fast alles gewann ein neues Ansehen und konnte seine Kräfte unbehinderter betätigen, und es drang von Jahr zu Jahr wachsend neues Leben in den seit 1815 mannigfach eingerosteten Staatskörper. Berlin hatte zum Landtage, für den auf je 50 000 Seelen ein Abgeordneter zu wählen war, seiner damaligen Bevölkerung entsprechend, acht Vertreter

---

1) S c h n e i d e r, „Aus meinem Leben" Bd. II, S. 1 ff.

zu entsenden, die nach der Verfassungsurkunde vom 31. Januar 1850 nach dem Dreiklassensystem in der Weise gewählt werden, dass die Urnwähler Wahlmänner, diese dann die Abgeordneten wählten. Seitdem ist Berlin im Landtage stets durch Mitglieder der Fortschrittspartei vertreten gewesen.

Wichtig, obgleich wenig ins Auge fallend, waren die Aenderungen, welche die in Ausführung der oktroyierten Verfassung erlassenen, später Gesetz gewordenen Verordnungen vom 2. und 3. Januar 1849 auf dem Gebiete der Gerichtsverfassung im Gefolge hatten. Es war damit alle Patrimonial-Gerichtsbarkeit, also auch die, welche der Magistrat als Gerichtsherr auf seinen Stadtdörfern ausgeübt hatte, aufgehoben worden. Die ganze Umgebung der Stadt vor den Toren wurde nunmehr dem Landgericht Berlin, das seitdem als Kreisgericht mit zwei Deputationen eingerichtet wurde, einverleibt. Dieses an der Zimmer- und Charlottenstrasse-Ecke mit seiner Zivilgerichtsbarkeit und in den Räumen der Hausvogtei mit seiner Strafgerichtsbarkeit untergebrachte Gericht stand jetzt in Bezug auf die Zuständigkeit dem Berliner Stadtgerichte vollkommen parallel. Das Stadtgericht war nur noch innerhalb der Stadtmauern zuständig und übte seine Zivilgerichtsbarkeit in den seitdem erweiterten Räumen an der Königstrassen- und Jüdenstrassen-Ecke, sowie seine Strafgerichtsbarkeit am Molkenmarkte aus. Das Kriminalgericht Berlin wurde aufgelöst, da seine Verfassung in die neue Gerichts-Organisation nicht mehr passte. Die Schwurgerichts-Sitzungen wurden für das Gebiet des Kreisgerichts in der Hausvogtei, für dasjenige des Stadtgerichts in Räumen des Lagerhauses abgehalten. Das Kammergericht, in jener Zeit des Ueberganges sogar seines ehrwürdigen Namens beraubt, übte als Appellationsgericht Berlin die zweitinstanzliche Gerichtsbarkeit im Stadtkreis Berlin und im Regierungsbezirk Potsdam aus; das Ober-Tribunal war — wie im ganzen Staate — in den grössten Sachen die letzte Instanz.

Zugleich fielen damals alle Exemtionen von der bürgerlichen Gerichtsbarkeit, wie sie bisher namentlich in Berlin in bunter Fülle bestanden hatten, und war damit eine gewaltige Bresche in die Gliederung der Gesellschaft nach Ständen gelegt. Dieser demokratische Zug zeigt sich auch in der neuen Städteordnung vom 30. Mai 1853, deren Grundzüge indes schon in den vergangenen Jahren festgelegt waren. Zum Bürgerrecht zugelassen ist jetzt jeder grossjährige, d. h. über 24 Jahre alte, seine Steuern zahlende, ein selbständiges Gewerbe ausübende oder gewisse Einkünfte beziehende Bewohner, der sich über ein Jahr in der Stadt aufhält. Man hat den 18. März 1848 häufig als eine Revolution des dritten Standes bezeichnet, und daran ist soviel wahr, dass die Aenderungen vorwiegend dem besitzenden Bürgerstande zu gute gekommen sind. Dies beweist ebenso wie das in Preussen alsbald eingeführte Dreiklassen-Wahlsystem für das Abgeordnetenhaus, auch die Verteilung des aktiven und passiven

Wahlrechts nach der Städteordnung : Jeder nach obigem Grundsatz als
Bürger geltende Bewohner konnte zwar an der Wahl der Repräsentanten,
der Stadtverordneten teilnehmen und selbst dazu gewählt werden; aber
die Bewohnerschaft war nach den Beträgen ihrer Steuern in drei Klassen
geteilt, von denen jede ein Drittel zu wählen hatte; so dass derjenige,
der in einem Bezirk allein ein Drittel der Steuern zahlte, sich selbst zum
Stadtverordneten wählen konnte. Ausserdem musste die Hälfte der Stadtverordneten Hausbesitzer sein. So war die Majorität der besitzenden
Klassen in der Stadtverordneten-Versammlung gesichert. Sehr verwickelt
war dabei die Aufstellung der Wählerlisten wegen der dabei zu berech-
nenden Steuern, die der einzelne zahlte. Nach der Vereinfachung und
Reform des Steuerwesens in den ersten Jahren nach 1845 wurden vom
Staate erhoben: Zölle und Verbrauchssteuern von ausländischen Waren,
Salzsteuer, Stempelsteuer, Gewerbesteuer, Grundsteuer, Brau- und Tabaks-
steuer, endlich entweder eine Klassensteuer oder statt derselben eine
Mahl- und Schlachtsteuer. Den Städten war im Gesetz vom 30. Mai 1820
die Wahl zwischen Klassensteuer und der Mahl- und Schlachtsteuer frei-
gelassen worden; Berlin hatte sich für letztere entschieden, da es in
seiner Mauer ein gutes Schutzmittel gegen Steuerhinterziehungen besass.
Von dieser entfiel ein Drittel des Rohertrages auf die pflichtige Stadt zu
Kommunalzwecken. Die Mahlsteuer war, weil sie — wie Friedrich Wilhelm I. es ausdrückte — „die grossen Hansen" freiliess, sehr unpopulär
und deshalb am 4. April 1848, also unter dem Einfluss der Märzstürme
aufgehoben; aber durch Gesetz vom 1. Mai 1851 ward sie wieder eingeführt. Zugleich ward damals die Klassensteuer mit verschiedenen Stufen
an den Orten, wo Mahl- und Schlachtsteuer nicht erhoben wurde, von den
Einkünften bis 1000 Talern neu geregelt, und zugleich eine klassifizierte
Einkommensteuer von allen grösseren Einkünften neu eingeführt, wobei
indes den Bewohnern der mahl- und schlachtsteuerpflichtigen Städte ein
Betrag von 20 Talern von der neuen Steuer in Abzug gebracht wurde.
Es wurden nun für die Bildung der drei Abteilungen alle von den Bewohnern
gezahlten Steuern unter Berücksichtigung des auf jeden entfallenden Bei-
trages zur Mahl- und Schlachtsteuer in Anrechnung gebracht, jedoch, ganz
sachgemäss, diejenigen nicht, die man für Grundbesitz oder Gewerbebetrieb
ausserhalb der Gemeinde zu zahlen hatte. Die Stadtverordneten wurden
auf 6 Jahre gewählt, jedoch trat nach je zwei Jahren ein anfänglich
durch das Los bestimmtes Drittel aus; die Neuwahlen fanden stets im
November statt und sollte auf ihre Wichtigkeit im Kirchengebete hin-
gewiesen werden. Im übrigen war durch die neue Städteordnung gegenüber der früheren nicht allzuviel verändert worden, zumal letztere die
bisherige Entwicklung in Bezug auf die Zahl der Stadtverordneten, und
des Magistrates, von dem die besoldeten Mitglieder auf 12, die unbesol-
deten auf 6 Jahre zu wählen waren und der königlichen Bestätigung

unterlagen, nicht wesentlich berührt hatte, namentlich nicht in Bezug auf
das Verhältnis zwischen diesen beiden Faktoren und den Umfang der
Stadtverwaltung. Aber die Freigabe der Presse und die Oeffentlichkeit
der Stadtverordneten-Versammlungen hatten doch die Teilnahme an den
•Geschicken der Stadt in die weitesten Kreise getragen und dadurch der
öffentlichen Meinung einen bisher unbekannten Einfluss verstattet. Dieser
hatte zunächst der Oberbürgermeister Krausnick, der als reaktionär galt,
weichen müssen, als er aber mit seiner Klage auf Gehaltszahlung durch-
drang, inzwischen sich auch die Stimmung gegen den verdienten Mann
beruhigt hatte, kehrte er an seinen Posten zurück, wurde sogar, als seine
Amtsperiode abgelaufen war, wiedergewählt.

Es trat dann die Zeit der sog. Reaktion ein, welche allerdings notwendig war, um manches in der Eile vorschnell Beseitigte wiederherzu-
stellen, ein Unternehmen, das dann von vielen als der Versuch betrachtet
wurde, die Errungenschaften des März 1848 vollständig wieder rückgängig
zu machen und mit russischer Hilfe den absoluten Staat wieder aufzu-
richten. Da konnte es denn nicht ausbleiben, dass noch viel Zündstoff
in Berlin vorhanden war, und es ist bezeichnend genug, dass im Jahre
1854 ein Dr. Ladendorf mit mehreren Personen einen Bund schloss, um
einen in Berlin erwarteten Strassenkampf durch Befreiung der Moabiter
Zuchthäusler, Sprengung des Berliner Schlosses und die Tötung des Königs
und aller Prinzen des Hauses zu unterstützen. So sinnlos dieser Plan
war, förderte doch der gegen die Verbündeten im Oktober 1854 geführte
Prozess viel Belastendes zutage[1]). Es nimmt daher nicht wunder, dass
unter solchen Umständen die Bedeutung der Polizei stetig steigen musste,
zumal ihr Chef der Polizei-Präsident v. Hinckeldey es verstanden hatte,
sich im höchsten Grade die Gunst des Königs zu erwerben und gegenüber
seinem Chef, dem Minister des Innern, v. Westphalen, eine tatsächlich
selbständige Stellung zu erlangen. Herr v. Hinckeldey, ein tatkräftiger
Mann, dem Berlin die Begründung einer mustergültigen Feuerwehr ver-
dankt, führte mittels der von ihm straff organisierten Schutzmannschaft,
die seit 1848 an Stelle der wenigen Gendarmen errichtet war, ein kräftiges Regiment, das allerdings die noch hier und da schlummernde Neigung
zu Revolten erstickte, ihn selbst aber in einen verhängnisvollen Konflikt
zu einem Leutnant brachte. Der Konflikt führte zu einem Duell am
10. März 1856, in dem Hinckeldey erschossen wurde. Dieser Schuss in
der Jungfernheide bedeutet einen Abschnitt in der Geschichte Berlins;
das Vorwiegen der Polizeiherrschaft war damit zu Ende, und man gewöhnte sich an den vor acht Jahren begründeten Rechtsstaat. Aber —
und das war die Kehrseite der Hinckeldeyschen Verwaltung — das gegenseitige Vertrauen zwischen Regierung und der Bevölkerung von Berlin

---

1) H o l t z e , „Kammergericht" Bd. IV, S. 219 ff.

war zerstört; und die Stadtverwaltung hatte sich an das System der Bevormundung derart gewöhnt, dass es dieselbe fast wie etwas Selbstver-
ständliches hinnahm. Auch auf den Gebieten, die der Stadtverwaltung
überlassen waren, wurde infolge dessen wenig genug geleistet, und, wenn
man nach den Verbesserungen forscht, die Berlin seit 1848 bis etwa zum
Tode Friedrich Wilhelms IV. (2. Januar 1861) erfahren, so sind dieselben
entweder der Regierung oder Privaten zu danken, wobei allerdings zu
berücksichtigen ist, dass die Stadt mit den ihr zur Verfügung stehenden
Mitteln auch nicht viel leisten konnte.

Aber Berlin war inzwischen einer der wichtigsten Eisenbahnknoten-
punkte in Europa geworden. Im Jahre 1838 war die erste Eisenbahn
nach Potsdam eröffnet worden, bereits acht Jahre später gingen fünf
Linien von Berlin aus, die von Jahr zu Jahr weiteren Anschluss nach
allen Teilen Deutschlands und weit hinein in die Nachbarländer gewannen [1]).
So stieg gleichzeitig die Möglichkeit, billig die Rohstoffe und Lebensmittel von weither zu beziehen und die eigenen Erzeugnisse abzusetzen.
Dazu kam, dass bereits seit 1852 im Preussischen Zollvereinsgebiete, das
ganz Deutschland ohne Oesterreich, beide Mecklenburg, die Hansestädte
und Holstein-Lauenburg umfasste, die hemmenden Zollschranken beseitigt
waren.

So wuchs denn die Wohlhabenheit, und immer neue Industriezweige
blühten in Berlin empor, um bald genug eine führende Stelle in Deutschland zu gewinnen. Das wurde denn auch durch die gelegentlichen Kämpfe
der Regierung mit der Stadtverwaltung, die sich seit Freigabe der Presse
und Durchführung der Oeffentlichkeit der Versammlungen immer liberaler
ausbildete, oder den Widerstand, in den seit dem schnellen Abschwellen
der sog. neuen Aera die Stadtbevölkerung auch zur Krone geraten war,
nicht wesentlich gestört. Ungünstiger war es, dass immer noch die Juden,
obgleich sie im Handelsgewerbe seit lange eine führende Stelle in Berlin
einnahmen, noch immer politisch nicht gleichberechtigt waren, dass die
Schuldhaft bestand; dass die Mündelvermögen bis zum vollendeten 24.
Lebensjahre der Kuranden im geldarmen Lande dem Verkehre so gut wie
ganz entzogen waren, und dass die sog. Wuchergesetze auch der gesunden
Spekulation unnötige Schranken zogen. Alles dies störte die weitere Entwicklung weit mehr als etwa die Kämpfe des Ministers v. Bismarck mit
der Volksvertretung über Armeevergrösserung und Budget, bei denen die
Stadtverwaltung eifrig auf Seiten der letzteren stand und oft genug dabei

---

1) Es folgten der 1838 nach Potsdam eröffneten Bahn bis 1855 folgende
Bahnen: 1842 nach Angermünde und nach Frankfurt a. O., 1843 von Angermünde bis Stettin, 1841 nach Jüterbog, 1846 nach Hamburg, von Potsdam
nach Magdeburg und von Frankfurt nach Kohlfurt, Görlitz, Breslau und
Kosel. Es folgte dann die Weiterführung der Bahn von Jüterbog an das
bereits ausgebaute Eisenbahnnetz in Mittel- und Westdeutschland.

den Rahmen ihrer eigentlichen Zuständigkeit überschritt. Aber gewaltig pochte die neue Zeit an die Tore. Die schnelle Niederwerfung der Dänen und die Befreiung Schleswig-Holsteins, welche wieder glänzende Siegeszüge durch die Triumphstrasse der Linden führte, erweiterte zugleich den Blick auf grössere Ziele, und die fast gleichzeitige Bildung der Arbeiterpartei durch den begabten Ferdinand Lassalle zeigte das Heranwachsen einer neuen, bisher ziemlich unbeachtet gebliebenen Potenz. Die Ausdehnung der Volkskraft nach aussen und die Beseitigung der inneren Missstände wurden immer stürmischer gefordert, und das Segensjahr 1866 hat hier dem aufgestauten Strome das Bett segensreicher Betätigung geöffnet. Hatte der Berliner Magistrat noch im Juni 1866 um Friedenserhaltung gebeten, die Berliner Presse mit verschwindenden Ausnahmen den Krieg mit Oesterreich als Bruderkrieg zu diskreditieren gesucht, so war jetzt alles dies auf beiden Seiten ehrlich vergeben und vergessen. Berlin, jetzt zur Hauptstadt des neuen Norddeutschen Bundes ausersehen, prangte im Festschmuck, der Hass gegen die kräftigsten Vertreter der Regierung wandelte sich in glühende Verehrung, und die befriedigte Eigenliebe erschloss die Herzen der Dankbarkeit. Nach der Verfassung des Norddeutschen Bundes, die in dieser Beziehung durch die des Reiches später nicht geändert wurde, hatte Berlin damals auf seine ungefähr 600000 Bewohner sechs Abgeordnete in den Reichstag zu wählen, und zwar auf Grund allgemeiner direkter Wahlen. Zu diesem Zwecke wurde die Stadt in sechs Wahlkreise geteilt, der erste umfasst vom Zentrum ausgehend Alt-Berlin und die Dorotheenstadt bis in den Tiergarten, der zweite die Friedrichstadt, der dritte die Luisenstadt, der vierte die Königstadt, der fünfte die Sophienstadt und der sechste den Norden Berlins[1]). Diese Kreise sind seitdem dieselben geblieben, obgleich der erste an Bevölkerung kaum zugenommen hat, in den anderen dagegen sie um das drei- und fünffache gestiegen ist. Zunächst wählten alle Kreise fortschrittliche Abgeordnete, dann eroberte die Sozialdemokratie den vierten und sechsten und seitdem auch die übrigen Wahlkreise mit Ausnahme des ersten, den der Freisinn bisher noch in der Stichwahl behauptet hat. Im zweiten, dritten und fünften Wahlkreise sind noch jetzt sehr starke Minoritäten anderer Parteien vorhanden.

Die Gesetzgebung des Norddeutschen Bundes kam zunächst den Städten, vor allem Berlin zu gute, da sie vorwiegend solche Schranken beseitigte, die bisher auf dem Handel und dem Gewerbe geruht, jedenfalls diese, wenn auch nur mittelbar geschädigt hatten. Da wurde die Schuldhaft beseitigt, und das eben erst mit grossen Kosten in Form eines Normannenschlosses errichtete neue Schuldgefängnis in der Barnimstrasse konnte zu einem Weibergefängnisse eingerichtet werden, die Wucherge-

---

1) Die Wahlkreise sind nur in den rohesten Umrissen angegeben.

setzgebung ward verständig umgestaltet, sodass sie keinen Schaden mehr den ehrlichen Kreditgebern bereiten konnte, und die Gewerbe-Ordnung gab jeder ehrlichen Arbeit in Berlin genügende Bewegungsfreiheit, ebenso wie das jetzt als Bundesgesetz eingeführte Handelsgesetzbuch den Handelstand von mancher lästig empfundenen Schranke befreite. Allerdings hatte diese Umwandlung, wie jede, auch ihre Schattenseiten, die sich namentlich in der ersten Zeit oft genug störend geltend machen mussten und gemacht haben, aber auch heute noch zu Bedenken Anlass geben. Jedenfalls waren es stolze Augenblicke, als sich in Berlin im Herbst 1866 die Abgeordneten aus Norddeutschland und später die Vertreter des ganzen ausserösterreichischen Deutschland im Zollparlamente zusammenfanden, und Berlin seitdem nicht nur tatsächlich, sondern auch staatsrechtlich zum Mittelpunkte Deutschlands geworden war. Es folgte dann die herrliche Zeit des grossen Krieges von 1870, die Berlin nicht als müssiger Zuschauer, sondern als ernster Mitarbeiter durchlebte. Da erhob sich auf dem Tempelhofer Felde eine ganze Barackenstadt zur Pflege verwundeter Krieger, und Frauen aller Stände waren hier bestrebt, die helfende Hand anzulegen, da traten Privatvereine zur Unterstützung der heimgebliebenen Familien der Kämpfer, zur Bildung kleinerer Lazarette, zur Erquickung der durchziehenden Truppen und Gefangenen zusammen, jeder einzelne in seinem Kreise Segen stiftend und sein Steinchen zum Riesenbau der vaterländischen Grösse legend. Und das Schönste dabei war, dass damals alle Unterschiede, die sonst Rang, Stand, Konfession und Vermögen begründen, wie ausgelöscht erschienen. Dann erlebte die Stadt die Siegeseinzüge vom 20. und 21. Juni 1871, die Zusammenkunft der drei Kaiser im September 1872, die Enthüllung der Siegessäule auf dem Königsplatze zur Erinnerung an die drei glorreichen Kriege, dann aber die leidvollen Tage, in denen im Frühjahr 1878 verblendeter Irrsinn schnöde Attentate auf den greisen Kaiser verübte, und zwar Unter den Linden, an denen er dreimal als siegreicher Kriegsfürst seinen heimkehrenden Garden vorangeritten war. Damals wurde über Berlin der kleine Belagerungszustand verhängt, der sich indes kaum fühlbar machte, und die am 4. Dezember 1878 erfolgte Rückkehr des beim zweiten Attentate schwerverletzten Monarchen gestaltete sich zu einem Triumphzuge, bei dem der auf dem Potsdamer Platze errichtete Obelisk zum Schönsten gehörte, was jemals in Berlin gesehen ist. In der Zwischenzeit hatte in Berlin der Kongress zur Beilegung der orientalischen Wirren getagt, und die ersten Staatsmänner Europas berieten unter dem Vorsitze Bismarcks in dessen Palais. Hier wurde denn auch der Berliner Frieden am 13. Juli unterzeichnet, einer der grössten Momente in der Geschichte der Stadt, die jetzt an Stelle von Paris und London als Mittelpunkt Europas erschien[1]).

---

1) Diesen stolzen Moment verewigt ein Kolossalgemälde im Berliner Rathause von der Hand Anton v. Werners.

Ein Tag allgemeiner Freude war die goldene Hochzeitsfeier des Kaiserpaares, ein fast noch allgemeiner begangener der neunzigste Geburtstag des Kaisers am 22. März 1887. Berlin wurde damals Zeuge der Verehrung, die der Herrscher in Deutschland und in der ganzen zivilisierten Welt genoss. Aber kaum ein Jahr später zeigte er sich nicht an dem historischen Eckfenster seines Palais, an dem er sonst nie während seines Berliner Aufenthalts beim Aufziehen der Wachtparade gefehlt hatte, und wenige Tage später hatte er sein segensreiches Leben beendet. Am 16. März verliess er mit dem vale senex imperator am Brandenburger Tore zum letzten Male begrüsst, die in allen Schichten trauernde Stadt, um im Mausoleum zu Charlottenburg seine letzte Ruhestätte zu finden, während im dortigen Schlosse sein Sohn an unheilbarer Krankheit darniederlag. Kaiser Friedrich hat nur wenige Wochen regiert und in dieser Zeit Berlin kaum betreten; aber er hat als Kronprinz mit seiner Gemahlin der Kunstpflege seine Unterstützung in allen möglichen Beziehungen angedeihen lassen und das Kunstgewerbe-Museum, das im Schlosse Monbijou untergebrachte Hohenzollern-Museum, das Pergamon-Museum, ebenso die schon ältere National-Gallerie haben ihm unendlich viel zu danken; während seine gleichstrebende Gemahlin sich um die Hebung der Erwerbsfähigkeit des weiblichen Geschlechts unvergängliche Verdienste namentlich in Berlin erworben hat.

Seit dem Regierungsantritte Kaiser Wilhelms II. hat Berlin dann wieder eine ganze Reihe von Tagen mit einer Bedeutung erlebt, die sich weit über die Stadt hinaus erstreckte, so die Einweihung des Reichstagsgebäudes, die Hundertjahrfeier Kaiser Wilhelms I. mit der Enthüllung seines Denkmals an der beseitigten Schlossfreiheit, die durch den Besuch des Kaisers von Oesterreich und anderer Fürsten verherrlichte Feier der Grossjährigkeit des Kronprinzen (Mai 1900), die Enthüllung des Bismarck-Denkmals im folgenden Jahre und im Jahre 1905 die Einweihung des neuen Domes und die Vermählungsfeier des Kronprinzen. Jetzt aber rüstet sich die Stadt, um die Silberhochzeit des Kaiserpaares festlich zu begehen.

Im folgenden sollen nun in kurzen Zügen einige Momente hervorgehoben werden, um ein ungefähres Bild des heutigen Berlin zu geben.

In militärischer Beziehung gehört die Stadt mit der Provinz Brandenburg zum dritten Armeekorps; die Garnison Berlins wird indes von Truppenteilen des Gardekorps gebildet. Nach Vertrag mit der Stadtgemeinde vom 13. August/4. November 1901 übernimmt, wie von jeher, das Polizeipräsidium die nach dem Reichsmilitärgesetze vom 2. Mai 1874 an sich der Gemeinde obliegende Aufstellung der Rekrutierungsstammrolle und die Beorderung der Militärpflichtigen zur Musterung. Durch einen im Jahre 1899 mit dem Kriegsministerium abgeschlossenen Vertrag ist der Umfang der Leistungen umschrieben, die der Stadt durch die ihr ob-

liegende Pflicht der Quartierleistung nach Massgabe des Gesetzes vom
25. Juni 1875 erwachsen. Durch Ortsstatut vom 24. Januar 1895 wurden, wenn der vom Reiche gewährte Servis nicht ausreicht, die Grundstückseigentümer nach Massgabe des Nutzungswertes ihrer Grundstücke
zu Sublevationsbeiträgen von der Steuerdeputation des Magistrates herangezogen. Die nicht kasernierten Truppen erhalten nun auf Grund jenes
Vertrages von 1899 nach Chargen abgestufte städtische Zuschüsse zum
Servis und besorgen sich selbst ihr Quartier[1]).

Die juristische Verfassung Berlins bis zum Jahre 1879 war die im
Jahre 1849 festgesetzte, höchstens, dass am Stadtgerichte einige neue
Stellen, die indes kaum der Vermehrung der Bevölkerung entsprachen,
neu geschaffen wurden.

Die Einführung der neuen Reichsjustizgesetze am 1. Oktober 1879
veränderte dann bedeutend das juristische Aussehen Berlins. Nach langen
Kämpfen war, zum guten Teile wegen der Unvolkstümlichkeit des Ober-
Tribunals Leipzig an Stelle Berlin zum Sitze des Reichsgerichts bestimmt,
was für das Tribunal das Todesurteil bedeutete. Dagegen wurde das
Kammergericht gleichzeitig zum Oberlandesgerichte für die ganze Provinz
Brandenburg und zum obersten Landesgerichte für das Königreich Preussen,
während seine Zuständigkeit als Staatsgerichtshof auf das Reichsgericht
überging. Aus dem ehemaligen Stadtgerichte wurde das Landgericht I
zu Berlin und aus dem ehemaligen Kreisgerichte mit einer kleinen Erweiterung nach Nordwesten das Landgericht I zu Berlin gebildet. Unter
dem ersteren stand das Amtsgericht I zu Berlin, unter letzterem verschiedene Amtsgerichte, unter ihnen das Amtsgericht II zu Berlin für die
nächste Umgebung der Stadt im Teltow und Niederbarnim[2]). Die Freigabe der Advokatur brachte an die Stelle der bisher auf Grund staatlicher Ernennung die Anwaltspraxis ausübenden kaum hundert älteren
Rechtsanwälte eine sich stetig mehrende Zahl jüngerer Anwälte, die den
Stand erheblich verjüngten und der Berliner Rechtspflege wahrlich keinen
Schaden gebracht haben[3]).

Während sich zunächst diese Gerichte mit den älteren Gebäuden zu
begnügen hatten, das Landgericht II in Mietsräumen untergebracht war,
ebenso Teile des Amtsgerichts I in den Räumen des im Jahre zuvor nach
Lichterfelde verlegten Kadettenkorps gelegt waren, bedeutete dies doch
nur einen vorübergehenden Zustand. Bereits im Oktober 1881 wurde das
prächtige Moabiter Gebäude für die gesamte Strafrechtspflege der gedachten vier Gerichte bezogen, bald hernach erhielt das Landgericht und

---

1) Berliner Gemeinderecht. Bd. II. Oertliche Militär-Verwaltung. Berlin
1902, S. 3 ff.

2) H o l t z e , „Kammergericht" Bd. IV, S. 273—300.

3) Festschrift des deutschen Anwaltstages von 1896, S. 77—108. J a -
c o b s o h n , „Einzug der freien Advokatur in Berlin".

Amtsgericht II einen stattlichen Neubau am Halleschen Ufer, während die beiden anderen Gerichte sich bis 1904 gedulden mussten, ehe sie vollständig auf dem Riesengelände des alten Kadettenhauses eine heutigen Ansprüchen entsprechende Unterkunft erhielten [1]).

Bei sämtlichen Berliner Gerichten ist die Zahl der Richter und sonstigen Beamten mit Zunahme der Bevölkerung derart gestiegen, dass in verschiedener Weise auf eine Dezentralisation hingearbeitet ist. So wurde — ein Unikum in Deutschland — die Dienstaufsicht beim Amtsgericht I zu Berlin einem Amtsgerichtspräsidenten übertragen, und der Gedanken erwogen, nach Art und etwa im Umfange der Postbezirke gegen hundert Amtsgerichte über Berlin zu zerstreuen. Eine Erinnerung an diese aufgegebene Idee bildet die verschiedenen Notaren auferlegte Verpflichtung, in einem bestimmten Stadtteile ihr Bureau zu halten. Der Veränderung, die der Berliner Justiz binnen kurzem bevorsteht, wird am Schlusse mit einigen Worten gedacht werden.

Dass die Justizbehörden des Reichs — abgesehen vom Reichsgericht — das Reichsjustizamt, Patentamt, Versicherungsamt und der oberste preussische Verwaltungsgerichtshof Preussens, das Oberverwaltungsgericht in Berlin ihren Sitz und stattliche Dienstgebäude haben, sei hier nur erwähnt.

Die steigende Entwicklung Berlins zeigte sich namentlich in der Anlage neuer Eisenbahnen, zu den vorhandenen kamen in den sechziger Jahren die Görlitzer, die Lehrter und die Ostbahn, in den siebziger Jahren die Dresdener, die Nordbahn und die Nordhausener Bahn, die heute in fast gerader Linie Metz und Memel verbindet. Wichtiger für die Entwicklung Berlins sind indes die Berliner Ringbahn und die Stadtbahn geworden: Berlin erhielt nämlich fast gleichzeitig mit dem Abbruche der alten Stadtmauer, der in den Jahren 1866—1868 erfolgte, eine neue Umwallung. Diese Ringbahn [2]), welche die einzelnen in Berlin mündenden Eisenbahnen untereinander verband, lag der Entwicklung der Stadt entsprechend im Norden und Osten nicht allzuweit von der alten Stadtmauer entfernt, desto weiter im Süden und Westen. Ihre Stationen, damals auf freiem Felde angelegt, liegen jetzt allseits von Häusern umgeben. Sie führt vom Gesundbrunnen, über den Wedding, dann von der Fennstrassen-Brücke über den Verbindungskanal und die Spree bis zum Charlottenburger Schlosspark, dann in scharfer Kurve nach Süden zwischen Wil-

---

1) „Festschrift zum deutschen Juristentage von 1902" S. 33 ff. Hier sind auch Abbildungen und Pläne der Berliner Gerichtsgebäude und Gefängnisse gegeben.

2) Die Ringbahn, deren Bau 1867 nach den Plänen von Dirksen begonnen wurde, ist mit Anschlussgeleisen mehr als 25 Kilometer lang und hat etwa 12 Millionen Mark gekostet. Seit ihrer Vollendung in erster Anlage ist sie mannigfach ausgebaut und mit mehr Haltestellen versehen worden.

mersdorfer und Schmargendorfer Gebiet, um von hier nach Osten Friedenau, Tempelhof und Rixdorf zu berühren, endlich von hier nördlich
über die Spree bei Treptow und Stralau und schliesslich in einem mit der
alten Stadtmauer fast konzentrischen Bogen zum Gesundbrunnen. Es lag
auf der Hand, dass das so begrenzte Gelände alsbald baureif sein werde, was
denn auch nach und nach eingetreten ist, mit Ausnahme des zu militärischen
Uebungen bestimmten Tempelhofer Feldes. Ferner musste die Bebauung auf
die vorhandenen Stationen und die Trace dieser Ringbahn Rücksicht nehmen, um so den Bewohnern der umliegenden neuen Häuserviertel eine be-
queme Verbindung nach dem benachbarten Bahnhofe zu verschaffen. Aber
diese Ringbahn konnte erst dann für die Anwohner nutzbar werden, seitdem man von ihren Stationen nicht nur an einen anderen Punkt der
Peripherie oder an einen Bahnhof der Stadt, sondern in diese selbst ge-
langen konnte. Dies erkannte zunächst eine Aktiengesellschaft, die den
kühnen Plan fasste, vom schlesischen Bahnhof her unter Benutzung der
Spree und des zum Untergange bestimmten Königsgrabens eine auf Bögen
ruhende Hochbahn in das Innere der Stadt und durch dieselbe zu führen.
Es war ein gigantisches, allgemein als unwirtschaftlich erachtetes Unternehmen, zu dessen Durchführung jene Gesellschaft jedenfalls viel zu
schwach war, worauf denn der Staat das gescheiterte Unternehmen erwarb und bis zum Frühjahr 1881 fertig stellte, und zwar mit vier Ge-
leisen, von denen zwei dem Fernverkehre und ebensoviel dem Lokalver-
kehre dienen. Auch diese Stadtbahn[1]) hat auf die Entwicklung Berlins
nicht nur deshalb einen bedeutenden, stetig steigenden Einfluss, weil sie
den Verkehr mit den Vororten erleichtert, sondern auch, weil sie den von
ihr berührten Strassenteilen, die vorwiegend zu den minder guten gehörten,
ein ganz anderes Bild gegeben hat. Die Grundstücke stiegen in ihrer
Nähe bedeutend im Preise, stattliche Gebäude ersetzten schnell die dürftigen,
und die Bögen der Stadtbahn wurden bald zu allen möglichen gewerblichen Zwecken — Speichern, Restaurants u. s. w. — vermietet, und so
war das bald eine glänzende Kapitalsanlage, was selbst von Einsichtigen
lange als ein verfehltes, höchstens aus strategischen Gründen zu recht-
fertigendes Unternehmen bezeichnet worden war.

Postalisch ist Berlin in neun Zonen (C. N. NO. O. SO. S. SW. W.
NW.) geteilt, die indes, vom Centrum C. abgesehen, sich nicht mit den
politischen Grenzen Berlins decken, sondern zum Teil über dieselben hin-
ausragen. In diesem postalischen Berlin und in den Nachbarorten, die
zusammen etwa 3 Millionen Einwohner haben, besteht seit 1900 der billige
Ortstarif. Bis dahin hatten in Berlin verschiedene Privatgesellschaften
einen grossen Teil des brieflichen Verkehrs in der Stadt vermittelt. Jeder

---

1) Die Stadtbahn hat etwa 68 Millionen Mark gekostet, von denen 33
auf die Kosten des Grunderwerbes fallen.

Bezirk zerfällt in eine Reihe von Postämtern, die meist mit Telegraphen-
ämtern verbunden sind, dazu treten die Anlagen der Rohrpost und zum
Fernsprechen. Ein gutes Bild von der Entwicklung Berlins geben die
statistischen Mitteilungen über den jährlichen Verkehr an Briefen, Rohr-
postbriefen, Postkarten, Telegrammen, Zeitungen, Geldsendungen u. s. w.;
hier wird überall mit Millionen gerechnet; während im Todesjahre Friedrichs des Grossen sieben Briefträger für Berlin genügten. Jetzt verwaltet die im Hauptpostgebäude in der Königstrasse befindliche Ober-
postdirektion zu Berlin das Post- und Telegraphenwesen in Berlin mit
Hilfe einer ganzen Armee von Beamten. Die Postämter, in die Berlin
geteilt wird, haben ziemlich genau den Umfang der Polizeireviere, da
diese im politischen Berlin 105 betragen, während es in dem etwas grösseren postalischen Berlin 112 Postämter gibt.

Das Reichspostgebäude in der Leipzigerstrasse ist, da es auf den
Briefmarken zum Werte von einer Mark abgebildet ist, sicherlich das
bekannteste Haus Berlins in der ganzen kultivierten Welt. In ihm befindet sich auch das Reichspostmuseum, eine Fundgrube zur Geschichte
der postalischen Einrichtungen von den frühesten Zeiten bis auf unsere Tage.

Die Ortspolizei und die Landespolizei untersteht in Berlin mit den
unten zu erwähnenden Ausnahmen dem Polizeipräsidenten[1]). Die einzelnen
Abteilungen, in die das Polizeipräsidium zerfällt, sind nur Organe des
Präsidenten. Die Stadt hat gemäss Gesetzes vom 11. März 1850 und des
Gesetzes vom 20. April 1892 betreffend die Kosten der kgl. Polizeiverwaltung in Stadtgemeinden die sachlichen Kosten dieser Polizei zu tragen.
Nicht ganz deutlich ist dabei, welche Rechte die Stadt an den von ihr
für den Gebrauch der Polizei beschafften Gegenständen erwirbt, doch ist
den hier entstehenden Unklarheiten durch Verträge zwischen Fiskus und
Stadt abgeholfen worden. Im grossen und ganzen übt der Polizeipräsi-
dent in Berlin und den zum Polizeibezirke Berlin verbundenen Gemeinden
(so Charlottenburg, Schöneberg und Rixdorf) alle sonst dem Regierungs-
präsidenten obliegenden Funktionen aus. Die Polizei, deren Organe früher
nicht sehr beliebt waren, hat die erheblichsten Verdienste um die Reichshaupt-
stadt, und bei vielen Tumulten, wie sie ab und zu in einer Grossstadt
vorkommen, stets mit grossem Takt und vieler Besonnenheit die Exzesse
im Keime zu ersticken verstanden. Eine Schattenseite bildet vielleicht
nur die Pflege der Sittenpolizei. Seit 1856, wo die polizeilich geduldeten
und scharf überwachten Freudenhäuser (Bordelle) in Berlin aufgehoben
wurden, hat sich die gewerbemässige Unzucht auf die Strasse begeben
und bildet hier mit ihrer scheusslichen Beigabe, dem Zuhältertum, einen

---

1) Berliner Gemeinderecht. Einleitungsband „Stadtverfassungs- und Be-
amtenrecht" Berlin 1904, S. 124—150.

trüben Flecken auf dem Bilde Berlins. Die Fürsorge-Erziehung und das Magdalenenstift am Schiffahrtskanale retten wohl einzelne gefallene Mädchen oder hüten sie vor Rückfällen, wirken aber nur wie ein Tropfen auf einem heissen Steine.

Das Polizeipräsidium hat seit 1890 ein glänzend nach Plänen Blankkensteins aufgeführtes Geschäftsgebäude, im eigentlichen Berlin befinden sich 105 Polizeibureaus, an dessen Spitze je ein Polizeilieutenant steht. Die Feuerwehr hat seit den Tagen Hinckeldeys und Scabells den stets gewahrten Ruf ihrer Vortrefflichkeit, und Berlin ist so feuersicher, dass selbst gewissenhafte Bürger davon Abstand nehmen, ihr Mobiliar gegen Brandschäden zu versichern.

Die eigentliche Stadtverwaltung beschränkt sich auf das Stadtgebiet von Berlin. Es besteht aus dem älteren durch die beseitigte Stadtmauer begrenzten Kerne, in dem noch die besprochenen Berliner Bauobservanzen Geltung haben, und in den später eingemeindeten Teilen. Es traten nämlich auf Grund königlicher Kabinetsordre mit dem 1. Januar 1861 zur Stadt die bisherigen Vororte Wedding, Moabit und Luisenbad (Gesundbrunnen) und im Westen und Süden grosse Teile von Charlottenburg, Schöneberg, Tempelhof und Rixdorf nebst kleineren Gebieten anderer Gemeinden. Der so geschaffene Körper, der später nur ganz unbedeutend, z. B. durch den Viehhof bei Lichtenberg erweitert ist, stellt das politische Berlin und zugleich das Geltungsgebiet der Ortsstatuten dar. Die 1861 gezogenen Grenzen sind keine natürlichen, sondern bezeichneten nur den damaligen Umfang des städtischen Anbaues vor den Toren; der Rauminhalt beträgt etwas mehr als eine Quadratmeile, nämlich 65 Quadratkilometer, von denen beinahe zwei mit Wasser bedeckt sind.

Die Verwaltung Berlins [1]) ist durch das Zuständigkeitsgesetz vom 1. August 1883, das Gesetz betreffend die allgemeine Landesverwaltung vom 30. Juli 1883, die Kreisordnung vom 13. Dezember 1878 bezw. 19. März 1881 und die Landgemeindeordnung vom 3. Juli 1891 mannigfach gegenüber der Städteordnung vom 30. Mai 1853 gewandelt worden. Die Provinzialordnung vom 29. Juni 1875 hatte für Berlin unter Hinzunahme von Charlottenburg und einiger Ortschaften der Kreise Teltow und Nieder-Barnim die Bildung einer eigenen Provinz in Aussicht genommen, namentlich um eine schnelle Exekution zu ermöglichen, welche der Regierung die zum Teil an der Stadtverwaltung mitwirkenden Stadtverordneten nicht zu gewähren schienen. Dieser Plan ist indes nicht zur Ausführung gelangt, dagegen Berlin in einer ganz eigenartigen Weise zu

---

1) Vergleiche hierüber namentlich das bis in die kleinsten Einzelheiten unterrichtende, vom Magistrat herausgegebene Werk „Bericht über die Verwaltung der Stadt Berlin", das bis jetzt von 1829—1900 reicht, dazu das unter verschiedenen Titeln erschienene „Statistische Jahrbuch der Stadt Berlin".

einer Sonderheit ausgestattet, die so unendlich verwickelt und so fein
gegliedert ist, dass ihre Darstellung im einzelnen zu weit führen würde.
Es genügt die Bemerkung, dass weder der Provinzialrat der Provinz
Brandenburg, noch die Regierung zu Potsdam irgend eine Zuständigkeit
über Berlin ausüben und dass diejenige des Bezirksausschusses sehr beschränkt ist. Die verfassungsmässigen Rechte derselben haben für Berlin
teils die einzelnen Minister, teils der Oberpräsident und der Polizeipräsi-
dent auszuüben, bez. die erste Abteilung des Polizeipräsidii in Enteig-
nungsangelegenheiten. Der Bezirksausschuss für Berlin ist lediglich
richtende Behörde im Verwaltungsstreitverfahren, jedoch ist statt seiner
das Oberverwaltungsgericht unmittelbar anzugehn, wenn es sich um Streitigkeiten über die bestehenden Grenzen des Stadtbezirks und um bean-
standete Beschlüsse der Stadtverordneten und des Magistrats bei be-
haupteter Ueberschreitung ihrer Befugnisse oder der Gesetze handelt.

Da Berlin Residenz ist, so ist für einzelne Angelegenheiten auch die
königliche Genehmigung erfordert, so bedarf es nach § 10 des Flucht-
liniengesetzes vom 2. Juli 1875 derselben zur Festsetzung neuer oder zur
Abänderung schon bestehender Bebauungspläne, und ebenso nach § 39
des Kleinbahngesetzes vom 28. Juli 1892 zur Anlegung von Bahnen in
den Strassen. Ferner wird im Runderlass vom 17. Januar 1897 eine
solche auch für die Aufstellung jedes öffentlichen Denkmals in Berlin erfordert. Aus allem ergibt sich, dass Berlin in der Landesverwaltung eine
völlig ausnahmsweise Stellung einnimmt. Hierzu kommt, dass durch ge-
nehmigtes Ortsstatut vom 10. März 1892 juristische Hilfsbeamte (Magi-
stratsassessoren) beschäftigt werden, die nach Ablauf von sechs Jahren
entweder zu entlassen, oder lebenslänglich mit Pensionsberechtigung anzustellen sind. Diesen lebenslänglich angestellten Assessoren ist später
mit Einwilligung der Aufsichtsbehörde die Amtsbezeichnung Magistratsrat
verliehen worden. Im Gegensatze zu den auf Zeit gewählten Stadträten
sind sie lebenslänglich angestellte Gemeindebeamte [1]).

Die Erfüllung der Aufgaben, welche der Stadt gestellt sind, setzt
das Vorhandensein von Mitteln voraus, die mit Vermehrung dieser Aufgaben gesteigert werden mussten. Bis Anfang der siebziger Jahre standen der Stadt — abgesehen vom Kämmereivermögen — nur wenige Einnahmen zu Gebote, nämlich ein Drittel vom Ertrage der Mahl- und
Schlachtsteuer, die Gewerbesteuer, ein Teil der Braumalzsteuer, der Mietssteuer und die Hundesteuer, wozu noch einige minimale Einnahmen kamen.
Da dies nicht genügte, um die stetig steigenden Kosten der Verwaltung
zu decken, so wurden nach Massgabe der staatlichen direkten Besteuerung

---

1) Berliner Gemeinderecht. Einleitungsband. Mit Uebergabe der Anstel-
lungsurkunde erhalten die Magistratsmitglieder die Beamten-Qualität; ebenda, S. 169 ff.

von den Steuerpflichtigen Zuschläge als Gemeindesteuer erhoben, so z. B. im Sommer 1871 zur Deckung der durch den Truppeneinzug entstandenen Kosten. Mit dem 1. Januar 1875 wurde dann die Mahl- und Schlachtsteuer für Berlin aufgehoben und statt ihrer die Klassensteuer und die klassifizierte Einkommensteuer ohne Abzüge eingeführt. Für Berlin wurde damals eine Veranlagungskommission unter dem Vorsitze eines Regierungs-Kommissars gebildet, deren auf je 3 Jahre zu wählende Mitglieder zu ^{2}/$_3$ aus Einkommensteuer-Pflichtigen und zu ^{1}/$_3$ aus Klassensteuer-Pflichtigen bestanden. Berlin machte von der im Gesetze vom 25. Mai 1873 gemachten Erlaubnis, die Mahl- und Schlachtsteuer als Gemeindesteuer weiter zu erheben, keinen Gebrauch, sondern erhob nach den Grundsätzen der direkten Staatssteuer eine Gemeinde-Einkommensteuer. Im Jahre 1874 betrug dieselbe etwas über 2 Millionen Taler, während die Mietssteuer (6^2/$_3$ ^{0}/$_0$ vom Mietsbetrage) über 3 Millionen brachte. Diese Einnahmen wurden dann vorwiegend durch die Bedürfnisse der Armenverwaltung und des Schulwesens, sowie die Schuldentilgung absorbiert.

Seit der Miquelschen Steuerreform in Preussen, die an Stelle der Veranlagung durch die Behörden die Selbsteinschätzung setzte, sind grosse Aenderungen in der Besteuerung für die Gemeindezwecke eingetreten. Der Staat verzichtete zu gunsten der Stadt auf die Grundsteuer und die Stadt auf die Mietssteuer. Seitdem bestehen die der letzteren zufallenden Steuern aus der Gewerbesteuer, der Hundesteuer, der Grundsteuer, die beinahe 6% vom Ertragswerte bebauter Grundstücke beträgt und mit der zugleich die Kanalisationsgebühr von 1^1/$_2$% erhoben wird, ferner einer Umsatzsteuer für Grundstücke, die bei bebauten ^{1}/$_2$%, bei unbebauten 1% des Wertes beträgt, sowie endlich in der Gemeindeeinkommensteuer, die nach den Grundsätzen der staatlichen Einkommensteuer vom Einkommen des Zensiten in Berlin erhoben wird. Bis jetzt ist es der Stadt gelungen, diese Steuer auf 100% der Staatssteuer zu beschränken, so dass die für einen höheren Ansatz erforderliche obrigkeitliche Genehmigung bis jetzt nicht hat eingeholt zu werden brauchen. Dass gewisse Beamtenkategorien ganz, andere halb von dieser Steuer für ihr Diensteinkommen befreit sind, sei nur deshalb erwähnt, weil auf eine Beseitigung dieses Privilegs hingearbeitet wird.

Mit den Einnahmen der Stadt sind auch ihre Aufgaben gesteigert, namentlich seitdem ihr durch die Polizei-Verordnung vom 14. Juli 1874 die Vornahme einer unterirdischen Entwässerung (Kanalisation) und zugleich seit dem 1. Januar 1876 die Uebernahme der fiskalischen Strassen- und Brücken-Bau und Unterhaltungspflicht übertragen wurde. Letztere Uebertragung betraf die gesamte auf die Anlegung, Regulierung, Entwässerung und Unterhaltung der Strassen und Brücken bezügliche örtliche Polizei, also den Teil eines Hoheitsrechtes. Von nun an bis auf

Widerruf ging er auf die Stadt, nicht auf den Oberbürgermeister über, wie es nach dem Ministerialerlass vom 1. Januar 1876 scheinen könnte. Der Staat hat in Berlin nur die Verkehrspolizei auf den fertiggestellten Strassen. Die Stadt übt seitdem diese polizeilichen Befugnisse durch die örtliche Strassenbaupolizei-Verwaltung in zwei Abteilungen, deren eine die Anlage, die andere die Entwässerung der Strassen (Kanalisation) bearbeitet.

Die Stadt hat seit dieser Zeit die Kanalisation in einer durchaus mustergültigen Weise durchgeführt, wenn auch das Flüsschen Panke dabei seine Reinheit verloren hat. Sie hat durch Verträge mit den umliegenden Gemeinden Teile derselben in ihr Netz aufgenommen und zum Zwecke der Abführung der Schmutzwässer eine Reihe von Gütern (Rieselgüter) erworben, und zwar im Süden, Osten und Norden Berlins[1]).

Somit ist die Stadt eine der grössten Grundbesitzerinnen in der Provinz geworden. Die Grundstückseigentümer haben die Kosten des Anschlusses und für die Benutzung $1^1/_2\%$ des jährlichen Mietssteuerertrages zu zahlen. Weit wichtiger als die musterhaft geregelte Entwässerung ist der daraus folgende Segen für die Gesundheit. Berlin war 1872 eine der ungesundesten, stetig von Infektionskrankheiten am meisten heimgesuchten Städte mit abnormer Kindersterblichkeit; seitdem ist sie zu einer der gesündesten geworden.

In ähnlicher Weise wie die Entwässerung ist die Bewässerung durch ein Wasserrohrnetz geregelt, das unter der Direktion der Deputation der städtischen Wasserwerke und der technischen Leitung eines ihr untergeordneten Direktors steht. Die einzelnen an dieses Netz angeschlossenen Grundstückseigentümer bezahlen das verbrauchte Wasser mit 15 Pfg. für den Kubikmeter, und erfolgt die Lieferung aus den städtischen Wasserwerken in Tegel, am Müggelsee, in Charlottenburg, Lichtenberg und in der Belforterstrasse[2]).

Die der Bewässerung und Entwässerung dienenden Anlagen gelten — was rechtlich von Bedeutung — nicht als Privatunternehmen der Stadt, sondern als Gemeinde-Angelegenheiten. Es soll mit ihnen dem sanitären Wohl der Einwohner gedient, nicht ein Geschäft gemacht werden[3]).

Was die Beleuchtung anlangt, so hatte am 21. April 1825 die Imperial-Kontinental-Gas-Assoziation ein unbeschränktes Privileg auf 20

1) Die Rieselgüter bestehen aus Osdorf, Friederikenhof, Heinersdorf, Kleinbeeren, Grossbeeren, Neubeeren, Ruhlsdorf, Diedersdorf, Sputendorf, Schenkendorf und Gütergotz im Teltow und Malchow, Blankenburg, Wartenberg, Falkenberg, Bürknersfelde, Hellersdorf, Blankenfelde, Rosenthal, Möllersfelde, Lindenhof, Buch, Schmetzdorf, Hammerslust, Carlslust und Albertshof im Nieder-Barnim.

2) Berliner Gemeinderecht. „Kanalisation-Wasserwerke" Berlin 1903.

3) Entscheidung des Ober-Verwaltungsgerichts vom 4. Januar 1881, abgedruckt im Berliner Gemeinderecht, Bd. V, S. 183 ff.

Jahre erlangt, als dasselbe abgelaufen war und ihr nur noch die Befugnis zustand, an Private gegen Entgeld Gas zu liefern, erhielt die Stadt am 25. August 1844 ein Privileg zur Gasfabrikation vorbehaltlich der übriggebliebenen Rechte jener Gesellschaft. Mit dem ihr gleichzeitig verliehenen Privilege, 1½ Millionen Taler Stadtschuldverschreibungen auszugeben, baute sie demnächst ein eigenes Röhrennetz und Gaswerke. Bei diesem Betriebe kam sie in fortdauernde Streitigkeiten mit jener Gesellschaft, die teils im Prozesswege, teils durch Vergleiche beendet wurden. Die Gaswerke stehen unter einer städtischen Deputation, der ein Dirigent der öffentlichen und Privatbeleuchtung untergeordnet ist. Die Versorgung der Stadt mit Elektrizität befindet sich in Privathänden, doch hat sich die Stadt durch den am 14. März 1901 mit der Aktiengesellschaft Berliner Elektrizitätswerke geschlossenen Vertrag den Erwerb der Leitungen und Anlagen derselben im Jahre 1915 gesichert [1]).

Für die Gesundheitspflege hat die Stadt nach verschiedenen Richtungen sich erhebliche Verdienste erworben: Abgesehen von der mustergültig geregelten Strassenreinigung und Besprengung hat sie durch ihre Park-Deputation nicht nur herrliche Parkanlagen neben dem älteren Tiergarten und Friedrichshain im Viktoria-Park, im Humboldhain und bei Treptow anlegen lassen, sondern auch manchen Platz und eingegangenen Kirchhof im Innern der Stadt, die Umgebung fast jeder Kirche, ja manche Strasse mit gärtnerischen Anlagen geschmückt. Noch unmittelbarer der Gesundheit dienen die städtischen Turnanstalten und die sich stetig mehrenden Badeanstalten, die für das Volk bestimmt, wirklich allen Kreisen desselben gleichmässig dienen. Die Verwaltung wird von der städtischen Deputation für das Turn- und Badewesen geführt [2]).

Ebenso wichtig für die Gesundheit der Stadt ist die sorgfältige Kontrolle der Fleischversorgung, die seit 1881 auf dem städtischen Viehhofe bei Lichtenberg ausgeübt wird; seit derselben Zeit hat die Stadt auch einen Wochenmarkt nach dem andern auf den Plätzen der Stadt eingehen lassen, indem sie gut ventilierte, mit allen sanitären Vorrichtungen ausgestattete Markthallen in allen Stadtteilen anlegte, die täglich dem Publikum und den Verkäufern, die ein geringes Standgeld zu zahlen haben, offenstehen. Die Zentral-Markthalle am Bahnhofe Alexanderplatz dient zugleich dem Engroshandel, die in der Dorotheenstrasse ist die Hauptobstbörse Berlins [3]).

---

1) Berliner Gemeinderecht, Bd. IV, „Gaswerke und Elektrizitätsangelegenheiten" Berlin 1903.

2) Berliner Gemeinderecht, Bd. VI, „Schulverwaltung, Turn- und Badewesen" Berlin 1903, S. 239 ff.

3) Zur Zeit sind 14 Markthallen vorhanden, von denen eine (Nro. 12) ausser Betrieb gesetzt ist.

Die der Stadt seit 1826 übertragene Armenpflege[1]) wird durch die städtische Armendirektion verwaltet, unter welcher Armen-Kommissionen in den einzelnen Stadtteilen bestehen. Seit einigen Jahren sind zehn bis fünfzehn solcher Kommissionen je zu einem Armenamt unter der Leitung eines Magistrats-Assessors vereinigt. Stadtsergeanten besorgen in jeder Kommission die laufenden Geschäfte, namentlich die Botengänge. Die Armenpflege ist teils eine offene, bei der die Armen nach Prüfung des Bedürfnisses Geldunterstützungen, freie ärztliche Pflege (teils durch Armenärzte im Hause, teils in Krankenhäusern) freies Begräbnis u. s. w. empfangen, teils eine geschlossene in den städtischen Waisenhäusern, Siechenhäusern, Irrenhäusern (seit 1877 Dalldorf und daneben seit 1893 Herzberge). Für die Verpflegung städtischer Armen in nicht städtischen Kranken-, Siechen- und Irrenhäusern zahlt die Stadt die vereinbarten Pflegesätze, wobei sie auf Grund Vertrages von 1835 in der Charité 100000 freie Verpflegungstage zu beanspruchen hat, die ihr ratenweise von der Monatsrechnung in Abzug gebracht werden. Die Armendirektion als Vertreterin des Armenverbandes Berlin steht sowohl gegenüber den in geschlossener Armenpflege Verstorbenen als den dauernd in offener Armenpflege unterstützten Personen ein Erbrecht auf den Gesamtnachlass zu, was den Armen bei der Uebernahme in die Armenpflege protokollarisch eröffnet wird. Andere Einnahmen hat die Armen-Direktion aus schiedsmännischen Vergleichen in Berlin, aus dem Ueberschusse verfallener Pfänder und auf Fundgegenstände, wenn der Finder auf seine Rechte der Polizei gegenüber zu gunsten der Gemeinde verzichtet. So viel in Berlin auch schiedsmännlich verglichen wird, Pfänder verfallen und Finder verzichten, bieten diese Titel doch kaum grössere Erträge als das vorbehaltene Erbrecht. Dagegen geschieht durch Privatwohltätigkeit manches, um der drohenden Verarmung vorzubeugen, wobei des Bürger-Rettungs-Institutes gedacht sein mag, das an würdige Bürger zinsfreie Darlehen gibt, um sie gegen wucherische Ausnützung zu schützen.

Gewaltig wird auch der Etat Berlins durch die stetig notwendig werdenden Schulbauten belastet:

Das Schulwesen[2]) wird von der städtischen Schuldeputation bearbeitet, und zwar unter der technischen Leitung zweier Stadtschulräte, von denen einer das höhere Schulwesen, der andere die sog. Gemeindeschulen bearbeitet. Seit dem 1. Januar 1870 ist der Elementar-Unterricht in Berlin ein völlig unentgeltlicher, und sind seitdem die früher bestehenden Armenschulen, Parochialschulen und die meisten Privatschulen zu städtischen Schulen geworden, bei denen der Namen Gemeindeschule

---

1) Berliner Gemeinderecht, Bd. VIII, „Verwaltung der offenen Armenhilfe . . .“ Berlin 1905.

2) Ebenda, Bd. VI, „Schul-Verwaltung“ Berlin 1903.

statt des viel mehr bezeichnenden Stadtschule das einzig Verbesserungsbe-
dürftige ist. Fast in jedem Jahre entstehen mehrere neue Schulen, deren
Zahl jetzt schon 278 beträgt, in einfachen, aber angemessenen, gesund-
heitlich gut ausgestatteten Gebäuden. Zur Aufsicht über diese Schulen
stehen dem Schulrat mehrere Stadtschul-Inspektoren zur Seite.

Auch die höheren städtischen Schulen haben sich stetig vermehrt,
namentlich sind viele höhere Töchterschulen entstanden, trotzdem gerade
hier die Konkurrenz der Privatschulen siegreich geblieben ist.

Die an sich wenig erhebliche Schulpolizei ist dem Oberbürgermeister
überlassen; neuerdings hat sich ein Streit über die Frage erhoben, wie-
weit die Stadt über die zu Schulzwecken bestimmten Räume ausserhalb
der Schulzeit zu verfügen berechtigt ist.

Die Pflege von Kunst und Wissenschaft gehört nicht eigentlich zu
den Aufgaben der Stadtverwaltung, und so ist das, was sie auf diesen
Gebieten geleistet, von keiner grossen Erheblichkeit. Immerhin verdient
die künstlerische Ausstattung des Rathauses mit hervorragenden Gemälden
aus der Stadtgeschichte und manches Schmuckstück auf Brücken und
Plätzen den Dank der Berliner. Für die Wissenschaft hat die Stadt
durch die Schöpfung des Märkischen Provinzial-Museums, dem jetzt ein
schönes Heim nahe der Waisen-Brücke bereitet wird, durch die Anlage von
Volksbibliotheken, die in Gemeindeschulen aufgestellt und von Rektoren
im Nebenamte verwaltet werden, und durch Unterstützung wissenschaft-
licher Vereine manches für die Erhaltung der Altertümer und für die
Bildung der Bewohner getan, auch die Räume des Rathauses gastlich
allen Vereinen geöffnet, die keine Erwerbszwecke oder politische verfolgen, so dem 1865 gegründeten Verein für die Geschichte Berlins, der
sich seitdem die erheblichsten Verdienste um die Erforschung und Popula-
risierung der vaterstädtischen Geschichte erworben hat.

Hiermit wäre der Kreis der städtischen Verwaltung im wesentlichen
bezeichnet, manches Einzelne wird noch im folgenden erwähnt werden,
in dem ein Blick auf die kirchliche Verfassung, auf Kunst und Wissenschaft, Handel und Gewerbe in Berlin zu werfen ist.

Dieser Blick kann selbstredend nur ein ganz flüchtiger sein, doch
kann jeder, der sich bis in die Einzelheiten unterrichten will, auf die
bereits oben zitierten Verwaltungsberichte des Magistrats verwiesen werden.
Schon in den letzten Regierungsjahren Friedrich Wilhelms III. waren
vor der damaligen Stadtmauer die Kirchen in Moabit, die Elisabethkirche,
die auf dem Gesundbrunnen und die Golgathakirche gebaut worden. Unter
der folgenden Regierung entstanden aus Kollekten der Umwohner die
Matthäikirche im Tiergarten, die Lukaskirche, die Philipp-Apostelkirche
und die Jakobikirche; ferner wurde die im September 1809 durch Brand
zerstörte Petrikirche neugebaut. Die Stadt gründete die Andreas- und
die Markuskirche, der König die Bartholomäuskirche. Nur die letzten

sechs Kirchen lagen auf Gebiet, das damals politisch zu Berlin gehörte,
die anderen ausserhalb der Stadt, so erklärt es sich auch, dass die vor
den Toren befindlichen Kirchen unter königliches Patronat kamen, ebenso
wie Philipp-Apostel, die als Filia der königlichen Sophienkirche erachtet
wurde, Bartholomäus, die ganz und Jakobi, die teilweise auf königliche
Kosten gebaut waren. So kamen nur Markus und Andreas unter städtisches Patronat, unter dem Petri immer gewesen war. Alle diese Kirchen — vielleicht mit Ausnahme der letztgedachten — waren, als Vor-
stadtkirchen, die zum Teil aus milden Beiträgen entstanden waren, und
als Kirchen in wenig bevorzugten Gegenden, von einer spartanischen Einfachheit, die bei einzelnen an Dürftigkeit grenzte. Weit stattlicher war
die katholische St. Michaelkirche und vor allem die Synagoge in der
Oranienburgerstrasse, ein Meisterwerk von Knoblauch und eine kurze Zeit
weitaus das künstlerisch vollendetste Kultusgebäude in Berlin. Diesen,
man kann wohl sagen unwürdigen Zustand der evangelischen Kultusgebäude empfand endlich auch die Stadt, und sie liess durch den bekannten
Architekten und Kenner des Backsteinbaues in der Mark, Adler, der soeben durch den Bau der kleinen, aber wunderschönen Christuskirche für
die englische Judenmissions-Gesellschaft in der Wilhelmstrasse[1]) einen
Beweis seines gewaltigen Könnens abgelegt, auf dem Köpenicker Felde
auf einem schon bei Aufstellung des Bebauungsplanes ausgeworfenem
Gelände die prachtvolle, St. Gereon in Köln ähnelnde Thomaskirche aufführen und erhielt über sie das schon vorher verheissene Patronat. Hiermit glaubte aber die Stadt, ihrer moralischen Verpflichtung, sich der Ehre,
Hauptstadt der evangelischen Welt zu sein, würdig zu machen, Genüge
getan zu haben, und sie hätte die Pflicht, für die stetig anwachsende Bevölkerung Kirchengebäude zu schaffen, den rührigen Kirchenbauvereinen,
die dann allerdings nur Notbauten hergestellt, wie früher überlassen, wenn
nicht der Zufall hier zu Hilfe gekommen wäre. Im Jahre 1865 entschied
nämlich das in Fragen des Kirchenrechts fast immer unzulängliche Ober-
Tribunal in einer Frage über die Kirchenbaupflicht in Frankfurt a. O.,
dass es märkische Provinzial-Observanz sei, dass die Städte die vorhandenen Kirchen reparieren und erforderlich werdende neue auf ihre Kosten
herstellen müssen, falls nicht etwa das Kirchenvermögen dazu imstande,
und soweit nicht ein etwa vorhandener Patron dazu einen Beitrag —
ein Drittel oder die Baumaterialien — hergeben müsse[2]). Dieses mit den
denkbar schwächsten Gründen gestützte, selbst einem gewiegten Juristen
fast unverständliche Urteil sollte in Berlin Bedeutung gewinnen, seitdem

---

1) Sie ist vor einigen Jahren der Gesellschaft abgekauft und Kirche einer
neu begründeten evangelischen Gemeinde geworden.

2) Näheres: Schriften des Vereins für die Geschichte Berlins, Heft 39,
Berlin 1904.

hier, wie in ganz Preussen, die evangelische Kirche durch die Kirchen-
gemeinde und Synodalordnung vom 10. September 1873 das Laienelement
zur Teilnahme am Kirchenregimente berufen hatte. Dieses vom Landesherrn als dem obersten Bischofe aus eigenem Rechte erlassene Gesetz,
genau 300 Jahre nach der brandenburgischen Konsistorialordnung erlassen,
schuf in jeder Berliner Gemeinde einen Gemeinde-Kirchenrat und eine
Gemeindevertretung zur Verwaltung des kirchlichen Vermögens und zur
Hebung des kirchlichen Sinnes. Beide Organe verhielten sich zu einander
wie Magistrat und Stadtverordnete; der erste Geistliche ist der Vorsitzende,
die übrigen Geistlichen Mitglieder des Kirchenrats; die übrigen werden
von den männlichen, steuerzahlenden, grossjährigen evangelischen Mitgliedern, soweit sie sich in eine Liste haben eintragen lassen für beide
Aemter gewählt, und zwar auf sechs Jahre derart, dass immer die Hälfte
nach 3 Jahren ausscheidet, wobei indes Wiederwahl zulässig ist. Ueber
diesen untersten Organen stehen die Kreissynoden unter dem Vorsitze des
Superintendenten, zu denen jede Gemeinde soviel weltliche Beisitzer wählt,
als Geistliche, die von selbst Mitglieder der Synode sind, an ihr tätig
sind. Da Berlin vier Superintendanturen umfasst, treten hier auch jährlich vier Kreissynoden zusammen. Die vereinigten Berliner Synoden bilden die Berliner Stadtsynode.

In diesen Synoden machte sich nun die Ansicht geltend, dass jenes
Urteil des Ober-Tribunals die Stadt Berlin unbeschränkt zum Bau von
Kirchen verpflichte, und so wurden denn die Gemeindevertretungen angewiesen, den Klageweg gegen die Stadt zu beschreiten, falls diese beim
Unvermögen der Kirchenkasse nicht das zu Reparaturen und Neubauten
erforderliche Kapital hergeben wollte. Da die Observanz, die das Ober-
Tribunal angenommen, denn doch zu mystisch-dunkel war, leiteten jetzt
die Vertreter der Kirchengemeinden jene Pflicht aus der märkischen Kon-
sistorial-Ordnung von 1573 her, hatten damit auch den Erfolg, dass in
verschiedenen Prozessen ihre Ansprüche ihnen vom Kammergericht zuge-
billigt wurden, bis dieses Gericht, das in speziell brandenburgischen Sachen
verfassungsmässig letzte Instanz ist, durch das Urteil vom 12. März 1903
die bisher vertretene Ansicht als unzutreffend erwies. Sie ist es schon
deshalb, weil den vereinigten Kreissynoden Berlins das Recht verliehen
ist, Anleihen zum Kirchenbau aufzunehmen, von einem Unvermögen der
Kirchenkassen daher kaum noch gesprochen werden kann[1]). Immerhin
haben diese Prozesse den beklagenswerten Erfolg gehabt, dass in Berlin
an Stelle der früheren Opferwilligkeit für die Kirche vielfach Gleichgültigkeit getreten ist. Trotzdem sind gerade in den letzten Jahren dank des

---

1) Die Gemeindemitglieder bezahlen eine Kirchensteuer, die in einigen
Prozenten der von ihnen gezahlten Einkommensteuer besteht. Die sog. Liebesgaben an die Geistlichen sind fast überall abgelöst.

tatkräftigen Vorgehens der Kaiserin eine Reihe stattlicher Kirchen entstanden, ohne dass die Stadt auch nur bei einer das Patronat übernommen
hätte, was ihr infolge der Verdunkelung dieser Ehrenstellung durch jene
unseligen Prozesse kaum zu verdenken ist. Im grossen und ganzen hat
die neue Ordnung von 1873, welche manchem älteren Berliner Geistlichen,
so namentlich dem berühmten Kanzelredner Friedrich Arndt, so unsympathisch war, dass er sein Amt aufgab, keinen erheblichen Einfluss auf
die Hebung der Kirchlichkeit oder deren Schädigung ausgeübt. Zu letzterer
wirkten andere Einflüsse ein, so die Einführung der 13 Standesämter in
Berlin am 1. Oktober 1874 infolge der Zivilstandgesetzgebung. Hielt
doch seitdem es mancher nicht mehr für angezeigt, zu Taufen, Eheschlies-
sungen und bei Sterbefällen die Kirche in Anspruch zu nehmen.

Nicht eingefügt in die neue kirchliche Verfassung sind die mit Seel-
sorgern ausgestatteten Gefängnisse, Waisenhäuser, Hospitäler und Krankenhäuser, deren Geistliche nur mit beratender Stimme an den Synoden teilnehmen. Von den Personalgemeinden blieben die französische, die böhmische
und die Militärgemeinde ausserhalb der neuen Verfassung in ihrer bisherigen. An ihren Instituten und Kirchen hat sich nichts Erhebliches
geändert, nur ist seit 1900 eine zweite evangelische Garnisonskirche in
der Hasenheide hinzugetreten. Das Parochialsystem, nach dem jeder
evangelische Bewohner eines räumlich begrenzten Stadtteiles (Kirchspiel)
kirchlich zu diesem gehört, hat infolge der fortwährenden Umzüge und
des damit verbundenen Wechsels des Kirchspiels einen sehr ungünstigen
Einfluss dahin, dass sich das Gefühl der Zugehörigkeit zu einer bestimmten Kirche nicht mehr entwickeln kann; es ist daher das kirchliche Leben
in den Personalgemeinden kräftiger.

Die katholische Bevölkerung hat sich derart gehoben, dass Berlin mit
seinen rund 188000 Katholiken nach Köln die grösste katholische Stadt
in Preussen ist. Es untersteht dem Fürstbischofe von Breslau, welcher die
bischöflichen Reservatrechte z. B. Firmelungen und Kirchweihen von Zeit
zu Zeit selbst vornimmt oder durch einen Weihbischof verrichten lässt.
An der Spitze der katholischen Geistlichkeit in Berlin steht ein Probst.
Vor 1848 hatten die Katholiken nur die Hedwigskirche und die Sebastians-
kirche im Invalidenhause für ihren Kultus, von 1853—1856 wurde die
Michaeliskirche gebaut, und sind seitdem in den letzten Jahren sieben neue
katholische Kirchen in allen Stadtgegenden hinzugekommen.

Die griechischen Katholiken haben ihren Gottesdienst in der Kapelle
der russischen Botschaft und einen Begräbnisplatz bei Tegel; den Alt-
katholiken war früher die Heilige Geistkirche, jetzt die alte Klosterkirche eingeräumt.

Auch die grösste jüdische Stadt in Deutschland ist Berlin und verschiedene kleine Gebethäuser stehen neben der grossen Synagoge dem
Kultus zur Verfügung. Die sich lediglich in einigen Kultusformen von

den orthodoxen Juden unterscheidenden Reformjuden besitzen eine eigene Synagoge in der Johannisstrasse 16. Im ganzen gibt es rund 92 000 Juden in Berlin.

Neben diesen Religionsgemeinschaften bestehen in Berlin — wenn auch nicht stark an Mitgliederzahl — alle möglichen Sekten: Baptisten, Irvingianer, Alt-Lutheraner, ja selbst eine freireligiöse Gemeinde.

Alle Religionsgemeinschaften besitzen eine ganze Reihe von Wohltätigkeitsanstalten, die unter ihrer Leitung stehen. In den einzelnen evangelischen Kirchspielen besteht eine treffliche Gemeindepflege, die katholische Kirche verfügt über ein grossartiges Krankenhaus und das zur Erziehung junger Mädchen bestimmte Ursulinerinnen-Stift; die Juden haben ein mustergültiges Krankenhaus und ein gleich zweckdienliches Waisenhaus sich geschaffen[1]).

Alle Religionsgemeinschaften besitzen eigene Friedhöfe, doch war früher das Leichenfuhrwesen für alle — mit Ausnahme der Juden und Franzosen — einheitlich geregelt; und die Ueberschüsse dieses Leichenfuhrwerkswesens wurden an die Gemeinden verteilt, die damit meist Leichenhallen anlegten. Seitdem mit der Gewerbeordnung von 1869 das konzessionierte Leichenfuhrwesen abgeschafft, ist dies weggefallen. Jeder Berliner hat sich auf dem Friedhofe seiner Gemeinde beerdigen zu lassen, soll er auf einem anderen Kirchhofe beerdigt werden, so steht der berechtigten Gemeinde ein Anspruch auf Entschädigung zu.

So ruhen die seit der Mitte des 18. Jahrhunderts verstorbenen Berliner auf den Kirchhöfen ihrer Gemeinden, und da die meisten der bekannteren zu den Kirchspielen des Westens gehörten, findet man ihre letzten Ruhestätten vorwiegend im Westen der Stadt, namentlich auf den Kirchhöfen der Neuen- und Jerusalemerkirche, der Dreifaltigkeitskirche und der Matthäikirche.

In den letzten Jahren ist die Beschaffung neuer Kirchhöfe für die stets anwachsende Bevölkerung immer schwieriger geworden, da die Landbesitzer ihr Terrain einmal lieber als Bauland verwerten möchten, dann aber auch fürchten, dass durch die Nähe eines Kirchhofes das umliegende Land im Werte fallen werde. So hat denn die Stadtsynode bei Stahnsdorf ein grosses Terrain zu einem Friedhof erworben, um davon Teile an die Gemeinden mit unzureichendem Kirchhof abzutreten. Aber dies Gelände ist so schlecht erreichbar, dass bisher noch keine Gemeinde auf dasselbe reflektiert hat. Die Stadt Berlin, die bei Armut der Hinterbliebenen häufig das Begräbnis verstorbener Einwohner besorgen muss, hat hierzu einen ungeheuren Bürger-Friedhof bei Friedrichsfelde erworben, auf dem die Armen ohne Rücksicht auf ihre Kirchspiel-Zugehörigkeit bestattet

---

1) Nach dem Ergebnis der Volkszählung vom Dezember 1900 kommen in Berlin auf 100 Einwohner 85 Evangelische, 10 Katholiken und 5 Juden.

werden, hier befindet sich auch eine würdig ausgestattete Halle, in welcher die Urnen mit der Asche verbrannter Leichen beigesetzt werden. Die Leichenverbrennung findet bis jetzt in Berlin nicht statt, nur einzelne amputierte Körperteile werden in einer städtischen Anstalt in der Distelmeierstrasse durch Feuer vernichtet.

Weitaus das meiste von dem, was in Berlin an hervorragenden Werken der Architektur, Plastik und Malerei vorhanden ist, rührt aus der Zeit nach 1848, zum grössten Teile sogar erst aus den letzten Jahrzehnten her, die namentlich den plastischen Schmuck Berlins sehr vergrössert haben. Allerdings haben die Monumentalbauten des neuen Reichstagsgebäudes und des neuen Domes im Lustgarten ebensowenig allgemeinen Beifall gefunden, wie der Neptunsbrunnen, den die Stadt dem Kaiser Wilhelm II. zum Regierungsantritt schenkte, oder der vom Kaiser gestiftete Schmuck der Siegesallee, oder das Nationaldenkmal für Kaiser Wilhelm I. auf der beseitigten Schlossfreiheit und das Bismarck-Denkmal vor dem Reichstagsgebäude. Zum Teil liegt die ablehnende Haltung mancher Kreise gegen diese achtbaren, wenn auch nicht immer genialen Leistungen an der sich in der Kunst immer mehr ausbildenden Scheidung zwischen einer älteren und neueren Richtung (Sezession). Diese ist bereits dahin gediehen, dass die alljährlich von der Akademie der Künste[1]) veranstalteten Kunstausstellungen mit offiziellen Medaillen von einem Teile der Künstler nicht beschickt werden, dieser vielmehr eigene Ausstellungen veranstaltet und dabei Werke zeigt, die an Schönheit es in jeder Beziehung mit denen in der offiziellen Ausstellung aufnehmen können. Der Kampf stählt die Kräfte, und mancher ältere Künstler hat ebenso bewiesen, dass er ebenfalls die Forderungen der Jüngeren nach absoluter Lebenswahrheit erfüllen könne. Dies zeigte z. B. Adolf Menzel, der meisterhafte Darsteller des friedericianischen Heeres, als er sein vielbewundertes, heute in der National-Gallerie befindliches Walzwerk schuf. Aber auch die Jüngeren, die anfänglich zu stark das Hässlichwahre betonten, haben Konzessionen gemacht, und so keimt aus dieser Berührung kraftstrotzender Keckheit der Jüngeren mit der von den Aelteren hochgehaltenen Schönheit allmählich eine eigene Berliner Kunst hervor, die seit Schinkels Tode hier nicht heimisch gewesen ist. Gesunde Eigenart, kräftiges und natürliches Empfinden, beeinflusst vom mächtig pulsierenden Leben der Grossstadt.

Dasselbe lässt sich auf dem Gebiete der Literatur verfolgen, auch hier der Gegensatz und die allmähliche Annäherung und gegenseitige Befruchtung. Selbst Fontane bietet in seinen Romanen ein überraschendes Gegenstück zu Adolf Menzel; auch er hat gefühlt, dass die Zeit sich gewandelt hatte.

---

1) Von der Akademie der Künste ressortierten auch die verschiedenen Hochschulen für Musik, bildende Künste und Meisterateliers, die jetzt in Charlottenburg stattliche Räume erhalten haben.

Auch die Berliner Lokalposse, die vor 1848 sehr harmlos war und von Angely gepflegt wurde, dessen Typen Beckmann auf dem Königstädter Theater vortrefflich verkörperte, hat sich seitdem gewandelt. David Kalisch, der Mitbegründer des Kladderadatsch schärfte den harmlosen Witz zur beissenden Satyre, aber er sowohl wie die begabtesten seiner Nachfolger fühlten, dass der Berliner Geschmack daneben einen starken Schuss Sentimentalität verlange[1]). So haben denn auf dem im Jahre 1848 eröffneten Friedrich Wilhelmstädtischen Theater in der Schumannstrasse, namentlich aber auf dem 1853 eröffneten Wallnertheater und noch neuerdings auf dem Lessingtheater diejenigen Lokalpossen den meisten Anklang gefunden, in denen die weichen Züge recht zahlreich eingestreut waren. Auch Opern, in denen solche sentimentale Klänge vorkommen, haben in Berlin dauernd Glück gemacht, wobei nur an die von Lortzing, der bis zu seinem Tode am Friedrich Wilhelmstädtischen Theater als Kapellmeister wirkte, erinnert werden mag.

Ausser den gedachten Theatern ist namentlich seit Aufhebung des Konzessionszwanges durch die neue Gewerbeordnung eine ganze Reihe neuer Theater entstanden, wobei ganz besonders zu rühmen ist, dass die klassischen Stücke immer noch ihre urwüchsige Lebenskraft bewahren. Die Oper, deren Kräfte allerdings unendlich teuer zu entlohnen sind, wird fast nur vom Königlichen Theater gepflegt, und hat Richard Wagner hier allmählich den bevorzugten Rang erobert, den vor ihm Spontini und dann Meyerbeer behaupteten. Allerdings ist die Oper immer mehr zu einem Bildungsmittel der reichsten Kreise geworden, was zu beklagen ist. Dagegen ist die dramatische Kunst in Berlin ein wahres Volksbildungsmittel, das namentlich in den Schiller-Theatern jedem für billiges Geld gewährt wird. Trotzdem ist die Freude am Theater, die früher in Berlin so vorherrschend war, entschieden in Abnahme begriffen. Es liegt dies nicht an den Schauspielern, nicht an den Theaterräumen, auch nicht an den dargestellten Stücken und ihrer Ausstattung, sondern offenbar an der schwindenden Neigung, mehrere Stunden hindurch in Ruhe auf sich einwirken zu lassen. Es ist deshalb in einigen kleineren Theatern der Versuch gemacht, den Zuschauern während der Aufführung wenigstens den Genuss einer Zigarre und eines Trunkes zu gestatten, obgleich dies nicht unbedenklich ist[2]).

Trotzdem in Berlin viel und z. B. in der Philharmonie auch gute Musik ge-

---

1) Hierfür zeugen auch die prächtigen Humoresken des im August 1905 zu früh verstorbenen Julius Stinde. Der grosse Anklang, den seine „Familie Buchholz" gerade in Berlin gefunden, beweist, wie stark trotz alles kalten Verstandes das Gemüt bei den Berlinern entwickelt ist.

2) Weddigen, „Geschichte der Theater Deutschlands" Berlin 1904 ff. gibt S. 128—421 die Geschichte der einzelnen Berliner Theater mit Beigabe von Reproduktionen alter Theaterzettel, Abbildungen der Gebäude und der hervorragendsten Theaterleiter und darstellenden Künstler.

macht wird, ist Berlin doch nicht in dem Masse Musikstadt wie manche ihrer Schwestern im Reiche geworden. Leider sind die Konzerte von Bilse und Liebig, die einst hier populär waren, bis jetzt unersetzt geblieben. Diese Konzerte boten vortreffliche Musik gegen ein Eintrittsgeld, das auch den minder Wohlhabenden den häufigen Besuch gestattete.

Was Berlin für die Wissenschaft bedeutet, ist weltbekannt; namentlich an der Berliner Universität haben Männer gewirkt, deren Lebensarbeit zugleich einen Fortschritt der Menschheit bedeutet. Um nur von Verstorbenen zu reden, sei hier an Alexander v. Humboldt, die Brüder Grimm, Friedrich v. Savigny, Gneist, Duncker, Droysen, Helmholz, Mommsen, Hofmann und Virchow erinnert. Glänzende Namen strahlen auch in der Geschichte der zur Technischen Hochschule vereinigten Bau-Akademie und Gewerbe-Akademie. Deshalb ist auch die Teilnahme der Berliner an der Literatur eine bedeutende.

Eine Folge der 1848 eingeführten Pressfreiheit und des steigenden Interesses am politischen Leben war das Aufblühen der Berliner Presse, eine Zeitung neben der anderen entstand, und die bereits vorhandenen (die Vossische und die Spenersche) gewannen ein neues Leben. Hier ist namentlich die Neue Preussische (Kreuz)-Zeitung zu erwähnen, die geschickt geleitet und unabhängig bald genug eine Macht in den politischen Kämpfen darstellte, dann aber der von Dohm, Löwenstein[1]) und Kalisch[2]) gegründete „Kladderadatsch", der mit seiner scharfen Satyre der von ihm gestützten Ansicht regelmässig die Lacher als Bundesgenossen zur Seite stellte; es auch oft genug verstand, mit der Waffe der Lächerlichkeit Törichtes zu töten. Während sehr viele literarische Unternehmungen, die das Jahr 1848 gebar, inzwischen abgestorben sind, haben diese beide — so unendlich verschieden von einander — doch die gleiche zähe Lebenskraft bewiesen.

Seitdem hat in Berlin jede einzelne der zahllosen Parteischattierungen ein eigenes Organ erhalten, aber diese Zersplitterung ist auch der Grund dafür gewesen, dass Berlin bisher kein Weltblatt hervorgebracht hat. Eine weitere Verbreitung als die politischen Zeitungen haben jedenfalls die unpolitischen Tages- und Wochenchroniken gewonnen, die wie „Woche" und „Tag" ebenso eigenartig wie belehrend sind.

Mit dem Bau der neuen Börse, den Hitzig von 1859—1864 in der Burgstrasse an Stelle der unzulänglich gewordenen im Lustgarten aufgeführt hatte, beginnt zugleich ein neues Leben im Berliner Handel. Bald hernach (1873) erhielt auch die zur Reichsbank umgeschaffene preussische Bank von demselben Architekten ein neues Heim, und verschiedene

---

1) Rudolf Löwenstein war zugleich ein tüchtiger Lyriker, dessen Kinderlieder und „Freifrau von Droste Vischering" allgemein bekannt sind.

2) David Kalisch, ein geborener Breslauer lebte seit 1847 in Berlin, wo er auch 1872 starb. Er war der Schwiegervater des bekannten Feuilletonisten und Lustspieldichters Paul Lindau.

Bankinstitute, die nach dem Milliardensegen des Frankfurter Friedens wie Pilze emporschossen, siedelten sich zum Teil in eigenen Gebäuden in der nördlichen Friedrichstadt an. Der schnelle Geldzufluss hatte allerdings ein Gründungsfieber im Gefolge, das schwere wirtschaftliche Gefahren mit sich brachte. Da wurde alles nur Denkbare gegründet, selbst die alte Spenersche Zeitung, die dies allerdings nicht lange überlebte. Diese erregten Spekulationen, bei denen gewöhnlich die gegründeten Unternehmungen viel zu teuer erworben waren, dienten oft genug nur dazu, den Gründern den Gewinn aus der künstlichen Steigerung der Aktien zu verschaffen, und diejenigen, welche von ihnen solche zum künstlich geschraubten Kurse erworben hatten, verloren oft genug dabei ihr ganzes Vermögen. Damals erlebte Berlin die zahllosen Gründerprozesse, in denen gewöhnlich der Gründungsprospekt als Vorspiegelung falscher Tatsachen festgestellt und die daran Beteiligten wegen Betruges bestraft worden, und es war in gewissen Kreisen, die sonst mit dem Strafgesetze nichts zu tun haben, der erste Staatsanwalt am Berliner Stadtgerichte Tessendorf die gefürchtetste Person. Lange hat Berlin an diesen Schwindelmanoeuvren der sog. Gründerzeit zu kranken gehabt und die Folgen erst allmählich überwunden. Es tauchte auch — allerdings verfrüht — der Gedanke in spekulativen Köpfen auf, nach Londoner Vorbild Villenvorstädte anzulegen, meist für eine Familie berechnet, deren Ernährer in der Stadt seinem Geschäfte oder Berufe nachgehen könnte, um dann den Rest des Tages in freier Natur zu verleben. Der Gedanke war verfrüht, da die Mangelhaftigkeit der Verbindungen dem Plane damals entgegenstand, und so standen denn die damals ins Leben gerufenen Villenkolonien Westend, Lichterfelde, Südende u. s. w. zunächst zum guten Teile auf dem Papier, und der kyklopenhafte Wasserturm in Westend, sowie der in Lichterfelde waren Jahre hindurch Wahrzeichen unbebauten Geländes und kühner Spekulation.

Es hat viele Jahre gedauert, ehe die wirtschaftlichen und die sittlichen Schäden dieser Zeit überwunden waren, und der alte solide Geist des Berliner Handelsstandes wieder zur Geltung gelangte. Ein Hauptverdienst hieran können sich die Aeltesten der Berliner Kaufmannschaft zuschreiben, die gewählten Vertreter der zum Verkehr auf der Berliner Börse zugelassenen Kaufleute. Dieselben haben durch ihre Schiedssprüche, wie durch ihre den Gerichten auf deren Ansuchen erstatteten Gutachten immer das Panier von Treu und Glauben im Handelsverkehre hochgehalten und Auswüchse zu beschneiden verstanden. Das Jahr 1879 brachte dann die Beteiligung der Geschäftswelt an der Rechtsprechung in Handelssachen durch Handelsrichter, von denen heute 144 in den 36 Kammern für Handelssachen am Landgericht I zu Berlin wirken, und zwar zur Hälfte als Stellvertreter. Neben den einen Teil der Kaufmannschaft vertretenden Aeltesten ist seit 1904 auch aus allen Berliner Kaufleuten gebildete Handelskammer mit den gesetzlich einer solchen zustehenden Befugnissen gebildet worden.

Eine Idee von der Grossartigkeit des Berliner Handels gewährt die Tatsache, dass das beim Berliner Amtsgericht I geführte Handelsregister das alljährlich in einem Quartbande im Druck erscheint, in der Ausgabe von 1905 die Einzelfirmen, offenen Handelsgesellschaften und Kommanditgesellschaften auf 1074 Seiten, die Aktiengesellschaften, Kommandit-Gesellschaften auf Aktien, die Aktiengesellschaften mit beschränkter Haftung und die Versicherungsvereine auf Aktien auf 420 Seiten aufführt.

Eine besondere Schädigung des kleineren Handelsbetriebes hat man von den Warenhäusern erwartet, die seit einigen Jahren in verschiedenen Stadtteilen, namentlich aber in der Leipzigerstrasse entstanden sind, doch lässt sich schon jetzt übersehen, dass die Befürchtungen bez. dieses schädigenden Einflusses übertriebene gewesen sind [1]).

Wie schon erwähnt, hatte die Gewerbefreiheit den früheren Innungen den Lebensnerv getötet; der Halt, den hier der wirtschaftlich Schwächere an dem Verbande gefunden, war gelockert; überall trat der Fabrikationsbetrieb an Stelle der kleinen Betriebe, und wie schon früher beim Seidenwirkergewerbe wurden jetzt im immer steigenden Masse die einst selbständigen Handwerker zu Arbeitern für grössere kapitalkräftige Unternehmer. Hiermit büsste ein ehemals wichtiger, namentlich um die Erziehung des Nachwuchses verdienter Stand an seiner Bedeutung ein, wenn auch bei den steigenden Wohlstandsverhältnissen diese Fabrikarbeiter oft genug besser gestellt waren als die meisten kleinen Handwerksmeister.

Die hier begangenen Fehler wurden in etwas durch die Handwerkskammer für Berlin behoben, die auf Grund des § 103 m der Gewerbeordnung in der Fassung des Reichsgesetzes vom 26. Juli 1897 durch Statut vom 31. August 1899 eingerichtet ist. Sie hat ihren Sitz in Berlin und 3 Abteilungen, von denen die erste den Stadtkreis Berlin umfasst. Ferner hat die Stadt bez. die Verwaltungsdeputation für die Gewerbeangelegenheiten durch Errichtung der verschiedensten Handwerkerschulen, in denen tüchtige Kräfte den jungen Nachwuchs unterrichten, sich grosse Verdienste um die Hebung des Handwerks, dem auch die höhere städtische Webeschule dient, erworben.

Dass alle gewerblichen Arbeiter durch die grossartige soziale Gesetzgebung des Reiches in Fällen von Krankheiten, Invalidität und Betriebsunfällen für sich und ihre Familien gesichert sind, bedarf hier nur der Erwähnung, denn die Bildung und Ausgestaltung dieses Zweiges ist in Berlin dieselbe wie im übrigen Reiche. Besonders segensreich ist

---

1) Nach dem Gesetze vom 18. Juli 1900 unterliegt der Kleinhandel mit verschiedenen Warengruppen bei einem Umsatze von mehr als 400 000 Mk. im Jahre einer besonderen Gewerbesteuer.

das durch Ortsstatut vom 6. Juni 1902 an Stelle eines älteren von 1892
in Ausführung des Gewerbegerichtsgesetzes vom 30. Juni 1901 für den
Gemeindebezirk Berlin errichtete Gewerbegericht geworden. Es besteht
unter dem Vorsitze eines Juristen aus je zwei auf sechs Jahre gewählten
Vertretern der Arbeitgeber und Arbeitnehmer mit einer sehr ausgedehnten
Zuständigkeit und hat namentlich in seiner Eigenschaft als Einigungsamt
bei Arbeitseinstellungen einen hohen Ruf als taktvolle und versöhnende
Behörde sich erworben. Als Gericht zweiter Instanz ist diesem Gerichte
das Landgericht I zu Berlin übergeordnet. Es zerfällt in 8 Kammern,
aus denen sich der Umfang der hier blühenden Gewerbe leicht erkennen
lässt: Schneiderei und Näherei — Textil-, Leder- und Putzindustrie —
Baugewerbe — Holz- und Schnitzstoffe — Metalle — Nahrungsmittel,
Beherbergung und Beköstigung — Handel- und Verkehrsgewerbe — son-
stige Industriezweige [1]).

Ein Ehrentag für das Berliner Gewerbe war die mit einem stattlichen Ueberschusse abschliessende Gewerbeausstellung im Sommer 1879
im Ausstellungsgarten zu Moabit; eine 17 Jahre später in Treptow statt-
findende Wiederholung im grösseren Massstabe hatte indes durch die Ungunst des Wetters und des gewählten Ausstellungsortes zu leiden. Auf
letzterer war auch nach dem Vorbilde der Antwerpener Ausstellung eine
Sonderausstellung „Alt Berlin“ geschaffen, die ein künstlerisch vollendetes
Bild einer alten Stadt, wenn auch nicht gerade Berlins, den Besuchern
zeigte. Der oft erörterte Plan, eine allgemeine Weltausstellung in Berlin
zu veranstalten, hat für die nächste Zeit kaum Aussicht auf Verwirk-
lichung, da hier zwar alle sonstigen Bedingungen für den Erfolg einer
solchen gegeben sind, die Erledigung der Platzfrage aber unüberwindlich
scheinenden Schwierigkeiten begegnet.

Einiger Gewerbe ist hier besonders zu gedenken: Seit 1870 war
Berlin nicht nur Hauptstadt des neuen Deutschen Reiches, sondern zugleich eine Stätte geworden, die auf einmal in der ganzen Welt des Be-
suches und der Beachtung wert erschien. Dies machte sich nun auf
das Gewerbe, soweit es Verpflegung und Belustigung der Fremden betraf, immer mehr geltend. Neben den alten einfachen Hotels erstanden
immer mehr auf den Luxus berechnete und neben, oft an Stelle der
schmucklosen Konditoreien und Weinstuben glänzende Restaurants, die
namentlich das Bild der Prachtstrasse Unter den Linden schnell veränderten. Heute bestehen in Berlin über 300 Hotels, Hospize und Gast-
häuser, die jedem Bedürfnisse und jedem Geldbeutel angepasst sind; namentlich die nächste Umgebung der Bahnhöfe hat zur Anlage solcher
Stätten geführt. Selbst den ganz Armen ist im Asyl für Obdachlose

---

1) Berliner Gemeinderecht, Bd. VII „Gewerbeangelegenheiten, Kranken-
versicherung etc.“ Berlin 1905.

ein Heim in Fällen vorübergehender Wohnungslosigkeit geschaffen.

Im Jahre 1850 entstanden die Omnibusse mit ihren billigen Tarifen, die Droschken vermehrten sich und verbesserten sich auch, seitdem die Polizei es verhinderte, dass zu schlechtes Pferdematerial zur Bespannung benutzt wurde. Später entstanden bessere Droschken erster Klassen und solche mit Fahrtmessern (Taxametern) und Automobildroschken. Bereits 1865 war Charlottenburg mit dem Kupfergraben durch eine Pferdebahn verbunden, die eingeleisig, an Sonntagen überfüllt und an Wochentagen leer war. Erst seit 1871 entstanden Pferdebahnlinien im Innern der Stadt, die sich stetig vermehrten und schliesslich den Pferdebetrieb durch Elektrizität ersetzten. Fast alle Linien werden von der grossen Strassenbahngesellschaft betrieben, die der Stadt Berlin eine Rente für die Benützung ihrer Strassen zu zahlen hat und verpflichtet ist, ihre Linien im Jahre 1949 an die Stadt abzutreten. Diese hat inzwischen das Recht erstritten, auch ihrerseits Strassenbahnen anzulegen, wenn dadurch auch jener Gesellschaft Abbruch geschehen sollte. Neben den mehr als 100 Linien, welche sie in Berlin und in den Vororten betreibt, sind die übrigen Vorortbahnen von geringer Bedeutung. Ein gigantisches Unternehmen ist dagegen die elektrische Hoch- und Untergrundbahn, welche von der Warschauerbrücke bis zum Knie in Charlottenburg führt und demnächst bis nach Westend fortgesetzt wird. Ein Gegenstück zu diesem technischen Wunderwerk bildet die nach vielen Jahren harter Arbeit im Jahre 1900 vollendete Untertunnelung der Spree bei Stralau, deren praktische Bedeutung indes sehr gering ist.

Der Ringbahn und der Stadtbahn ist schon oben gedacht worden.

Der Wasserverkehr Berlins ist ebenfalls erst seit 1848 in einer entsprechenden Weise geregelt worden. Allerdings stand Berlin seit Eröffnung des Müllroser Kanals auch mit der Oder in Verbindung, aber der Schiffsverkehr durch Berlin war auf den schmalen mit einer Schleuse versehenen Spreearm angewiesen. So kam es, dass oft Schiffe wochenlang in Berlin verweilen mussten, wodurch die Frachtsätze stiegen und ein Teil des Nutzens der Wasserverbindung verloren ging. Eine wesentliche Abhilfe schaffte der 1848 angelegte Landwehrkanal, der vom schlesischen Tore bis nach Charlottenburg südlich im Bogen die Stadt umspannt, und bei dem Verlassen der Spree und der Wiedereinmündung mit Schleuse und Freiarche versehen ist. Da bei der Anlage des Kanals das Köpenicker Feld noch fast unbebaut war, konnte dann noch ein zweiter Kanal, der Luisenstädtische, durch dasselbe angelegt werden, und zwar in einer Kurve von der Schillingsbrücke bis zum Urban. Als Entladestellen waren auf dem Landwehrkanal das Bassin zwischen Anhalter- und Potsdamer Bahnhof (Hafenplatz), auf dem Luisenstädter Engelbecken und Wassertorbecken vorgesehen. Die untere Spree ward durch den am Humboldthafen beginnenden Spandauer Schiffahrtskanal entlastet, der indes nur im kleinsten Teile seines Laufes Berliner Gebiet durchfliesst. Waren diese Wasserverbindungen auch für den Verkehr mit den Nachbargebieten segensreich, so hatten sie doch erhebliche Uebelstände für den Strassenverkehr und für die Gesundheit im Gefolge. Denn die Kanäle waren mit Holzbrücken überspannt, die beim Passieren von Kähnen aufgezogen wurden und, da Schmutzstoffe in sie eingeführt wurden, waren sie teilweise, namentlich im Sommer, förmliche Kloaken. Diese Missstände sind, seitdem die Stadt die Strassenpolizei übernommen und die Klappbrücken durch hochgespannte ersetzte, auch den Schmutzstoffen durch die Kanalisation einen anderen Abfluss verschaffte, beseitigt. Seitdem stauen sich nicht mehr Hunderte bei aufgezogener Brücke und die Ufer des Landwehrkanals sind aus gemiedenen Stätten zu lieblichen Promenaden geworden, namentlich von der Potsdamer Brücke bis nach Charlottenburg. Ebenso war es ein Vorteil, dass seit 1877 die alten Festungsgräben (Königsgraben, grüner Graben) zugeschüttet wurden, die ohne Bedeutung für den Schiffsverkehr zu gefährlichen Kloaken geworden waren. Von noch grösserer Wichtigkeit war das Riesenunternehmen, den toten Spreearm am Mühlendamm für den Schiffsverkehr nutzbar zu machen. Hierzu war neben den schwierigsten Wasserbauten die Beseitigung der dortigen Mühlen erforderlich. Das nach vielen Jahren rastloser Arbeit im Herbst 1894 eröffnete Werk gestattet in Verbindung mit der vom Staate in den Jahren 1883—1886 ausgeführten Regulierung der Unterspree selbst Schiffen mit 10000 Zentnern Tragfähigkeit die Durchfahrt durch Berlin. Die am Mühlendamm befindliche Schleuse ist im Stande, täglich ein Durchschleusen von mehr als 200 Schiffen zu leisten. Die Kosten des von Wiebe entworfenen Werkes betrugen 11 Millionen, von denen der Staat 3¹/₅ Million, den Rest die Stadt gezahlt hat. Diese Bauten am Mühlendamme haben zugleich den Charakter jener Gegend völlig verändert. Statt der engen Passage über denselben mit den entsetzlichen Trödlerhöhlen führt jetzt eine breite Prachtstrasse mit Brücke über die Spree, und das Schleusenmeisterhäuschen stromaufwärts und das städtische Verwaltungsgebäude auf der Brücke lassen eine Gegend schön erscheinen, die bisher zu den unschönsten gehört hatte. Allerdings hat der bisher tote Spreearm in seiner bisherigen Bedeutung als Anlegestelle etwas an seinem Werte verloren, da er jetzt als Schiffahrtsstrasse in erster Linie dem Durchgangsverkehr zu dienen hat.

In den letzten Jahren hat auch der Verkehr von Vergnügungsdampfern auf der Spree, der früher ein sehr geringer war, mächtig zugenommen und den Berlinern eine leichte und angenehme Fahrt nach den reizenden Gegenden an der Oberspree ermöglicht. Da gleichzeitig die Freude der Bewohner am Segel- und Rudersport mächtig gewachsen, so wimmeln an schönen Tagen die Gewässer ausserhalb der Stadt von Fahrzeugen aller Art. Eine Entlastung des Schiffsverkehrs durch Berlin ist

von der bevorstehenden Vollendung des Teltowkanals zu erwarten, der
in einem gewaltigen Bogen von Glinicke bei Potsdam über Machenow,
Teltow, Gross-Lichterfelde und Rixdorf bis zur Spree geführt ist, diese
also mit der Havel verbindet.

Einen stattlichen Hafen hat die Stadt auch mit der Schaffung eines
weiten Bassins im Landwehrkanal am Urban gewonnen.

Der Wert dieser Wasserstrassen für Berlin wird mit dem weiteren
Ausbau des deutschen und des europäischen Kanalnetzes ein immer
grösserer werden und dazu beitragen, die Versorgung der Stadt vom Fest-
lande und den Absatz ihrer Produkte auch für den Fall zu sichern, dass
einmal der Verkehr über die Ozeane gehemmt sein sollte.

Da Berlin, das 1848 rund 400 000 Einwohner zählte, sich bis auf
rund 2 Millionen vergrössert, also an Einwohnern verfünffacht hat, so
hat hier das Baugewerbe seit 1848 eine ganz besonders hervorragende
Rolle in Berlin gespielt. Unmittelbar nach diesem Jahre begann, nachdem die schwierige Separation mit den Interessenten durchgeführt war,
der Anbau des Köpenickerfeldes (Luisenstadt) und des Viertels vor dem
Potsdamer- und Anhaltertore, des sog. Geheimenrats-Viertels. Nachdem
dann seit 1858 von den staatlichen und städtischen Organen ein Bebau-
ungsplan ausgearbeitet war, der sich auch auf die Eingemeindungen erstreckte, begann eine starke Bautätigkeit, die sich nach 1866 und besonders nach 1871 noch bedeutend steigerte. Die Stadtmauer hinderte jetzt
nicht mehr, wohl aber hat die Ringbahn vielfach die bauliche Entwicklung des Innenringes beeinflusst. Leider wurde die gesunde Entwicklung
gerade auf diesem Gebiete durch die Schwindelepoche der Gründerjahre
am meisten gestört, da neben verkrachten Gesellschaften auch Private
ohne den erforderlichen Kredit zu bauen begannen, um dann den Bau-
handwerkern das Geld schuldig zu bleiben. Der Bauherr war oft genug
eine vorgeschobene Person, hinter dem dann andere standen, die das
halbbebaute Grundstück wohlfeil in der Subhastation erstanden und das
geglückte Manoeuvre fortzusetzen versuchten. Jedenfalls ist die Bautätigkeit nach der allmählichen Gesundung dieser Verhältnisse immer eine sehr
rege geblieben, und Wohnhäuser und Fabriken entstanden oft genug auf
Flächen, auf denen noch vor kaum Jahresfrist der Pflug gegangen. Jetzt
ist der Grund und Boden der eigentlichen, d. h. der politischen Stadt
bereits derart angebaut, dass unbebaute Flächen im nennenswerten Umfange kaum noch vorhanden sind. Hieraus erklärt sich die stete Steigerung des Bodenwertes in vielen, nicht einmal bevorzugten Gegenden, was
dann wieder zur Folge hat, dass verhältnismässig rasch ein Bau durch
einen Neubau ersetzt wird, der eine noch intensivere Ausnützung des
Bodens gestattet[1]). Eine weitere Folge ist die Verlegung der Fabriken

---

1) Man nimmt auf Grund jahrelanger Erfahrung auf dem Berliner Grund-

an die Peripherie, wo der Bodenwert, namentlich im Osten noch geringer ist, und zugleich ein grösseres Mass von Lärmen ertragen werden muss als in anderen Stadtteilen. Aber auch, wo dies der Fall, hat die segensreiche Judikatur der Berliner Gerichte doch dafür gesorgt, dass der oft gedankenlos bewirkte unnötige Lärmen der Maschinen durch alle möglichen Vorkehrungen auf das denkbar geringste Mass herabgemindert wird. Hierin liegt zugleich ein wertvolles erziehliches Moment, da sich jeder daran gewöhnt, bei seinen Unternehmungen auf den Nachbar Rücksicht zu nehmen. Das ist aber in einer Grossstadt von höchster Wichtigkeit, da hier die Rücksicht auf die Nachbarn gar nicht weit genug getrieben werden kann.

Eine Folge der dichten Bebauung Berlins ist der fortschreitende, jetzt auch durch alle möglichen Verkehrsmittel unterstützte Anbau und Ausbau der Nachbarorte. Da ist zunächst Charlottenburg[2]), früher ein unbedeutendes Dorf Lietzow, in dem König Friedrich I. durch Eosander v. Goethe ein stattliches Schloss für seine zweite Gemahlin Sophie Charlotte aufführen liess, die hier im Parke mit Leibniz Gedanken über die Unsterblichkeit der Seele tauschte. Im Jahre 1721 zur Residenz erhoben, war es später Lieblingssitz Friedrich Wilhelms III., der hier mit seiner Gemahlin auch im Mausoleum beim Schlosse die letzte Ruhestätte gefunden hat. Aber bis vor einem Menschenalter war es ein unbedeutender Ort mit kaum 20000 Bewohnern; seitdem ist es im Norden und Süden völlig mit Berlin verwachsen, und der beide Städte einst trennende Tiergarten zu einem beiden gemeinsamen Parke geworden. An Charlottenburg grenzen dann die zu Villenkolonien gewordenen Dörfer Schmargendorf und Wilmersdorf, dieses mit den Ausbauten Halensee und Grunewald bis an den Nordrand des hier durch künstliche Seen und Gartenanlagen zu einem Parke umgeschaffenen Grunewaldes, der durch die Prachtstrasse Kurfürstendamm mit dem Berliner Zoologischen Garten in Verbindung steht. Wohl an 300000 Seelen bewohnen diese reichsten und schönsten

---

stücksmarkte an, dass je nach der Sicherheit und Ausnutzungsart eines Grundstücks der Eigentümer auf eine Verzinsung zu 4, 4^1/$_2$ oder 5% zu rechnen hat, letzteres z. B. bei einem von vielen kleinen Mietern bewohnten oder in ungünstiger Gegend gelegenen Hause. Deshalb wird z. B. bei Enteignungen eines Grundstücks in Berlin der Wert desselben so berechnet, dass man bei bestmöglicher Ausnützung den jährlichen Ertragswert ermittelt und diesen dann mit 25, 22^1/$_2$ oder 20 multipliziert.

1) Ueber die ältere Geschichte der Nachbarorte orientiert N i c o l a i im III. Bande seiner „Beschreibung der königlichen Residenzstädte und Potsdam" . . . Berlin 1786.

2) F. S c h u l t z , „Chronik der Stadt Charlottenburg" Charlottenburg 1887—1888.

Berliner Vororte. An sie reiht sich Schöneberg[1]), einst ein unbedeutendes Dorf, seit zehn Jahren eine Stadt, heute von mehr als 100000 Seelen, die durch die südlich vorgelagerte Villenkolonie Friedenau, die zum Teile villenartig ausgebauten Dörfer Steglitz, Gross-Lichterfelde, Dahlem, Zehlendorf und die Villenkolonie Schlachtensee den Grunewald an seiner Südspitze bereits erreicht hat. An Gross-Lichterfelde, das jetzt allein gegen 36000 Seelen hat, schliessen sich östlich Lankwitz, Südende und das alte Tempelhof[2]), dann das ebenfalls vor 10 Jahren zur Stadt erhobene frühere Weberdorf Rixdorf mit mehr als 100000 Seelen, das mit der zur Spree reichenden Villenkolonie Treptow zusammenhängt. Auch mit Berlin stehen diese Vororte im baulichen Zusammenhange, nur zwischen Tempelhof dehnt sich das grosse, zu den Uebungen der Garnison bestimmte Tempelhofer Feld, sicherlich das wertvollste Besitztum des Reichs-Militärfiskus. Im Norden Berlins Treptow gegenüber bilden das Dorf Stralow, die einstige Kolonie Friedrichsberg, die Dörfer Lichtenberg und Friedrichsfelde[3]) eine zusammenhängende angebaute Fläche, ebenso weiter östlich die Dörfer Weissensee mit Neu-Weissensee, Heinersdorf, Pankow, Nieder-Schönhausen, Reinickendorf, Dalldorf und Tegel mit dem Schlösschen der Humboldt am Tegeler See, einer Ausbuchtung der Havel, während von hier bis südlich zur Spree sich die ebenfalls immer mehr mit einzelnen Anlagen besetzte Jungfernheide anschliesst. Alle diese Vororte tragen, wie sehr erklärlich, vorwiegend den Charakter des an sie grenzenden Berliner Stadtteiles, der vornehmen Dorotheenstadt ähnelt Charlottenburg, der wohlhabenden Potsdamer Vorstadt Schöneberg, der gewerbereichen Luisenstadt Rixdorf und ebenso die östlichen und nördlichen Vororte den angrenzenden Berliner Stadtteilen. Viele öffentliche Institute sind seit 20 Jahren in diese Vororte verlegt, so Teile der Hofverwaltung sowie das Polytechnikum und die Kunstschulen nach Charlottenburg, nach Lichterfelde bereits 1878 das Kadettenhaus, dem seitdem in jener Gegend mehrere Kasernen gefolgt sind, der botanische Garten nach Dahlem u. s. w. Im Norden ist dies weniger der Fall, doch befinden sich hier, wie schon erwähnt, verschiedene Anstalten der Stadt Berlin. Diese Berlin wie ein Kranz umgebenden Vororte haben, wenn auch nur Charlottenburg, Rixdorf und Schöneberg rechtlich Städte sind, durchaus städtischen Charakter; Prachtkirchen erheben sich in ihnen an Stellen der alten Dorfkirchen, in einem stattlichen Rathause wird meist die Gemeindeverwaltung ausgeübt, und die südlichen Vororte haben höhere Lehranstalten der verschiedensten Art.

---

1) W. Spatz, „Aus der Geschichte Schönebergs" Berlin 1899.

2) C. Brecht, „Das Dorf Tempelhof", Schriften des Vereins für Geschichte Berlins, Heft 15, Berlin 1878.

3) Die dem Rennsport dienende Kolonie Karlshorst war ursprünglich ein Vorwerk von Friedrichsfelde.

So ist — da die Vororte zusammen zur Zeit wohl eine Million Bewohner haben — ein Gross-Berlin mit etwa 3 Millionen entstanden und
wächst täglich an Bedeutung und Ausdehnung, das politisch aus einer
ganzen Reihe von Städten, Dörfern u. s. w. gebildet wird. Mit der Stadtgemeinde Berlin haben die Bewohner dieser Vororte politisch nichts zu
tun. Diese Entwicklung hat ihre Vorzüge und ihre Nachteile. Zunächst
hat sich die Befürchtung als grundlos erwiesen, dass die teurere Lebens-
haltung in Berlin und das davon abhängige kostspieligere Angebot von
Arbeitskräften nach und nach viele Arbeitszweige aus Berlin in die bil-
ligere Provinz führen werde. Ganz unbegründet ist diese Befürchtung
auch nicht, da beispielsweise manche Berliner Verleger an kleinen und
kleinsten Orten Deutschlands drucken lassen. Aber im grossen und
ganzen ist die Gefahr doch sehr überschätzt worden, hauptsächlich deshalb, weil man in Berlin verhältnismässig gar nicht so teuer lebt, dann
aber Berlin mit seinen Vororten selbst ein so ungeheurer Abnehmer ist,
dass die etwas teureren Erzeugungskosten durch die Ersparung der Transportkosten wieder aufgewogen werden. Allerdings werden aber der Ver-
billigung wegen die grösseren Fabrikationsbetriebe immer weiter an die
Peripherie des bebauten Geländes hinausverlegt, da der Baugrund im
Zentrum stetig im Werte steigt. Diese Verlegung ist aber spreeaufwärts,
wo sich z. B. die durch Spindler repräsentierte Berliner Färberei vor
den Toren Köpenicks eine ganze Stadt gegründet, leicht ohne erhebliche
Verteuerung der Transportkosten möglich. Aber in mancher Beziehung
machen sich doch Störungen geltend, die, wenn jene Orte in Berlin ein-
gemeindet wären, nicht vorkommen würden. Es ist jetzt derselbe Zustand mit denselben Mängeln vorhanden, der von 1670—1710 in Berlin
bestanden. Damals hatten sich auch mehrere selbständige Kommunen
neben dem alten Berlin-Köln gebildet, die man dann, um die steten Reibereien zwischen ihnen zu beseitigen, zu einer Gesamtstadt vereinte.
Auch jetzt führt dies Nebeneinanderbestehen vieler selbständigen Gemeinden auf allen möglichen Gebieten zu Wunderlichkeiten aller Art, gibt zu Zuständigkeits-Streitigkeiten die Veranlassung, erschwert auch bisweilen das
Zustandekommen eines Unternehmens, das ausser Berlin noch eine oder
mehrere Nachbargemeinden betrifft. Es ist ferner wunderlich, dass zahlreiche Personen, die in Berlin leben, aber eine zu Schöneberg gehörige
Wohnung haben, als Schöneberger besteuert werden, obgleich sie für die
kommunalen Verhältnisse dieses Vorortes nicht das geringste Interesse
haben. Ihnen kommen fast alle Einrichtungen zugute, für welche die
Berliner besteuert werden, und sie zahlen ihre Steuern bisweilen für Pro-
vinzialzwecke, an denen sie naturgemäss gar kein Interesse haben können,
wie z. B. viele Vorortsbewohner für eine entlegene Kreischaussee. So
kann sich auch kein rechter Bürgersinn mehr ausbilden, wenigstens nicht
mehr im Masse wie früher, wenn man heute beim Umzuge in ein Neben-

haus aufhört, Berliner zu sein und Mitglied einer Dorfgemeinde wird, die
politisch als Kreisteil weiter behandelt wird. Zu welchen Wunderlichkeiten dies namentlich in Bezug auf den Unterstützungswohnsitz und die
Leistungen des Armenverbandes führt, mag hier nur angedeutet werden.
Aber es liegt auf der Hand, dass nicht mehr — wie 1709 — mit einigen
Federstrichen eine Eingemeindung vorgenommen werden kann, da jetzt
unzählige Schwierigkeiten dem entgegenstehen, die damals der Wille des
absoluten Fürsten leicht beseitigen konnte. Man darf auch nicht übersehen, dass die Städteordnung von 1853 überhaupt nicht Riesengebilde
wie das heutige Gross-Berlin im Auge gehabt, und auch die Gesetzgebung
der nächsten 30 Jahre hat damit nicht rechnen können. Es werden daher hier vielleicht erst nach Jahrzehnten, wenn die heute noch erträg-
lichen Zustände unerträglicher geworden, neue Formen gefunden werden,
unter denen Berlin mit den Vororten zu einer kommunalen Einheit ver-
schmolzen werden kann. Zur Zeit ist diese unendlich schwierige Frage
noch nicht irgendwie brennend, und so erklärt es sich auch, dass die
zum 1. Juni 1906 in Berlin ins Leben tretende neue Gerichtsorganisation
von einer Eingemeindung absieht und neue Amtsgerichte in Schöneberg,
Gross-Lichterfelde, Lichtenberg, Wedding, Weissensee und Pankow
gründet, während sie die Bezeichnung der Amtsgerichte I und II Berlin
n Berlin-Mitte und Berlin-Tempelhof verwandelt. Nach demselben Gesetze
vom 16. September 1899 wird den Landgerichten I und II Berlin noch
ein Landgericht Berlin III mit dem Sitze in Charlottenburg hinzugefügt.

Ein weiteres Anwachsen von Berlin steht zu erwarten, wenn erst
das Projekt eines Berlin mit Stettin verbindenden Kanals verwirklicht
sein wird, was, da das Gelände keine zu grossen Schwierigkeiten bietet,
auch die Entfernung nicht zu erheblich, bald genug geschehen wird. Ist
der Plan aber erst ausgeführt, dann wird Berlin mit den Aussenhäfen
Swinemünde und Stettin bald die grösste Hafenstadt Mitteleuropas werden, da es, wie kaum eine andere, in Bezug auf die Verbindung mit dem
Hinterlande bevorzugt ist.

So sind auch für fernere Zeiten Aufgaben genug zu lösen, wenn man
aber erwägt, was in ehrlicher Arbeit in der Vergangenheit unter oft
schwierigen Verhältnissen bereits erreicht ist, darf man mit vollstem
Vertrauen in die Zukunft blicken, die auf dem Wasser liegt. Wie kann
sie in Berlin fremdartig anmuten, das vor einem halben Jahrtausend
schon einmal als Hansestadt geblüht hat.

Namenverzeichnis.